인류 문명사의 으뜸 사건,
세종대왕의 정음 혁명 탄생 이야기

한글
혁명

초판 1쇄 발행 2017년 10월 9일
초판 2쇄 발행 2019년 7월 27일

지은이 김슬옹
펴낸이 김승희
펴낸곳 도서출판 살림터

기획 정광일
편집 조현주
북디자인 꼬리별

인쇄·제본 (주)현문
종이 월드페이퍼(주)

주소 서울시 양천구 목동동로 293, 22층 2215-1호
전화 02-3141-6553
팩스 02-3141-6555
출판등록 2008년 3월 18일 제313-1990-12호
이메일 gwang80@hanmail.net
블로그 http://blog.naver.com/dkffk1020

ISBN 971-11-5930-046-2 03710

인류 문명사의 으뜸 사건,
세종대왕의 정음 혁명 탄생 이야기

한글 혁명

김슬옹 지음

살림터

한글 혁명에 담긴 고귀한 뜻과 길

권재일(한글학회 회장, 서울대 교수)

　세종대왕이 한글을 반포한 지 571돌이며 한글학회가 세워진 지 109돌인 올해는 여러모로 뜻깊은 해입니다.《조선말 큰사전》이 완간된 지 60돌이 되기도 하고, 더욱이 한글 창제 원리와 참뜻이 오롯이 담겨 있는《훈민정음》해례본이 세계기록유산으로 등재된 지 20돌이 되는 해이기도 합니다. 이런 뜻깊은 해에 훈민정음의 연구와 보급에 가장 앞장서 있는 김슬옹 박사가 한글의 고귀한 역사를 일깨우는 책을 내는 것이 더욱 의미가 있습니다.

　이 책의 가치는 '혁명'이라는 말에 담겨 있다고 볼 수 있습니다. 곧 한글을 '혁명'이라는 관점에서 보았다는 것입니다. 한글 창제 반포 자체가 기적과 같은 일이었으니 '혁명'이라는 말이 오히려 약해 보일지 모릅니다. 한글혁명은 먼 데 있지 않습니다. 한글학회가 주장하는 "바르고 쉽고 고운 말을 가려 쓰자, 일상의 글자살이는 한글로만 하자, 한국말과 한글을 온 누리에 펼치자"는 것을 실천하면 그것이 한글 혁명의 참뜻을 이루는 길이 될 것입니다.

　김슬옹 박사는 한글학회 연구위원으로 그동안 많은 저술과 교육에 남다른 길을 걸어왔습니다. 그래서 2013년에는 문화체육부 장관 표창장도 받았고 2016년에는 한글학자로서 최고의 영예인 38회 외솔상도 받았습니다. 2015년에는《훈민정음》해례의 복간본을 펴내는 큰일도 맡아 이루었습니다. 이 책이 한글에 담긴 글자 생활 평등의 보편주의를 우리 모두가 나누는 길이 되길 바랍니다.

* '한글'은 두 가지 의미가 있다. "15세기의 한글"이라고 했을 때의 '한글'은 세종이 1443년에 창제하고 1446에 반포한 이후 지금까지 쓰이는 '훈민정음, 언문' 등을 아우르는 명칭이다. 좁은 의미로는 1910년 이후의 근대 또는 현대 한글을 가리킨다.

왜 한글 혁명인가?

15세기 한글(훈민정음, 정음) 창제는 혁명이었다. 우리는 송두리째 뭔가를 바꾸는 것을 혁명이라 부른다. 나무를 비유로 들자면 가지 정도 바뀌는 게 변화이고 줄기 수준으로 바뀌는 게 변혁 또는 혁신이다. 뿌리째 바뀌는 게 혁명이라 할 수 있다. 그렇다면 인류 역사상 아주 많은 혁명이 있었다. 먹거리 문제를 질적으로 바꾼 농업 혁명, 생산 문제를 확 바꾼 산업혁명, 사람다운 세상을 향한 프랑스 대혁명, 노동자가 세상의 중심이 되고자 했던 마르크스 혁명. 다 큰 뜻이 있고 많은 변화를 일으켰다. 그러나 문자 혁명인 한글 혁명은 이러한 혁명 못지않은 의미를 가지고 있다. 문자야말로 사람답게 살기 위한 가장 근본적인 소통 도구인데 한글 혁명은 그러한 문자 소통 방식을 뿌리째 바꾸었기 때문이다.

현재 인류 문자를 대표하는 한자와 로마자는 오랜 역사 속에서 거대한 문명과 문화를 담아 온 위대한 문자들이다. 하지만 이들 문자는 만든 시기를 정확히 말할 수 없는, 몇천 년에 걸쳐 차근차근 발전해 온 문자들이라 문자 혁명은 아니다. 한글 혁명을 얘기한다고 해서 이들 문자의 엄청난 가치와 의미를 무시하는 것은 아니다. 인류에게 끼친 영향으로 본다면 한글은 이들 문자에 비해서는 아주 미미하다. 그럼에도 이들 문자에는 혁명이란 이름을 붙이지 않고 한글에만 붙이는 이유는 무엇인가.

첫째 한글(훈민정음)은 소리 혁명이다.

《훈민정음》 해례본에서는 한글은 천지자연의 소리를 말소리든 개 짖는 소리든 마음대로 적을 수 있다고 하였다. 한글은 사람의 말소리 뿐만 아니라 들리는 온갖 자연의 소리를 가장 정확하게 적을 수 있기 에 소리 혁명이다.

2013년에 EBS에서는 실제로 외국인 학생들과 한국 학생들을 대상 으로 실험을 하였다. 녹음된 소리를 들려주고 각 나라의 여러 학생들 이 동시에 적게 하는 실험이었다. 한글 사용자들만이 서로 같게 모든 소리를 가장 빠르고 정확하게 적었다.

이렇게 한글이 뛰어난 문자 기능을 발휘할 수 있는 것이 혁명이라는 것이다. 영어 알파벳이나 한자는 오랜 세월 하나하나 생겨 문자 체계가 완성되다 보니 체계적이지 않고 과학적이지 않아 이러한 말소리를 정확 하게 적는 데 한계가 있다. 그래서 이들 문자는 오랜 세월 인류의 소중 한 문화를 담아 오는 위대한 힘을 발휘했지만 말소리 자체를 정확히 적 을 수는 없었다. 따라서 한글, 곧 훈민정음은 소리 혁명을 이룬 것이다.

둘째 한글은 소통 혁명이다.

문자는 의사소통의 도구이다. 의사소통의 도구가 되기 위해서 문자 는 지식과 정보를 잘 담아내야 하고 정확히 소통이 되어야 한다. 또한 생각과 사상을 정확하고 쉽게 표현하여 학문의 도구가 될 수 있어야 하는데 한글은 지식과 정보 소통과 학문의 최적의 도구가 될 수 있 기에 혁명이다. 한문은 문자 자체가 어렵고 우리말과 맞지 않아 제대로 된 소통 도구가 될 수 없다. 세종은 양반만이 한문을 통해 독점하던 지식과 정보를 모든 백성들이 배우고 나눌 수 있게 하였다. 세종은 《월인천강지곡》에서 한자보다 한글을 세 배 가까이 크게 인쇄하여 한자보다 한글이 더 효율적인 소통의 도구가 될 수 있음을 보여 주었다.

셋째 한글은 평등 혁명이다.
한글은 누구나, 남녀노소 모든 계층이 쉽게 배울 수 있는 문자이기에 혁명이다. 예나 지금이나 문자는 배우기 어려우면 배타적 권력으로 작동된다. 15세기와 같은 신분제 사회에서는 더욱 그러했다. 그 당시의 한자는 양반만이 쓰는 전유물이었고 양반의 특권이었다. 이러한 때 노비들도 배우고 쓸 수 있는 문자를 만들었으니 기적이고 혁명이었다.
훈민정음이 발명된 조선시대는 다른 나라들이 다 그러했듯이 철저한 신분제 사회였다. 크게 양반, 중인, 평민, 천민 네 계급이 있었다. 이 중 제일 높은 신분인 양반들만 사람다운 대접을 받았고, 양반들은 가장 낮은 천민은 사람이 아닌 물건처럼 다루었다. 신분에 따라 사는 방식이 완전히 달랐다. 지위가 다르니 직업도 다르고 대우도 다르고 나라에 내는 세금도 다르고 형벌조차도 달랐다. 이러한 신분제에서 노비조차도 쉽게 배우는 문자가 나오는 것 자체가 혁명이었다.
이렇게 사람다운 세상을 여는 문자이기에 혁명이었다. 지구상의 그 어떤 문자도 소외층이나 하층민을 배려해서 문자를 만들거나 쓰는 경우는 없다. 그런데 한글은 한자로부터 소외받은 계층을 주요 대상으로 만든 것이다.

넷째 한글은 감성 혁명이다.
한글은 누구나 쉽게 자신의 마음을 적을 수 있는 문자이기 때문에 감성 혁명이다. 그야말로 자신의 감정과 느낌을 적는 것은 소박한 일이지만 여기에 위대함이 담겨 있다. 조선시대 양반들은 한문으로 온갖 것을 적었지만 우리의 감정을 담은 말들은 제대로 적지 못하고 한문으로 번역해서 적었다. 이를테면 머리로는 '뒤죽박죽'이라 생각하거나 말로 하고, 글로 적을 때는 '뒤죽박죽'을 한문으로 번역하여 '錯綜(착종)'이라고 쓰는 식이다. 훈민정음으로 인해 자신의 감정을 제대로 적게 되었으니 기적이라는 것이다. 18세기 한문 실력이 당대 최고였던 정조 임금은 이렇게 번역해서 신기가 번다해서인지 아예 한문 편지 속에서 '뒤죽박죽'만 한글로 썼다.

다섯째 한글은 디지털 혁명이다.

한글은 15세기에 발명된 것이지만 디지털 환경에 가장 잘 어울리는 문자이기에 미래를 위한 혁명이었다. 디지털 원리는 가장 간결한 요소로 복잡한 것을 규칙적으로 처리하는 것이다. 한글은 글자와 소리가 규칙적으로 대응하고 글자가 간결하고 체계적인 짜임새로 되어 있어 잘 어울린다. 컴퓨터 자판에서도 한글만이 자음자와 모음자가 균형 있게 배열되어 왼손과 오른손을 고루 사용하여 좀 더 건강한 컴퓨터 생활을 할 수 있다. 디지털 원리를 극대화한 것이 모바일, 핸드폰인데 여기에서 한글은 더 빛을 발하고 있다. 천지인이라는 핸드폰 자판은 모음자의 합성 원리를 잘 살린 것이고, 나랏글이라는 핸드폰 자판은 자음자의 가획 원리를 잘 살린 자판이며, 스카이는 컴퓨터 자판처럼 자음자와 모음자를 모두 잘 드러낸 자판이다.

이 책은 하늘과 땅과 사람, 곧 천지인 3부로 구성하였다.

1부(하늘) '한글 혁명은 준비된 혁명이었다'는 주로 한글 창제와 반포와 관련된 글을 담았다. 한글 혁명은 자연스러운 문자 발달사와 궤를 같이하는 건 아니고 1443년 한글 창제, 1446년 한글 반포라는 느닷없이 나타난 혁명인 것만은 분명하다. 그러나 그 속내를 파헤쳐 보면 창제자 세종은 오랜 세월 고민하고 준비해 온 것이기에 준비된 혁명이었다. 한글을 세종이 집현전 학사들과 함께 만들었다든가 한자음을 적기 위해 만들었다는 것과 같은 주장들은 하나의 가설로도 성립하기 어려운 것들인데 이런 주장들이 난무하고 있다. 이런 주장들은 한글에 담긴, 세종의 한글 창제 정신에 담긴 진정성을 훼손하는 것이기에 강력히 비판한 것이다.

2부(땅) '한글 혁명은 진행 중인 혁명이다'는 현재 시점에서 이루었거나 또는 부정적 현실들과 다시 생각해 볼 내용들을 담았다. 한글이 500년 넘게 무시당해 오긴 했지만 자랑스러운 역사도 만만치 않다. 오늘의 현실이 그것을 증명하고 있기에 다시 되새겨 본다.

3부(사람) '한글 혁명은 함께 이뤄야 할 혁명이다'는 앞으로 꼭 이뤄야 하는 한글 혁명을 담았다. 한글이 제대로 대접받기 시작한 것은 채 50년도 되지 않는다. 한글은 아직 배가 고프다. 이뤄야 할 것들이 많다. 한글에 대한 열정을 다양하게 담다 보니 일부 중복 진술을 피할 수 없었다. 독자 여러분의 아량에 기대어 본다.

이 책은 한글 혁명을 위해 애써 온 분들과 한글 혁명을 더 이루고 싶은 분들이 있기에 가능했지만 교육 혁명을 비롯하여 진정한 삶의 혁명을 이루고 싶어 한 살림터 정광일 대표님의 열정 때문에 태어났다.

주시경 마당 옆 한글 사랑방에서
김슬옹 씀

우리가 알아야 할 한글 이야기

여러분은 한글에 대해 얼마나 잘 알고 계신가요? "세종대왕이 만든 자랑스러운 우리 글자이고 과학적인 문자다." 맞습니다. 하지만 어떤 외국인이 한글이 왜 과학적인지, 어떻게 만들어졌는지 조금 자세하게 물어본다면 어떨까요? 자신 있게 대답해 주실 수 있나요? 대부분의 사람들이 한글에 대해 자부심을 가지고 있지만, 정확히 알지 못하는 것들이 참 많은데요.

1. 한글에 대한 오해

여러분은 그런 오해가 혹시 없는지 먼저 한글에 대한 아주 쉬운 문제 하나를 드리겠습니다. OX 퀴즈인데요. 한번 맞혀 보세요. "세종대왕은 우리말을 만들었다." 맞을까요? 틀릴까요? 뭐 이런 쉬운 문제를 내나 싶으실 테지만, 많은 분들이 틀리는 문제입니다. 정답은 바로 엑스입니다! 한글에 대한 가장 도드라진 오해가 바로 세종대왕이 우리말을 만들었다고 생각하는 것인데요. 세종대왕이 만들어 반포한 것은 우리 글자이지 말이 아닙니다. 우리는 흔히 말과 글을 혼용해서 사용하지만 우리말은 역사 시대부터 본다면 단군이 다스리던 고조선 때부터 써 오던 언어이지요. 세종대왕이 발명한 것은 그러한 말을 적는 고유한 우리 글자, 한글입니다.

우리말 곧 한국어는 미국의 뉴스 웹사이트인 서드에이지Third Age가 선정한 영어권 사람들이 배우기 힘든 '세상에서 가장 어려운 언어'에 아랍어, 중국어, 일본어에 이어 4위로 뽑혔었지요. 하지만 한글은 전 세계에서 가장 쉽고 가장 과학적인 글자로 평가받고 있습니다. 즉 우리말은 서양말과 구조가 다르고 "웃다, 웃고, 웃으니…"와 같은 어미 활용이 변화무쌍하여 무척 배우기 어려운 언어이지만 한글은 미국 대학생들이 50분 만에 배워 자신들의 이름을 적을 수 있는 쉬운 글자인 것입니다. 고 김석연 선생은 미국에서 이를 10여 년간의 실험으로 밝혀내셨지요.

또 하나 질문을 해 볼까요? "한글은 세계기록유산이다." 맞을까요?

이것 역시 정답은 엑스입니다. 흔히 '한글이 얼마나 위대한지, 세계기록유산으로까지 선정되었어!'라고 생각하시는데요. 1997년에 세계기록유산으로 지정된 것은 《훈민정음》이 아니라, 1446년에 세종이 직접 펴낸 한글 해설서 《훈민정음》 해례본입니다. 《훈민정음》 해례본은 쉽게 말해 한글에 대한 해설서인데, 훈민정음의 창제 동기와 목표, 그리고 한글의 원리가 담겨 있죠. 이러한 원본은 가격을 매길 수 없는 무가지보라 할 만큼 소중한 국보이자 세계유산입니다. 현재 두 권이 발견되었지만 어딘가에 또 남아 있을 수 있습니다.

자, 여러분은 한글에 대해 오해 없이 잘 알고 계셨나요? 저는 한글에 대한 진정한 자부심은 진정한 앎에서 나온다고 생각합니다. 그럼 이제 차근차근 누가 어디서 물어봐도 시원하게 설명해 줄 수 있을 만큼, 한글에 대해 쉽고 명쾌하게 설명해 드리겠습니다. 또한 한글이 왜 과학의 문자이고 기적의 문자인지 매우 중요한 문제까지 풀어 볼 것입니다.

2. 한글 창제 이야기

한글은 누가 만들었을까요?

그럼 먼저 한글은 누가 왜 만들었는지부터 알아볼까요?

여러분이 알고 있다시피 한글은 세종대왕이 창제한 것입니다. 하지만 여러 이견이 있는데요. 한글은 세종대왕이 혼자서 창제한 걸까요, 아니면 집현전 학사들과 함께 만든 것일까요? 많은 논란이 있었지만 최근에는 문자는 세종이 단독 창제한 것이고 그것을 해설한 책은 집현전 학사들과 함께 만든 것이라는 의견이 지배적입니다.

공동 창제가 아닌 이유는 단순 명쾌합니다. 공동 창제로 본다면 한글 창제 과정이 공개 프로젝트로 진행되었다는 의미인데 한자가 양반 기득권의 상징이었던 시절에 한자와 다른 문자 창제를 공개적으로 진행하기는 거의 불가능했을 겁니다. 결국 이런 얘기죠. 임금이 사대부 신하들한테 "우리 한자보다 더 뛰어난 문자를 한번 만들어 봅시다"라고 제안했다면 그런 제안이 먹혔을까요? 대화조차 불가능했을 것이고 설령 가능했다 하더라도 반대 상소에 시달려 더 이상의 연구가 어려웠을 겁니다. 때문에 한글 전문가들 사이에서 세종 단독 창제설이 굳어지게 되었죠. 사관들도 《세종실록》에 "1443년 겨울에 우리 전하께서 정음 스물여덟 자를 친히 창제하여, 간략하게 예와 뜻을 적은 것을 들어 보여 주시며 그 이름을 '훈민정음'이라 하셨다"라고 기록하였습니다. 세종이 비밀리에 홀로 창제해 신하들에게 조용하게 알렸던 것입니다.

또한 한글 창제 원리를 풀이한 제자해에는 "아아, 훈민정음(한글)이 만들어져 천지 만물의 이치가 모두 갖추어지니, 참 신기한 일이다. 이는, 아마도 하늘이 성스러운 임금님(세종대왕)의 마음을 여시어 그 솜씨를 빌려주신 것이로구나!"라고 쓰여 있습니다. 한글은 언어학과 음악, 천문학 등 여러 학문을 두루 잘 아는 사람이, 더욱이 사람 간의 소통을 중요하게 여기는 사람이 오래 연구해야 만들 수 있는 문자이지 여럿이 함께 만들 수 있는 문자는 아닌 것입니다.

세종대왕이 혼자 창제했다는 가장 강력한 증거는 세종대왕이 쓴 《훈민정음》 해례본 서문에 있습니다. 모두 한 번씩은 들어 보신 내용일 겁니다. "우리나라 말이 중국과 달라 한자와는 서로 통하지 아니하여서 이런 까닭으로 어리석은 백성이 말하고자 하는 바가 있어도 마침내 제 뜻을 펴지 못하는 사람이 많으니라. 내가 이것을 가엾게 생각하여 새로 스물여덟 글자를 만드니, 모든 사람들로 하여금 쉽게 익혀서 날마다 쓰는 데 편하게 하고자 할 따름이니라"라고 했기 때문입니다.

그럼 세종대왕과 신하들의 공동 창제설은 왜 나왔을까요? 한글 창제 과정 못지않게 중요한 것이 백성들에게 알리는 반포 과정인데요 새로운 제품이 나오면 베타 테스트를 하듯 세종도 한글을 2년 9개월 동안 집현전 일부 학사들과 실험 검증한 뒤 1446년 음력 9월 초에 백성들에게 《훈민정음》 해례본을 통해 알린 것입니다. 이 해설서를 함께 펴낸 사람들이 집현전 학사들인 정인지, 최항, 박팽년, 신숙주, 성삼문, 이개, 이선로, 강희안 등인데요. 바로 이 해설서 때문에 한글을 세종대왕과 집현전 학사들이 함께 창제했다는 이야기가 널리 퍼진 것입니다.

물론 세종대왕이 단독으로 한글을 창제했다고 해도 집현전과 같은 훌륭한 연구소와 수많은 인재들이 있었기에 가능한 일이었습니다. 그래서 이렇게 얘기할 수 있겠죠. 역사가 세종을 만들었다. 그리고 세종은 그 역사를 훈민정음을 통해 새로 썼다고 말입니다.

한글은 왜 만들었을까요?

그렇다면 세종은 한글 곧 훈민정음을 왜 만들었을까요? 한자를 모르는 무지한 백성들을 위해서일까요 아니면 한자음을 적기 위해서일까요. 왕조의 정당성이나 국가 윤리를 가르치기 위해서일까요. 이 가운데 어느 하나를 콕 집어서 얘기하는 분들이 있지만 그건 옳지 않습니다. 한글은 다목적용으로 창제되었고 이 모두가 창제 동기에 해당하기 때문입니다. 그래도 가장 중요한 창제 동기가 무엇이었느냐는 한번 짚고 넘어가야 하겠지요. 그 동기는《조선왕조실록》에 생생하게 기록되어 있으며《훈민정음》해례본의 세종이 직접 쓴 서문에도 나와 있습니다.

한글의 핵심 창제 동기, 그 비밀은 책에 있습니다. 세종은 책을 정말 좋아했고 많이 읽었습니다. 어렸을 때는 지나치게 좋아해 건강을 해칠 정도여서 아버지 태종이 책을 감출 정도였지요. 세종은 책을 통해 많은 정보와 지식을 백성들에게 전달하고 가르치고 싶어 했습니다. 그런데 세종대왕이 훈민정음을 만들기 전에는 우리말을 적을 문자가 없어 한자를 빌려 적었습니다. 입으로는 한국말을 쓰고, 글을 쓸 때는 한문을 쓰는 이중 언어생활이 가장 큰 문제였지요. 입으로는 "난 책을 좋아해"라고 하고, 글로는 "我好冊(난-좋아해-책을)"이라고 쓰다 보니 불편한 점이 많았습니다. 때문에 대부분의 백성들은 책을 읽을 수 없었고, 양반들도 10년은 공부해야《논어》,《맹자》를 자유롭게 읽고 한 20년은 공부해야 그런 책을 쓸 수 있었지요. 세종은 백성들을 위해 궁여지책으로 만화까지 그려 펴내는데요. 이것이 바로 한문으로 된 삼강행실을 만화를 곁들여 펴낸 책인《삼강행실도》입니다.

하지만 말풍선이 없는 만화는 별 소용이 없었습니다. 설령 말풍선이 있다 해도 거기에 쓸 글자는 그 어려운 한자밖에 없었지요. 그래서 하루아침에 배울 수 있는 쉬운 문자를 만들게 된 것입니다. 1432년 실록에는, 세종이 백성들에게 쉬운 문자를 통해 어떻게 법률을 알릴까 고민했던 기록이 있는데, 이로부터 약 10년 후인 1443년, 세종은 결국 한글을 창제해 신하들에게 알린 것이죠.

또 하나 중요한 동기는 백성을 위하는 마음이었습니다. 한자를 모르는 백성들이 표현하고 싶은 뜻이 있어도 한자로는 소통할 수 없는 것을 가엾이 여겨 백성들이 누구나 쉽게 익힐 수 있는 문자를 만든 것입니다. 특히 당시 죄지은 사람들의 자세한 사정을 적은 문서들이 한문이나 이두로 되어 있다 보니 한자 모르는 사람들이 억울한 일도 많이 생기고 관리들도 한문을 잘못 이해하여 그릇된 판결을 하는 경우가 많았는데, 세종대왕은 이를 안타깝게 여겼다고 하지요.

세종은 꿈이 컸고 장대했습니다. 그는 모든 말소리를 완벽하게 적을 수 있는 바른소리문자, 바로 정음 세상을 꿈꿨는데요. 세종이 꿈꾼 문자는 중국의 한자음까지도 완벽하게 적을 수 있는 문자였습니다. 한글은 세종의 그 꿈대로 거의 모든 소리를 완벽히 적을 수 있는 글자입니다.

한글을 사용해 제일 먼저 왕조의 정당성을 담은 《용비어천가》라는 책을 펴내다 보니 왕조의 정당성을 홍보하기 위해 만들었다고 주장하는 사람들이 있습니다. 완전히 틀린 것은 아니지만 또 백 퍼센트 진실도 아닙니다. 왕조의 정당성을 백성들한테 시시콜콜 설명해야 하는 시대도 아니었고 또 그렇게 하기 위해 그런 위대한 문자를 만들었다고 보기는 어렵습니다. 《용비어천가》의 내용도 대부분이 후대 왕들이 제대로 백성을 다스리라는 얘기지요.

한글날은 왜 10월 9일인가요?

여기서 잠깐 세종이 한글을 창제한 날과 한글날에 대해 짚고 넘어가 볼까요?

우리가 기념하는 한글날은 한글을 창제한 날이 아닙니다. 한글 해설서인 《훈민정음》 해례본을 펴내고 한글을 반포한 날이죠. 사실 그 정확한 출판 날짜는 기록에 남아 있지 않습니다. 《세종실록》에는 9월에 펴냈다고 했고, 《훈민정음》 해례본에는 음력 9월 상순에 출판했다고 나올 뿐이지요. 상순은 1일부터 10일 사이를 가리키므로 반포한 날은 결국 음력 9월 1일부터 10일 사이인데요. 그래서 그 열흘의 마지막 날인 9월 10일을 기준으로 삼아 이를 양력으로 바꾼 날짜를 기념하고 있습니다. 그날이 바로 10월 9일인 것입니다.

그렇다면 북한에도 한글날이 있을까요? 남한처럼 '한글날'이라고 부르지는 않지만 북한에서도 한글을 기념하고 있습니다. 다만 북한은 '훈민정음 창제 기념일'이라 하여 훈민정음을 창제한 날을 기념하고 있다는 점이 다릅니다. 1443년 음력 12월 30일 자 《조선왕조실록》에 "이달에 임금이 친히 언문 28자를 지으셨다"라는 기록이 나옵니다. '이달에'라고 했으니, 정확히 12월 어느 날에 새 문자가 만들어졌는지는 알 수 없습니다. 그래서 북한은 음력 12월 중간인 12월 15일을 창제일로 잡고, 그 날짜를 양력으로 바꾸어 1월 15일을 기념일로 삼고 있지요.

한글을 반대한 신하들

이렇게 1443년, 세종이 백성을 위해 창제한 한글, 이 위대한 발명이 처음부터 환영받았던 건 아닙니다. 한글 창제 사실이 알려졌을 때 일부 양반들이 이 문자를 반대했었다는 사실을 알고 계시나요? 세종이

1443년 12월에 새 문자를 공표한 뒤 2개월쯤 뒤인 1444년 2월 20일 최만리를 비롯하여 신석조, 김문, 정창손, 하위지, 송처검, 조근 등은 훈민정음을 반대하는 상소문을 올렸습니다. 이들은 한글의 뛰어난 점이 신기하고 묘하다고 하면서도 세 가지 이유를 들어 훈민정음의 반포를 반대했는데요. 세종은 이 상소 하나하나에 이유를 들어 신하들을 설득했습니다.

첫째, 훈민정음 창제는 중국을 떠받드는 사대주의에 어긋나기 때문에 오랑캐나 하는 일이라고 본 것입니다. 세종대왕도 중국을 부정한 것은 아니었습니다. 중국의 것을 따를 것은 따르되 우리의 것을 지켜 나가자는 것이었습니다.

둘째, 훈민정음이 학문을 정진하는 데에 오히려 손해만 된다는 것이었습니다. 이에 대해 세종대왕은 언문(훈민정음) 창제가 학문만을 위해 필요한 것이 아님을 강조하며 학문보다 백성들이 편안하게 사용하는 것이 더 중요하다고 설득했지요.

셋째, 억울한 죄인이 생기는 것은 죄인을 다루는 관리가 공평하지 못한 탓이지 죄인들이 문자를 몰라서가 아니라고 했습니다. 이에 대해 세종대왕은 훈민정음을 통해 억울한 죄인을 구제하고 더 나아가 그들을 교화할 수 있다고 보았습니다.

이렇게 세종은 반대 상소문을 올린 신하들을 설득한 후, 더 철저히 훈민정음 반포를 준비했고, 세종의 치밀한 전략 때문에 양반들은 더 이상 한글 반포에 반대할 수 없었는데요. 한글은 하층민들만이 아니라 양반들에게도 매우 요긴한 문자였던 겁니다. 양반들은 한자를 배우지 않으면 특권을 유지할 수 없었는데 한글이 한자 발음을 정확히 적을 수 있어 한자 공부에 도움이 되었고 집안 여성들이나 하층민을 가르칠 때 도움이 되는 문자였기 때문입니다. 더욱이 왕조의 정당성을 노래한 《용비어천가》에 한글이 쓰이다 보니 감히 함부로 이의 제기를 할 수 없었지요.

그리고 흔히 한글은 피지배층인 하층민에 의해 발전되었다고 알고 있지만 그것은 잘못된 지식입니다. 맨 처음 한글을 깔본 사람들도 대부분 지배층 양반, 사대부들이었지만 한글을 더욱 발전시킨 사람들도 양반들이었습니다. 하층민은 절대 다수가 서당조차 다닐 수 없었고 한글이 아무리 쉬워도 배울 여유가 없었습니다. 한글은 문종, 세조, 성종, 선조와 같은 임금들과 왕실과 양반가의 여성들, 정철, 윤선도, 김만중과 같은 양반 문학가들에 의해 더욱 발전했습니다. 특히 왕실 여성들은 권위 있는 공문서에 한글만을 사용해 한글에 힘을 불어넣었습니다.

3. 과학적 문자, 훈민정음

훈민정음 28자를 만든 원리

현대 한글은 자음 14자, 모음 10자 모두 24자입니다. 하지만 15세기 훈민정음은 모음 'ᆞ(아래아), 자음 ㆆ(여린히읗), ㅿ(반시옷), ㆁ(옛이응)'을 더해 28자였습니다. 다시 말해 훈민정음은 자음 17자, 모음 11자로 이루어졌지요. 그럼 세계적으로 과학적인 것으로 유명한 이 28자는 어떻게 만들어졌을까요?

먼저 자음부터 살펴봅시다. 자음은 '닿소리'라고도 말합니다. 닿소리란 목구멍에서 숨이 나올 때 그 숨이 어디엔가 닿으면서 만들어진 소리라는 뜻인데요. '그'를 천천히 크게 발음해 보면 'ㄱ'은 자음이고, 'ㅡ'는 모음임을 알 수 있습니다. 모음 소리를 작게 내면 자음 'ㄱ' 발음을 느낄 수 있습니다.

우리 입 안에서 닿소리가 만들어지는 자리는 어금니, 혀, 입술, 이, 목구멍 모두 다섯 곳입니다. 그 다섯 발음 기관의 모양을 본떠 만든 5개의 기본자가 바로 'ㄱ, ㄴ, ㅁ, ㅅ, ㅇ' 다섯 자이지요. 지금 보시는 건 여러분이 말할 때의 발음기관 모습인데요. 이 그림을 보고 'ㄱ' 표시 부분을 확인하면 어떻게 'ㄱ'이란 글자가 만들어졌는지 알 수 있습니다.

어금닛소리 'ㄱ'은 그~ 할 때 혀뿌리가 목구멍을 막는 모양을 본뜬 것이고, 혓소리 'ㄴ'은 혀가 윗잇몸에 닿는 모양을 본뜬 것이지요. 입술소리 'ㅁ'은 입의 모양을 본뜨고, 잇소리 'ㅅ'은 이의 모양을 본떴으며, 목구멍소리 'ㅇ'은 목구멍의 모양을 본뜬 것입니다.

세종대왕은 이렇게 먼저 다섯 글자를 만들고 이 글자들을 바탕으로 다른 글자들을 만들었습니다. 'ㄱ, ㄴ, ㅁ, ㅅ, ㅇ'의 소리는 거세지 않은 소리지요. 그런데 이 소리들보다 입김을 많이 내어 세게 소리를 내면 거센소리가 됩니다. 거센소리는 기본 글자에 획을 더해 만들었는데요. 'ㄱ'에 획을 더해 'ㅋ'을, 'ㄴ'에 획을 하나씩 더해 'ㄷ과 ㅌ'을, 'ㅁ'에 획을 하나씩 더해 'ㅂ과 ㅍ'을 만들었고, 'ㅅ'에 획을 하나씩 더해 'ㅈ과 ㅊ'을, 'ㅇ'에 획을 하나씩 더해 'ㆆ, ㅎ'을 만들어 총 9개의 형제 글자들을 생성했습니다. 이 밖에도 이체자 '옛이응(ㆁ)과 리을(ㄹ), 반시옷(ㅿ)' 세 자가 더 있어 훈민정음의 자음자는 모두 17자가 되는 거죠. 물론 기본 17자에는 없지만 'ㄱ, ㄷ, ㅂ, ㅅ, ㅈ, ㅎ' 여섯 자를 각각 거듭 써서 'ㄲ, ㄸ, ㅃ, ㅆ, ㅉ, ㅎㅎ'의 된소리 글자도 규칙적으로 만들어 냈습니다.

이러한 자음에는 음악(오음)과 철학(오행)의 원리도 적용되었습니다.

궁상각치우 오음과 화수목금토 오행뿐만 아니라 계절과 방위까지도 의미를 부여했습니다. 일부에서는 이러한 의미 부여가 비과학이라고 하지만 '궁상각치우'는 실제 음계를 적용한 것이고 나머지도 동양의 전통 철학의 조화로운 측면을 문자에 적용한 것입니다.

다음은 모음입니다. 모음은 '홀소리'라고도 하는데요, 홀소리란 목구멍에서 숨이 나올 때 어디에도 닿지 않고 홀로 나는 소리라는 뜻입니다. 모음의 기본자 역시 자음의 기본자처럼 모양을 본떠서 만들기는 했지만, 발음기관의 모양을 본뜬 것이 아니라 '하늘·땅·사람' 이른바 삼재의 모양을 본떴습니다.

먼저 하늘의 둥근 모양을 본떠 'ㆍ'를 만들고, 땅의 모양을 본떠 'ㅡ'를, 사람이 서 있는 모양을 본떠 'ㅣ'를 만들었습니다. 그리고 이 기본자(ㆍ, ㅡ, ㅣ)를 서로 한 번씩 합쳐 'ㅗ, ㅏ, ㅜ, ㅓ'의 네 자를 만들었습니다. 'ㅡ'에 'ㆍ'를 위아래로 합쳐 'ㅗ, ㅜ'를 만들고, 'ㅣ'에 'ㆍ'를 바깥쪽과 안쪽에 합쳐 'ㅏ, ㅓ'를 만든 것이죠. 'ㅛ, ㅑ, ㅠ, ㅕ'는 'ㆍ'를 두 번씩 합쳐 만들었습니다. 이렇게 해서 기본 모음 11자를 만든 것입니다. 이러한 기본자 외에도 모음을 서로 합쳐 다양한 발음을 표현했는데요. 오늘날의 'ㅘ, ㅝ'와 같이 두 글자를 합친 글자가 넷, 'ㅐ, ㅒ'와 같이 각각 'ㅏ, ㅑ'에 'ㅣ'를 합친 글자가 14자, 모두 18자나 더 있었습니다. 이처럼 한국어는 모음이 가장 발달되어 있는 언어이고 한글은 그러한 모음을 실제로 문자로 만든 유일한 글자인 것입니다.

이러한 모음자는 하늘(양성)과 땅(음성)의 음양 사상과 여기에 사람(중성)까지 함께 조화롭게 어울리는 삼조화 사상을 담은 천지자연의 문자 철학을 담고 있습니다. 참 쉽고 과학적인 문자죠?

이렇게 만든 기본 28자 가운데 현재 안 쓰는 글자는 'ㆁ(옛이응)', 'ㆆ(여린히읗)', 'ㅿ(반시옷)', 모음 'ㆍ(아래아)' 네 자입니다. 흔히 사라진 글자라고 하지만 옛 문헌에는 남아 있으므로 사라진 것이 아니라 안 쓰는 글자라고 해야 하지요. 고등학교 때 네 글자를 '십 원짜리(ㆆ) 가지고 산(ㅿ)에 올라가 사과(ㆁ)를 따 먹었더니 씨앗(ㆍ)만 남았다'고 재미있게 외우던 기억이 납니다. 그렇다면 이 네 글자는 어떻게 발음할까요.

꼭지이응이라 부르는 옛이응은 오늘날 받침의 이응 소리와 같으므로 별문제가 안 됩니다. 'ㆆ(여린히읗)'은 'ㅎ'과 같은 계열의 목소리로 'ㅎ'보다 약한 소리를 나타낼 때 쓰려고 만들었지만 실제로는 특별 기호처럼 쓰였습니다. '正졍音흠(정음)'과 같이 쓰였는데 오늘날과 같이 '정음'이라고 발음할 때 '음'을 목에 힘을 주면서 짧게 발음하면 여린히읗 소리가 납니다.

'ㅿ(반시옷)'은 'ㅅ'의 울림소리(유성음)로 'ㅅ'보다 더 약한 소리입니다. 'ㅅ'처럼 발음하되 혀를 더 낮춰 'ㅅ' 발음을 약하게 하면 반시옷 발음이 됩니다. 이렇게 약하게 나오다 보니 '니ᅀᅥ(이어)' 같은 데 쓰였으나 임진왜란 이후 안 쓰이게 되었습니다.

'ㆍ'(아래아)는 'ㅏ'와 'ㅗ'의 중간음으로 혀 뒤쪽에서 낮게 나오는 소리입니다. 입술은 ㅏ보다는 좁히고 ㅗ보다는 더 벌리고 혀는 ㅏ와 ㅗ와 같이 혀뿌리를 혀 중앙으로 오그리며 발음하면 됩니다. 그러면 성대가 살짝 열리면서 소리는 성대 깊숙이 울려 'ㆍ' 하고 나오지요. 'ㆍ'의 소리는 18세기에 이미 사라졌지만 표기는 1933년 한글 맞춤법이 제정될 때까지도 쓰였습니다. 물론 소리도 제주도에서는 아직도 'ᄆᆞᆷ국, ᄆᆞᆯ' 등의 낱말에서처럼 남아 있지요. 사람들의 말소리, 발음에 따라 한글도 변한 겁니다.

한글의 과학성

이처럼 체계적인 방법으로 만들어진 한글, 한글은 세계적으로도 가장 과학적이고 실용적인 글자로 알려져 있습니다. 그래서 한글은 수학처럼 규칙적이고 정확하며, 바둑판처럼 체계적이지요. 또한 언제 어디서 누구에게나 객관적이고 보편적이며 실용적입니다. 이젠 이런 한글의 과학성을 15세기 훈민정음의 기본자 28자를 중심으로 정리해 보겠습니다.

먼저, 가장 중요한 과학성은 한글은 말소리가 나오는 발음 기관과 조음 작용을 정확하게 관찰하고 분석하여 이를 문자에 반영했다는 것입니다. 과학의 가장 중요한 특성이자 태도인 관찰과 경험을 살렸습니다. 앞서 설명했다시피 자음은 특정 발음 기관에 닿아 나는 소리이기 때문에 입술, 이, 윗잇몸에 닿는 혀, 목구멍을 막는 혀, 목구멍을 본떠 만들었고요. 모음 기본 석 자 'ㆍ, ㅡ, ㅣ'는 각각 하늘과 땅과 사람을 본떠 만들었는데 이는 음양의 이치를 갖고 있으면서 동서남북으로 뻗어 나가는 특성이 있는 우리말의 특성을 반영하기 위한 것입니다. 히읗(ㅎ)을 기준으로 모음을 붙여 보면 '하하허허'는 동서 방향으로 '호호후후'는 남북 방향으로 뻗어 나감을 알 수 있습니다. 말의 특성이 문자에까지 정확하게 반영된 것이지요.

둘째, 한글은 기본자를 바탕으로 다른 글자를 만드는 과정이 규칙적입니다. 자음은 'ㅅ-ㅈ-ㅊ'과 같이 획을 더하는 방식이 규칙적이고, 모음은 세 개의 기본자를 합성하는 방식이 규칙적입니다. 이렇게 최소의 문자를 통해 기본 글자를 만들어 간결하고 실용적입니다. 훈민정음은 모두 28자이지만 기본자는 모음 세 자(ㆍ, ㅡ, ㅣ), 자음 다섯 자(ㅁ, ㅅ, ㄴ, ㄱ, ㅇ)에 불과하지요. 나머지는 기본자에서 규칙적으로 확장된 문자이므로 간결한 과학적 특성을 갖춘 것입니다.

셋째, 한글은 첫소리 글자, 가운뎃소리 글자, 끝소리 글자를 합쳐 모아쓰는 방식이 규칙적이고 매우 실용적입니다. 그 덕에 글자를 빨리 읽고 쓸 수 있지요. 만약 '한글'을 영어처럼 '하ㄴㄱㅡㄹ'과 같이 풀어 썼다면 쉽게 이해할 수 없고 읽는 속도도 느렸을 것입니다. 이렇게 풀어쓸 때보다 모아쓸 때 2.5배 더 빨리 읽는다는 실험 결과도 있습니다.

모아쓰기 방식의 장점은 또 있습니다. 자음과 모음을 결합하여 수많은 음절 글자를 생성할 수 있다는 점입니다. 게다가 한글은 첫소리 글자를 가져다가 받침으로 사용할 수 있어서 최소의 낱자로 많은 글자를 만들 수 있지요. 예를 들면 '각', '몸'과 같은 글자가 그것인데요. 만약 끝소리 글자를 또 다른 자음으로 만들었다면 글자 수가 너무 많아 쉽게 배울 수 없었을 것입니다. 그럼 한글의 자음과 모음을 조합하면 몇 글자를 만들 수 있는지 계산해 볼까요?

우선 첫소리에 올 수 있는 자음자의 수는 기본 14자와 된소리 글자 5자를 합쳐 모두 19자입니다. 가운뎃소리에 올 수 있는 모음자의 수는 기본 모음 10자에다가 또 다른 이중모음자 11를 합하면 모두 21자이고요. 끝소리에 올 수 있는 글자 수는 겹받침까지 모두 27자입니다. 그렇다면 받침 없는 글자 수는 (19자 곱하기 21자이므로) 399자가 되고, 받침 있는 글자 수는 (그 399자에 27자를 곱해 =) 총 10,773자가 됩니다. 이렇게 나온 받침 없는 글자 수와 받침 있는 글자 수를 모두 합치면 한글로 조합 가능한 글자 수는 무려 11,172자가 되는데요. 이건 그만큼 말소리를 받아쓸 수 있는 영역이 넓다는 뜻이고, 이게 바로 한글의 과학성이지요.

11,172자 가운데 오늘날 실제 쓰이는 글자 수는 2,500자 안팎입니다. 오늘날 우리나라에는 말소리가 없어져 쓰이지 않는 글자가 많지만, 이런 글자를 응용해 모든 인류의 다양한 말소리를 적을 수도 있습

니다. 이처럼 한글은 잠재적 실용성이 뛰어난 문자입니다.

이렇게 자음과 모음의 조합으로 이루어진 한글, 자음과 모음을 합치는 방식 또한 규칙적입니다. 자음과 모음의 결합에서 최소한의 규칙적인 움직임으로 최대의 글자를 만들어 내는 거죠. '가'에서 'ㄱ'을 고정시키고 모음 'ㅏ'를 오른쪽 방향으로 90도씩 회전하면 '구-거-고'가 생성돼 '가, 구, 거, 고'와 같은 글자 체계를 이루게 됩니다. 이런 원리를 위상수학의 원리라 하는데, 위상수학은 21세기에 서양에서 비행기나 우주 공간을 연구하면서 발전된 수학입니다.

한글의 과학성, 그 마지막은 하나의 글자는 하나의 소리로, 한 소리는 하나의 글자로 대부분 일치한다는 것입니다. 영어 'a'라는 글자는 아, 에이, 어 등 여러 가지로 발음됩니다. 하지만 한글의 '아'는 '아버지', '아리랑'과 같이 하나의 소리로 발음되지요. '[아]' 소리는 'ㅏ' 한 글자로만, 'ㅏ' 글자는 [아]의 한소리로만 나는 것입니다.

한글의 이러한 과학적 특성은 과학의 최첨단 분야인 휴대전화에서 더욱 빛을 발하고 있습니다. 모음자 합성 방식의 과학을 잘 살린 '천지인' 방식과 자음자 가획 방식의 과학을 잘 살린 '나랏글' 방식이 그것입니다.

기적의 문자 한글

"한글은 세계의 알파벳이고, 한글보다 뛰어난 문자는 없으며, 한글 발명은 어느 문자에서도 찾을 수 없는 위대한 성취이자 기념비적인 사건이다."

그렇습니다. 미국 메릴랜드대학교 언어학 교수 로버트 램지의 말처럼 한글은 과학적으로는 물론, 역사적으로도 위대한 기적의 문자입니다.

예나 지금이나 문자는 권력입니다. 15세기와 같은 신분제 사회에서는 더욱 그러했지요. 그 당시의 한자는 양반만이 쓰는 전유물이었고 양반의 특권이었습니다. 이러한 때 세종은 노비들도 배우고 쓸 수 있는 문자를 만들었습니다. 지구상의 그 어떤 문자도 소외층이나 하층민을 배려해서 문자를 만들거나 쓰는 경우는 없었는데, 한글은 시대의 한계 속에서 신분질서를 뛰어넘는 문자였던 것입니다. 당시 낮은 신분의 사람들은 한글을 통해 조금 더 사람다운 삶을 꿈꿀 수 있게 되었고, 또 한글을 통해 실제 그런 세상을 조금씩 이뤄 나갔습니다. 한글은 그런 면에서 기적의 문자이지요.

한글은 누구나 쉽게 자신의 마음을 적을 수 있는 문자입니다. 글이 말을 표현하고 말이 마음을 표현하니 그야말로 당연하다고 생각되지만 여기에 가장 큰 위대함이 담겨 있지요. 조선시대 양반들은 한문으로 온갖 것을 적었지만 우리의 감정을 담은 말들은 제대로 적지 못하고 한문으로 번역해서 적었습니다. 이를테면 머리로는 '뒤죽박죽'이라 생각하거나 말로 하고, 글로 적을 때는 '뒤죽박죽'을 한문으로 번역하여 '錯綜(착종)'이라고 쓰는 식입니다. 하지만 훈민정음으로 인해 자신의 감정을 제대로 적게 되었으니 참 위대한 일이지요. 한문 실력이 당대의 최고였던 정조 임금도 한 편지에서 번역이 번거로워서인지 한문 편지 글 중 '뒤죽박죽'만 한글로 썼습니다.

2013년, 한 방송사에서는 외국인 학생들과 한국 학생들을 대상으로 실제 자연의 소리와 고대 아프리카 말을 들려주고 받아 적게 하는 실험을 했습니다. 녹음된 소리를 들려주고 들리는 대로 각자 자기 나라의 문자로 표현하게 한 거죠. 이 중 한국 학생들만이 서로 같게 모든 소리를 가장 빠르게 적었는데요. 한글은 이렇게 사람의 말소리뿐 아니

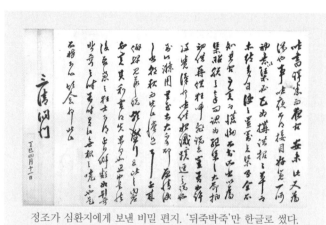

정조가 심환지에게 보낸 비밀 편지. '뒤죽박죽'만 한글로 썼다.

라 온갖 자연의 소리는 물론, 다른 나라의 언어까지 들리는 대로 적을
수 있는 기적의 문자입니다.

4. 한글 변천사

한글의 명칭 변화

말과 글은 그것을 쓰는 사람들에 의해 발전하고 변화하고 또 사라
지기 마련입니다. 한글도 마찬가진데요. 세종대왕이 한글을 창제한 때
부터 오늘날까지 한글은 어떻게 변해 왔을까요?

먼저 한글의 명칭에 대해 알아보겠습니다. 사실 우리글이 처음 탄생
했을 때는 '한글'이란 명칭이 없었고, 주로 '언문'이라 불렸습니다. 보통
'언문'을 우리 고유의 문자 '훈민정음'의 낮춤말로 알고 있는데, 실제로
는 '전하는 말이나 사람들이 주고받는 말을 그대로 옮기어 적을 수 있

는 문자'라는 뜻입니다. 세종대왕도 '언문'이란 이름을 사용한 기록이 있고 특별한 경우에만 '백성을 가르치기 위한 바른 소리'라는 의미의 '훈민정음'을 썼지요. 1894년 갑오개혁 이후 '국서國書', '국문國文' 또는 '조선글'로 불리기도 했지만 주로 '언문'으로 불렸습니다.

'한글'은 '오직 하나의 큰 글, 한나라 글'이라는 의미로 1910년 이후에 주시경 선생에 의해 널리 퍼졌습니다. 1927년에는 조선어학회 회원들이 《한글》이라는 잡지를 매달 발간하였고, 1928년 11월 11일에 조선어연구회에서 '가갸날'을 '한글날'로 고쳐 부르면서 더욱 널리 퍼졌습니다.

'세로쓰기'에서 '가로쓰기'로

지금이야 거의 모든 글을 가로로 쓰지만 한글을 이렇게 가로로 쓴 역사는 매우 짧습니다. 최초의 한글 전용 신문인 1896년의 《독립신문》도 세로로 쓰고 해방 후에도 남한 쪽의 주류 언론들은 1990년대 초까지도 세로쓰기를 했을 정도니까요. 중앙일보가 1994년, 동아일보가 1998년, 조선일보가 1999년에서야 가로짜기 신문을 펴냈습니다. 관습이라는 것이 무섭지요.

그렇다면 언제부터 가로쓰기를 했을까요. 사실 최초로 가로쓰기를 시도한 이는 외국인이었습니다. 1880년에 리델은 《한불자전》을 가로로 펴냈습니다. 특별한 이유가 있어서라기보다 자신들에게 자연스러운 가로쓰기를 한 것이지요. 로마자가 들어가니 세로쓰기가 거의 불가능했습니다. 우리나라 사람이 펴낸 책으로는 1895년에 이준영, 정

《한불자전》(님우사 소장)

《국한회어》

현, 이기영, 이명선, 강진희 다섯 사람이 펴낸 대역사전인《국한회어》라는 책이 최초의 가로쓰기였습니다.《국한회어》는 '국문을 한문으로 풀이한 말모음'이라는 뜻으로 우리나라 사람이 국어를 표제어로 하여 만든 최초의 대역사전인데요. 그 당시 서양책의 영향을 받아 가로쓰기로 한 것으로 보입니다.

가로쓰기를 최초로 주창한 이는 주시경 선생이었습니다. 그는 1897년《독립신문》에서 가로쓰기가 편리함을 역설했는데요. 관습대로 오른쪽에서 왼쪽으로 세로쓰기를 하면 먹도 묻고 먼저 쓴 글씨를 손으로 가려 삐뚤빼뚤 쓰게 되는 불편함을 근거로 든 거죠. 지금으로 보면 매우 당연한 것도 이렇게 오랜 세월 애써 이룩한 것입니다.

'띄어 쓰지 않기'에서 '띄어쓰기'로

한글을 쓸 때 띄어쓰기를 하게 된 것도 19세기 들어와서입니다. 1896년에 발행한 《독립신문》은 우리나라 최초의 한글 신문이면서, 처음으로 띄어쓰기를 한 신문인데요. 《독립신문》이 나오기 전까지는 지금과 같은 띄어쓰기가 없었지요. "나는 밥을 맛있게 먹었다"와 같은 문장을 "나는밥을맛있게먹었다"와 같이 썼던 겁니다. 중국과 일본 모두 띄어쓰기를 하지 않았기 때문에 그 전통을 따른 것이기도 하고, 종이가 매우 귀해 종이를 절약하려는 의도도 있었던 듯합니다.

한글 최초의 띄어쓰기도 외국인이 했습니다. 영국인 목사 존 로스는 1877년 《Corean Primer》, 즉 '조선어 첫걸음'을 썼는데, 이 책에서 띄어쓰기를 한 것이죠. 단어별로 영어와 대조하다 보니 자연스레 띄어쓰기를 한 겁니다.

그렇다면 세종대왕이 한글을 만들었을 때는 어떠했을까요? 지금과 같은 띄어쓰기는 없었지만 작은 원인 고리점을 찍어 표시를 했답니다. 《용비어천가》를 보면 오늘날 쉼표는 가운데 고리점으로, 마침표는 오른쪽 고리점으로 표시되어 있습니다. 그러나 그 전통이 후대에 이어지지는 않아 붙여쓰기가 성행하다가 점차 띄어쓰기가 다시금 자리 잡은 거죠.

기역, 디귿, 시옷이라 부르는 이유?

그럼 여기서 흥미로운 사실을 하나 가르쳐 드리겠습니다. 한글 자음

영국인 목사 존 로스가 1877년에 펴낸 《Corean Primer》(조선어 첫걸음)

의 명칭, 그러니까 니은, 리을 등은 과학적인 글자답게 'ㅣ, ㅡ'를 활용하여 첫소리에서 나는 자음과 끝소리에서 나는 자음을 동시에 드러내고 있습니다. 그런데 유독 3개의 자음 '기역, 디귿 시옷'만이 그 규칙에서 벗어나는데요? 이는 왜 그럴까요?

한글 기본 자음의 이름은 1527년 최세진이 펴낸 한자 배우는 책인 《훈몽자회》에 처음 등장합니다. 조선시대 어학자 최세진이 당시에 통용된 것을 기록으로 남겼습니다. 이 책에서 한자로 우리말 명칭을 적다 보니 '니은의 은, 리을의 을' 같은 음은 대응되는 한자를 '隱(은), 乙(을)'로 적었는데, '-윽, -은, -옷'은 이와 대응되는 한자를 찾을 수 없었지요. 그래서 비슷한 한자의 음이나 뜻을 빌려 '기역, 디귿, 시옷'으로 적은 것입니다. '윽'은 '役(부릴 역)'으로 비슷한 한자음을 취하도록 하고 '읃'의 경우는 뜻의 음이 비슷한 '末(끝〈귿 말〉' 자로, '옷'도 뜻의 음이 비슷한 '衣(옷 의)'에서 '옷'을 따와 자모의 명칭으로 삼았습니다. 다시 말해, '기역'은 '其役(기역)'으로, '디귿'은 '池末(디말)'로, '시옷'은 '時衣(시의)'로 적은 것입니다. 우리나라에서는 이런 오랜 전통을 존중하여 '기역, 디귿, 시옷'으로 부르지만, 북한에서는 다른 것과의 일관성을 좇아 '기윽, 디읃, 시웃'으로 명칭을 삼았습니다.

5. 한글 보편성, 나눔의 길

여러분, 어떠십니까? 우리 한글 알고 나니 더 자랑스럽지 않으십니까?

첫머리에서 말과 글은 다르다고 했지만 글은 말을 담는 그릇이고 말은 그 글에 의해 영향을 받습니다. 청소년들의 욕설은 말이지만 그것을 한글로 적는다면 한글도 역시 추해지기 마련이지요. 한글이 과학적이고 뛰어나다 하더라도 그러한 한글로 무엇을 하느냐에 따라 그 가치는 달라질 것입니다. 그래서 주시경 선생님께서는 경술국치의 아픔이 벌어진 1910년, 말이 오르면 나라도 오르고 나라가 내리면 말이 내린다고 했습니다. 이 말은 오늘날에도 해당됩니다. 한글이 오르면 나라도 오르고 나라가 내리면 한글도 내릴 것입니다.

이제 한글은 한국어를 적는 한국인만의 문자가 아닙니다. 한글은 인류가 꿈꾸는 문자의 이상을 담고 있기 때문입니다. 한글은 누구나 쉽고 평등하게 쓸 수 있는 아름다운 문자이며 함께 더불어 나누는 문자입니다. 세종이 임금으로서, 과학자로서, 언어학자로서 많은 업적을 남겼지만 모든 업적의 으뜸으로 한글 창제와 반포를 드는 것도 그 때문입니다.

영국의 역사가인 존맨은 한글을 모든 문자의 꿈이라고 했습니다. 우리 겨레는 그런 위대한 꿈을 만들었지만 오랜 세월 제대로 대접하지 않았습니다. 외국의 저명한 학자들은 한결같이 한글을 추앙하지만 정작 그 주인인 우리는 그런 자중감을 제대로 살리지 못했지요. 이제 그 자중감을 예술, 산업, 교육 등 생활 속에서 더욱 꽃피우고 세계인들과 나눴으면 합니다. 한국 대사를 지낸 미국인 스티븐스는 이렇게 말했습니다.

"한국인들은 한글의 아름다움과 창의성을 전 세계인들과 나눠야 합니다. 그것은 한국 문화의 힘에 대해 더 깊은 공감을 불러일으킬 것입니다. 한국의 과거, 현재 그리고 미래에 관해서도 말입니다."

이제 우리 모두가 한글 가꿈이가 되었으면 좋겠습니다. 감사합니다.

*이 글은 유튜브 동영상 '우리가 모르는 한글 이야기'를 그대로 옮긴 것이다.

한글 혁명

1부

한글 혁명은
준비된 혁명이었다

세종 단독 창제의 역사적 의미

1. 한글(훈민정음) 창제와 반포에 대한 오해

아직도 한글 창제를 세종이 집현전 학사들과 함께 만들었다고 믿는 사람들이 많다. 놀라운 사실은 국어 선생님들조차도 한글은 세종이 집현전 학사들과 창제한 것으로 알고 있고 또 현장에서 그렇게 가르치고 있다. 심지어 《서울대 한국어》 1A^{서울대언어교육원, 2005, 26쪽}에서는 "세종대왕의 명으로 집현전 학사들에 의해 창제"라고 써 놓았을 정도다.

2013년 567돌 한글날을 맞아 문화체육관광부 국어정책과와 김슬옹 한글날 추진위원 기획으로 국어단체연합 국어문화원(원장: 남영신)에서는 학생 및 성인 2,000명(초·중·고등학생 500명, 대학(원)생 500명, 직장인·주부 1,000명)을 대상으로 '한글, 한글날'에 대한 설문 조사를 실시했다. 그 가운데 '한글을 만든 사람은 누구인가'라는 질문에 대해서 대부분이 세종 단독 창제를 부정했다.

정답은 세종이 직접 혼자서 창제했다는 1번이지만 실제 답은 3번, 곧 세종과 집현전 학사가 함께 만들었다는 답이 무려 80.4%나 되었다. 학생들 가운데는 지식이 높을수록 많았다. 왜 이런 결과가 나왔나, 그리고 세종대왕이 직접 창제했다는 사실이 왜 중요한가? 결코 세종대

*한글을 만든 사람은 누구인가요?				
정답	초·중·고등학생	대학(원)생	직장인·주부	합계(평균)
① 세종	18.4	12.8	18.5	49.7(16.6)
② 집현전 학사	6.0	2.8	2.5	8.3(2.8)
③ 세종과 집현전 학사	78.4	84.2	78.7	241.3(80.4)
④ 사대부 양반	0.2	0.2	0.3	0.7(0.2)

왕을 영웅으로 만들자는 것도 아니고 신격화시키려는 것도 아니다. 세종 단독 창제의 역사적 의미가 만만치 않기 때문이다.

물론 학계에서도 일부 집현전 협찬설이 맞서 있기는 하지만 훈민정음 전공 학자 가운데 친제설을 부정하는 이는 거의 없다. 결론부터 말하면 협찬설은 '-설'조차 성립하기 어려운 매우 불합리한 의견이다. 협찬설이 마치 역사 사실인 양 우리 사회에 널리 퍼지게 된 것은 두 가지 배경이 있다. 하나는 그렇게 놀라운 거대한 문자 창제를 어찌 개인이 혼자 할 수 있느냐는 것이며, 또 하나는 민중사관에 의해 영웅주의 사관을 비판하는 과정에서 협찬설이 굳어졌다.

협찬설은 객관적인 역사적 사실로 보나 훈민정음 관련 학문적, 맥락적 진실로 보아서도 성립하기 어렵다. 한글은 언어학뿐만 아니라 철학, 음악, 수학 등 다양한 관련 학문에 정통한 천재가 지속적이고 오랜 노력 끝에 만들 수 있는 문자다. 오히려 공동 연구로는 창제하기 어려운 문자다. 집현전 학사들은 창제 이후에 새 문자를 널리 보급하기 위한 후속 작업을 도운 것이다. 그러한 놀라운 천재를 영웅이라 한다면 영웅주의 사관으로 볼 수밖에 없을 것이다. 물론 세종이라는 천재, 영웅으로 하여금 새 문자를 만들게 한 강력한 추동력은 민중 교화에 있으므로 민중이 간접 영향을 미친 것만은 분명하다. 그렇다고 그것이 세종 친제설에 영향을 끼치지는 못한다.

물론 어느 날 세종이라는 대 천재가 하늘에서 떨어져 혼자서 이 엄청난 발명을 해치웠다는 것은 아니다. 정답은 역사가 세종을 만들었지만 세종은 훈민정음을 통해 그 역사를 다시 썼다는 것이다. 세종이 아무리 대천재성을 타고났다 하더라도 조선왕조의 개국과 왕의 신분이 아니었다면 창제 자체가 불가능했을 것이다. 그러므로 역사가 세종을 만들었다는 맥락과 세종이 단독으로 한글을 창제했다는 사실을 혼동해서는 안 된다.

지은이도 대학 시절에는 1446년에 세종이 여덟 명의 공저자와 함께 직접 펴낸《훈민정음》해례본의 다음과 같은 표현을 신하들의 헌사 정도로만 여긴 적이 있다.

(1) 아아, 정음이 만들어지매 천지 만물의 이치가 모두 갖추어지니, 참 신묘한 일이구나. 이는, 아마도 하늘이 성스러운 임금님(세종)의 마음을 열으사 그 솜씨를 빌려주신 것이로구나(吁. 正音作而天地萬物之理咸備, 其神矣哉. 是殆天啓聖心而假手焉者乎)!

_《훈민정음》해례본 제자해

(2) 공손히 생각하옵건대 우리 전하는 하늘이 내린 성인으로서 지으신 법도와 베푸신 업적이 모든 왕들을 뛰어넘으셨다(恭惟我殿下, 天縱之聖, 制度施爲超越百王).

_정인지 서문

(3) 동방에 나라가 있은 지가 오래되지 않은 바는 아니지만, 무릇, 만물의 뜻을 깨달아 모든 일을 이루는 큰 지혜는 훈민정음을 반

포하는 오늘을 기다리고 있었음이다(夫東方有國, 不爲不久, 而開物成
務之大智, 盖有待於今日也歟).

그야말로 왕조 시대의 용비어천가식 찬사와 찬미로만 여겼다. 지은
이가 대학과 대학원을 다니던 1980년대와 1990년대에는 민중사관에
사로잡혀 위와 같은 표현은 당연히 문학적 수사나 의례적 헌사로 여
길 수밖에 없었다. 그러나 본격적으로 훈민정음을 연구하면 할수록
위와 같은 표현에는 단 1%의 과장도 없음을 알게 되었다.

기본적인 사실이 담긴 《훈민정음》 해례본(1446)과 단순한 한글 역사
조차 제대로 배우지 않은 탓이다. 이런 분들을 위해 다음과 같은 문제
를 내면 자신들의 생각이 상식에서 한참 벗어나 있음에 깜짝 놀란다.

* 문자 사용 측면에서 다음 분들의 공통점은?
(1) 최만리·신석조·김문·정창손·하위지·송처검·조근
(2) 정인지·최항·박팽년·신숙주·성삼문·이개·이선로·강희안
(3) 박제가(1750~1815), 박지원(1737~1805), 정약용(1762~1836)

(1)은 1443년 한글 창제 선언 직후에 한글 반포 반대 상소를 올린
　　일곱 명의 집현전 학사들이다.
(2)는 1446년에 펴낸 《훈민정음》 해례본 집필에 참여한 여덟 명의 집
　　현전 학사들이다.
(3)은 18, 19세기의 대표적인 실학자들이다.

공통점은 이분들 모두 공적으로 또는 학술 저술 차원에서 한글 사

용을 하지 않았다는 점이다. (1)의 사대부들은 한글 반포를 반대한 분들이므로 사용하지 않는 것이 당연한데 (2)와 같이 해례본 집필에 참여한 사람들조차, 그리고 (3)과 같은 실용적 지식을 중요하게 여긴 실학자들조차 한글 사용을 거부했다는 사실에 대해 사람들은 놀라거나 충격을 받는다. 그러나 그것이 조선의 역사였고 사실이었다. 조선이 망할 때까지 조선의 지식인들과 지배층은 한자와 한문만을 주류 문자로 삼았고 한글은 이류 문자 취급을 해 학문과 공공 분야에서 철저히 배제했다. 이렇게 조선 지식인들은 한자 외 문자를 상상하는 것조차 불가능했다.

공통 창제설의 핵심은 (2)의 해례본 집필자들과 함께 만들었다는 것이다. 만일 이들이 공동 창제자라면 한글 사용을 하지 않을 리가 없다. 이들은 단지 세종의 지시로 훈민정음의 가치와 의미는 모두 인정하고 대단히 깊은 학문적, 철학적 의미를 부여하지만 거기서 끝이었다. 한글을 머리로는 받아들이지만 가슴으로는 인정하지 않고 쓰지 않았다.

고전 인문학의 대가인 고미숙 선생님이 방송 강의에서 박지원과 정약용 같은 실학자들의 소통 정신을 배우자고 했지만 정작 이분들은 지식 실용화와 대중화라는 소통을 거부했다. 그 유명한, 널리 알려진 박지원의 소설 《열하일기》, 《양반전》, 《호질》 등은 모두 한문이었다. 박지원은 대놓고 한글을 모른다고 했다. 문학의 대문호조차 모국어와 감정을 맘껏 표현할 수 있는 한글을 쓰지 않은 것이다. 지금 책으로 대략 118권의 책을 쓴 정약용의 저서는 전부 한문이다. 대부분의 양반 사대부들이 부인이나 딸한테 편지를 쓸 때는 한글을 사용했지만 정약용은 그조차도 거의 하지 않았다. 한글을 '거부했다'는 말이 눈에 거슬릴지 모르지만 그게 역사 사실이었다.

공통 창제설이 상식 차원에서 잘못됐다는 두 번째 증거는 공개 프로젝트 여부다. 공동 창제설은 당연히 공개 프로젝트라는 대전제가 필요하다. 1443년 12월 30일 자 기록에 28자 창제 사실이 처음 나왔다는 것 자체가 비공개 프로젝트라는 것을 보여 주는데, 공개로 했다면 진행 자체가 어려웠을 것이다.

2. 세종이 직접 한글을 창제했다는 열 가지 근거와 이유

세종이 직접 만들었다는 가장 강력한 근거는 세종이 직접 밝힌 역사적 사실에서 찾을 수 있다. 세종은 그가 직접 지은 서문에서 자신이 직접 창제했음을 다음과 같이 밝히고 있다.

> (4) 우리나라 말이 중국말과 달라 한자와는 서로 통하지 아니하여서 이런 까닭으로 어리석은 백성이 말하고자 하는 바가 있어도 마침내 제 뜻을 펴지 못하는 사람이 많으니라. 내가 이것을 가엾게 생각하여 새로 스물여덟 글자를 만드니, 모든 사람들로 하여금 쉽게 익혀서 날마다 쓰는 데 편하게 하고자 할 따름이니라(國之語音, 異乎中國, 與文字不相流通. 故愚民有所欲言, 而終不得伸其情者多矣. 予爲此憫然, 新制二十八字, 欲使人人易習, 便於日用耳).
>
> _《훈민정음》 해례본 세종 서문

둘째 근거는 한글 창제 사실을 최초로 알린 《세종실록》에서 세종 친제 사실을 다음과 같이 언급하고 있다.

(5) 1443년 겨울에 우리 전하께서 정음 스물여덟 자를 창제하여, 간략하게 예와 뜻을 적은 것을 들어 보여 주시며 그 이름을 '훈민정음'이라 하셨다. 옛 글자처럼 모양을 본떴지만, 말소리는 음악의 일곱 가락에 들어맞는다. 천지인 삼재와 음양 이기의 어울림을 두루 갖추지 않은 것이 없다. 스물여덟 자로써 전환이 무궁하여, 간단하면서도 요점을 잘 드러내고, 섬세한 뜻을 담으면서도 두루 통할 수 있다(癸亥冬. 我殿下創制正音二十八字, 略揭例義以示之, 名曰訓民正音. 象形而字倣古篆, 因聲而音叶七調. 三極之義, 二氣之妙, 莫不該括. 以二十八字而轉換無窮, 簡而要, 精而通).

_《훈민정음》 해례본 정인지 서문

비록 간략한 기록이지만 그 정황의 진정성이 잘 드러나 있다. 이와 같은 기록의 진정성은 신하들의 증언인 세 번째 근거로 이어진다.

(6) 임금께서 친히 1443년 12월에 28자를 창제하여 예와 뜻을 보여 주고 훈민정음이라 불렀다(癸亥冬. 我殿下創制正音二十八字, 略揭例義以示之, 名曰訓民正音).

_《훈민정음》 해례본 정인지 서문

앞 절의 (1), (2), (3)의 기록도 이와 같은 신하들의 증언 기록에 속한다. 이런 신하들의 기록은 한글 반포를 반대했던 최만리 반대 상소문에서도 드러난다. 네 번째 근거다.

(7) 신 등이 엎디어 보건대, 언문을 만든 것이 매우 신기하고 기묘하여, (임금께서) 새 문자를 창조하시는 데 지혜를 발휘하신 것

은 전에 없이 뛰어난 것입니다(臣等伏覩諺文制作, 至爲神妙, 創物運
智, 复出千古).

_《세종실록》, 세종 26년(1444) 2월 16일

한글 창제 사실을 공표한 지 얼마 안 돼 제출된 반대 상소에서도
임금(세종)의 신기한 창조물임을 인정하고 있다. 이상의 창제 주체에
대한 기록을 모아 보면 다음과 같다.

훈민정음 창제 주체에 대한 기록 모음

기록	출처	
내(세종)가 이것을 가엾게 여겨 새로 스물여덟 글자를 만드니(予爲此憫然新制二十八字),	세종 서문	
계해년 겨울(1443년 12월)에 우리 임금(세종)께서 정음 스물여덟 자를 창제하여, 간략하게 예와 뜻(예의)을 적은 것을 들어 보여 주시며 그 이름을 '훈민정음'이라 하셨다(癸亥冬. 我殿下創制正音二十八字 略揭例義 以示之 名曰訓民正音).		
드디어 임금께서 상세한 풀이를 더하여 모든 사람을 깨우치도록 명령하시었다. 이에, 신이 집현전 응교 최항과 부교리 박팽년과 신숙주와 수찬 성삼문과 돈녕부 주부 강희안과 행 집현전 부수찬 이개와 이선로들로 더불어 삼가 여러 가지 풀이와 보기를 지어서, 그것을 간략하게 서술하였다(遂命詳加解釋 以喻諸人, 於是 臣與集賢殿應敎臣崔恒 副敎理臣朴彭年 臣申叔舟 修撰臣成三問 敦寧府注簿臣姜希顔 行集賢殿副臣李塏 臣李善老等 謹作諸解及例 以敍其梗槩).	정인지 서문	《훈민정음》 해례본 (1446)
공손히 생각 하옵건대 우리 전하는 하늘이 내신 성인으로서 지으신 법도와 베푸신 업적이 모든 왕들을 뛰어넘으셨다(恭惟我殿下 天縱之聖 制度施爲超越百王).		
아, 정음이 창제되어 천지만물의 이치가 모두 갖추어지니, 그 정음이 신비롭구나! 이는 거의 하늘이 성인(세종)의 마음을 열어 주고, 틀림없이 하늘이 손을 빌려준 것이로구나(吁. 正音作而天地萬物之理咸備, 其神矣哉. 是殆天啓聖心而假手焉者乎).	제자해	
이달에 임금께서 친히 언문 스물여덟 자를 만들었다(是月, 上親制諺文二十八字).	1443. 12. 30.	《세종실록》
신 등이 엎디어 보건대, 언문을 만든 것이 매우 신기하고 기묘하여, (임금께서) 새 문자를 창조하시는 데 지혜를 발휘하신 것은 전에 없이 뛰어난 것입니다(臣等伏覩諺文制作, 至爲神妙, 創物運智, 复出千古).	1444. 2. 20.	

이상에서 보듯 세종이 직접 훈민정음을 창제했다는 일관된 발언과 증언이 아주 명확하게 남아 있음을 알 수 있다. 이러한 직접 증거 말고도 강력한 증거는 소통과 교화 도구로서의 문자에 대한 세종의 지속적인 고민이 실록에 고스란히 실려 있다.

곧 다섯 번째 근거는 세종이 새 문자를 창조할 수밖에 없는 역사적 맥락이 소상히 기록되어 있다는 점이다. 《세종실록》 기록으로만 본다면 세종은 무려 1443년 창제 17년 전부터 문자 문제에 대해 고민한다.

> (8) 임금이 말하기를, "사람의 법은 함께 써야 하는 것인데, 지금은 옛날과 같지 않기 때문에 부득이 가까운 법률문을 준용하여 시행하는 것이다. 그러나 법률문이란 것이 한문과 이두로 복잡하게 쓰여 있어서 비록 문신이라 하더라도 모두 알기가 어려운데, 하물며 법률을 배우는 생도이겠는가. 이제부터는 문신 중에 정통한 자를 가려서 따로 훈도관을 두어 《당률소의唐律疏義》·《지정조격至正條格》·《대명률大明律》 등의 글을 강습시키는 것이 옳을 것이니, 이조로 하여금 정부에 의논하도록 하라." 하였다(上曰: "人法竝用, 今不如古, 故不得已以律文比附施行, 而律文雜以漢吏之文, 雖文臣, 難以悉知, 況律學生徒乎? 自今擇文臣之精通者, 別置訓導官, 如《唐律疏義》,《至正條格》,《大明律》等書, 講習可也° 其令吏曹議諸政府").
>
> _《세종실록》, 세종 8년(1426) 10월 27일

법이라는 중요 정보는 함께 공유해야 함을 강조하고 있다. 한문이나 이두는 양반 사대부들조차 어렵다는 것이다. 이러한 정보와 지식 공유는 백성 교화와 직결되기에 매우 중요했고, 교화 도구로서 책과 문자의 중요성이 부각되었다. 이러한 고민은 계속 이어진다.

(9) 비록 세상 이치를 아는 사람이라 할지라도, 법률문에 의거하여 판단을 내린 뒤에야 죄의 경중을 알게 되거늘, 하물며 어리석은 백성이야 어찌 저지른 죄가 크고 작음을 알아서 스스로 고치겠는가. 비록 백성들로 하여금 다 법률문을 알게 할 수는 없을지나, 따로이 큰 죄의 조항만이라도 뽑아 적고, 이를 이두문으로 번역하여서 민간에게 반포하여 보여, 어리석은 지아비와 지어미들로 하여금 범죄를 피할 줄 알게 함이 어떻겠는가(上謂左右曰: "雖識理之人, 必待按律, 然後知罪之輕重, 況愚民何知所犯之大小, 而自改乎? 雖不能使民盡知律文, 別抄大罪條科, 譯以吏文, 頒示民間, 使愚夫愚婦知避何如?")

_세종 14년(1432) 11월 7일

한문이 어렵다 보니 이두문으로 쓰면 좀 더 쉽지 않을까 고민하고 있다. 이두문으로 해결되기 어렵자 만화를 곁들인 책을 펴내게 된다.

(10) 오히려 어리석은 백성들이 아직도 쉽게 깨달아 알지 못할까 염려하여, 그림을 붙이고 이름하여 《삼강행실三綱行實》이라 하고, 인쇄하여 널리 펴서 거리에서 노는 아이들과 골목 안 여염집 부녀들까지도 모두 쉽게 알기를 바라노니, 펴 보고 읽는 가운데에 느껴 깨달음이 있게 되면, 인도하여 도와주고 열어 지도하는 방법에 있어서 도움 됨이 조금이나마 없지 않을 것이다. 다만 백성들이 문자를 알지 못하여 책을 비록 나누어 주었을지라도, 남이 가르쳐 주지 아니하면 역시 어찌 그 뜻을 알아서 감동하고 착한 마음을 일으킬 수 있으리오. 내가 《주례周禮》를 보니, "외사(外史, 벼슬 이름)는 책 이름을 사방에 펴 알리는 일을 주관하여 사방의 사람들로 하여금 책의 글자를 알게 하고 책을 능히 읽을 수 있게 한다." 하였으므로, 이제 이

훈민정음 창제 맥락

17년 전	1426년 (세종 8년)	법은 나누는 것임을 강조하면서 법률문이 어렵고 복잡한 한문과 이두로 되어 있음을 세종이 지적하였다.
15년 전	1428년 (세종 10년)	김화가 자기 아버지를 죽인 사건이 계기가 되어 세종은 《효행록》같은 책을 만들어 백성을 교화할 것을 지시하였다.
11년 전	1432년 (세종 14년)	세종이 한문으로 된 법조문을 백성들에게 좀 더 쉽게 알릴 수 있는 방안을 신하들과 의논하였다.
9년 전	1434년 (세종 16년)	한자를 모르는 아이와 민가의 여성까지도 내용을 알게 하기 위해 그림풀이가 덧붙은 《삼강행실》을 펴냈다.
1년 전	1442년 (세종 24년)	《용비어천가》를 짓고자 세종이 경상도와 전라도 관찰사에게 자료 수집을 명하였다.
세종 25 1443년		세종이 훈민정음을 창제하였다.

것을 만들어 서울과 외방에 힘써 회유(誨諭)의 방술[術]을 다하노라 (尙慮愚夫愚婦未易通曉, 付以圖形, 名曰《三綱行實》, 鋟梓 廣布. 庶幾 街童巷婦, 皆得易知, 披閱諷誦之間, 有所感發, 則其於誘掖開導之方, 不 無小補. 第以民庶不識文字, 書雖頒降, 人不訓示, 則又安能知其義而興 起乎? 予觀《周禮》, 外史掌達書名于四方, 使四方知書之文字, 得能讀之. 今可(做)〔倣〕此, 令中外務盡誨諭之術).

_세종 16년(1434) 4월 27일

　　이것이 바로 《삼강행실》이라는 책이 나오게 된 배경이다. 원래 책 제목은 《삼강행실》이지만 만화 그림이 들어 있어 《삼강행실도》라 흔히 부른다. 이러한 창제 전 고민의 진정성은 창제 후 훈민정음을 반대한 집현전 학사들과의 토론에서도 그대로 드러난다.

(11) 내(세종)가 만일 언문으로 《삼강행실》을 번역하여 민간에 반포하면 어리석은 남녀가 모두 쉽게 깨달아서 충신·효자·열녀가 반드시 무리로 나올 것이다("予若以諺文譯《三綱行實》, 頒諸民間, 則愚夫愚婦, 皆得易曉, 忠臣孝子烈女, 必輩出矣").

_《세종실록》, 세종 26년(1444) 2월 20일

책을 통한 교화에 관심이 많았던 세종은 결국 만화를 곁들인 책까지 펴낸 셈이다. 한자나 한문의 문자로서의 모순이 개선되지 않는 한 이두건 만화를 병행하는 책이건 문제가 많을 수밖에 없고 세종은 새로운 문자를 구상할 수밖에 없었을 것이다.

여섯 번째 친제 근거는 바로 한글 창제 과정은 비밀 프로젝트였고, 그 주체는 임금이 될 수밖에 없다. 공동 연구라면 비밀 연구라는 사실 자체를 부정하는 것이 된다. 쉬운 문자를 통한 교화에 대한 세종의 의지를 보여 주는 1432년, 1434년 기록의 사실성, 그리고 그 이후로 이에 관한 기록이 안 나오다 1443년 12월에 와서야 창제 사실이 드러난 점 등은 바로 한글 창제 과정이 철저한 비밀 프로젝트였음을 보여 준다. 사대부들의 반발과 고도의 집중 연구가 필요한 연구였으므로 세종은 당연히 비밀리에 추진할 수밖에 없었다.

일곱 번째 근거는 한글 창제는 임금이 단독으로 추진할 수밖에 없는 어려운 일이었다. 강력한 창제 의지와 그것을 떠받들 수 있는 뛰어난 지식과 아이디어가 함께해야 가능한 일이었다.

여덟 번째, 집현전 학사들의 도움에 의해 창제된 것이 아니라는 것 자체가 역사적 사실로 기록에 자세히 남아 있다는 점이다. 곧 《훈민정음》 해례본 기록에 집현전 학사들 일부만 창제 후에 도운 것임을 명명백백히 밝히고 있다.

(12) 드디어 전하께서 저희들로 하여금 상세한 풀이를 더하여 모든 사람을 깨우치도록 명령하시었다. 이에, 신이 집현전 응교 최항과 부교리 박팽년과 신숙주와 수찬 성삼문과 돈녕부 주부 강희안과 행 집현전 부수찬 이개와 이선로들로 더불어 삼가 여러 가지 풀이와 보기를 지어 그 대강을 서술하였다(遂命詳加解釋, 以喩諸人. 於是, 臣 與集賢殿應敎臣崔恒, 副校理臣朴彭年, 臣申叔舟, 修撰臣成三問, 敦寧府 注簿臣姜希顔, 行集賢殿副修撰臣李塏, 臣李善老等, 謹作諸解及例, 以 叙其梗槪).

_《훈민정음》 해례본 정인지 서문

신숙주, 성삼문이 중국 음운학자 황찬의 자문을 구한 것도 창제 이후의 사건이다.

(13) 집현전 신숙주와 성삼문과 손수산을 요동에 보내서 운서를 질문하여 오게 하였다(遣集賢殿副修撰申叔舟 成均注簿成三問 行 司勇孫壽山于遼東, 質問韻書).

_《세종실록》, 세종 27년(1445) 1월 7일

아홉 번째 근거는 세종은 뛰어난 언어학자요 과학자요 예술가였다. 이는 한글이 갖고 있는 다음과 같은 복합적 의미에서 드러난다.

한글은 다양한 학문 분야의 전문가들의 연계가 아닌 다양한 학문 분야에 정통한 학자의 통섭 접근이 있어야 창제가 가능한 문자였고 실제 한글은 그런 통섭, 융합성을 지녔다.

열 번째 근거는 한글 자체에 담겨 있는 놀라운 사상과 그러한 사상의 소유자는 바로 세종이었다는 점이다. 한글 창제는 음양오행이라는 동양의 전통 철학과 이를 아우르는 삼재 사상, 천문과 음악 연구를 바탕으로 구축한 언어 이론, 근대 언어학과 탈근대 언어학의 장점을 감싸 안으면서도 이를 뛰어넘는 빅뱅과 같은 사건이었다. 바로 이런 세종의 사유는 세종의 기획과 전략에 의해 나온 《훈민정음》 해례본(1446), 《동국정운》(1448), 《용비어천가》(1447), 《아악보》(1430), 《제가역상집》(1444) 등에 나타나 있다.

3. 단독 창제론의 진정한 의미

단독 창제론이 중요한 것은 거기에 훈민정음 창제 의미와 가치가 있기 때문이다. 공동 창제설로 보면 조선의 양반 지식인들이 왜 조선이 망할 때까지 한글을 무시했는가, 왜 박지원, 정약용 같은 실학자들조차 한글을 쓰지 않았는가를 설명할 길이 없게 된다. 또한 한글의 민중성, 민본주의 또는 오늘날 민주주의에 버금가는 사람 중심, 평등 문자관, 지식과 정보의 실용화와 대중화 도구로서의 한글의 위대한 가치를 설명할 수 없게 된다.

사실 지금 이 시점에서 전 세계의 문자 관련 전문가를 모아 놓고 연구한다 해도 한글(훈민정음)과 같은 문자를 만들지 못할 것이다. 그렇게 보는 이유는 이렇다.

첫째, 한글 자체가 완벽에 가까운 문자이다. 영국의 역사가 존맨의 말처럼 모든 알파벳의 꿈을 담은 문자이며 미국의 생물학자이자 문명학자인 다이아몬드 말처럼 문자의 사치일 정도로 문자로서 완벽함을 담고 있기 때문이다.

둘째, 한글 창제자 세종은 지금의 시각으로 보아도 최고의 학자였으며 정치가였다. 학문 차원에서 보더라도 그는 언어학(성음학)뿐만 아니라 음악학, 천문학 등 새로운 문자 설계에 필요한 학문 분야에 정통한 융합 인문학자이자 과학자였고 디자인과 음악에 정통한 예술가였다. 이러한 한글 같은 문자는 융합적인 능력을 갖춘 사람이 오랜 연구 끝에 발명할 수 있는 것이지 여러 사람이 모여 지혜를 모은다고 해결될 문자가 아니다.

셋째, 세종은 이상적인 문자를 발명하기에 최고로 적합한 말소리를 쓰는 나라에 태어났다. 세종이 천 배의 천재성을 가지고 영미권이나 중국, 일본에 태어났다면 그 어떤 조건에서도 한글과 같은 문자를 발명하지 못했을 것이다. 한국어가 과학적이면서 체계적인 문자를 만들 수 있는 최적의 조건을 갖고 있기 때문에 세종의 문자 발명이 성공할 수 있었다. 곧 한국말은 몇 가지 변화는 있지만 역사 시대로 본다면 단군 시대부터 쓰던 말이 자음과 모음 골고루 발달되어 있고, 또 다른 말에서는 쉽사리 볼 수 없는 종성이 발달되어 초성, 중성, 종성이 명확하게 구별되어 다채로운 말소리와 그에 따른 다양한 말들을 만들어 낸다. 자음, 모음 각각으로 본다 하더라도 발음되는 조음점 위치나 특성에 따라 골고루 발달되어 있다.

넷째, 자연과 사람에 대한 열정과 탐구심이다. 세종은 자연에 대한 열정과 사람에 대한 열정이 다르지 않았다. 세종은 천지자연의 이치를 담은 말소리에 주목했고 그런 말소리의 이치를 그대로 담은 문자를 만들었다. 또한 세종은 누구나 이런 문자를 통해 지식과 정보를 나누고 소통하기를 원했다. 하층민조차도 문자를 통해 소통할 수 있는 길을 연 정치, 그것은 15세기에 혁명과도 같은 생각이었다.

세종대왕은 한글(훈민정음)을
왜 만들었나?

1. 훈민정음 창제 목적을
한자음 발음기호로 보는 주장의 위험성

훈민정음 창제 핵심 동기가 한자음 발음 적기라고 주장하는 정광 교수는 다음과 같이 말한다.

> 개정된 한자음이야말로 백성들에게 가르쳐야 하는 바른 한자음, 즉 훈민정음이었으며 이것의 발음기호로 한글을 제정한 것으로 본다.
>
> _정광(2015), 《한글의 탄생》, 김영사. 17쪽.

한글 창제 1443년, 이로부터 17년 전부터 세종이 한자 모르는 백성들과의 교화, 소통 문제를 고민하고 그래서 한글을 만들었다는 역사적 맥락이 실록과 《훈민정음》 해례본, 서문, 정인지 서문 등 곳곳에 많이 나옴에도 이를 무시하고 이와 같이 주장하는 핵심 근거는 세종 서문의 첫 구절에 대한 독특한 해석 때문이다. 그대로 옮겨 보면 다음과 같다.

國之語音, 異乎中國, 與文字不相流通.
우리나라의 발음이 중국과 달라서 문자가 서로 통하지 않는다.

_정광(2015), 《한글의 탄생》, 김영사, 16쪽.

일반 번역은 다음과 같다. 참고로 세종 서문 전문을 인용해 본다.

國之語音, 異乎中國, 與文字不相流通. 故愚民, 有所欲言而終不得伸其情者, 多矣. 予爲此憫然, 新制二十八字, 欲使人人易習, 便於日用耳.

우리나라 말이 중국말과 달라 한자와는 서로 통하지 않는다. 그래서 어리석은 백성이 말하고자 하는 바가 있어도 끝내 제 뜻을 펴지 못하는 사람이 많다. 내가 이것을 가엾게 여겨 새로 스물여덟 글자를 만드니, 모든 사람들로 하여금 쉽게 익혀서 날마다 쓰는 데 편안하게 하고자 할 따름이다.

_김슬옹(2011), 《세종대왕과 훈민정음학》, 지식산업사, 259쪽.

세종 서문 첫 문장은 중국말과 우리말이 다른데 중국말 적는 한자를 빌려 적다 보니 제대로 적을 수 없고 거기다가 아예 한자를 모르는 백성들은 기본 소통조차 되지 않아 훈민정음을 만들었다는 뜻이다.

사실 훈민정음은 한자음이든 토박이말 발음이든 어떤 말이라도 적기 위해 만들었다. 굳이 어느 것이 더 중요하냐고 따진다면 한자음보다 토박이말 발음을 적는 것이 더 중요한 것이다. 그래서 《훈민정음》 해례본의 용자례에서 예로 든 낱말 94개는 모두 토박이말이다. 한자어는 단 한 글자도 없다. 세종은 한 발 더 나아가 한자음이나 토박이말이나 모두 천지자연의 소리이므로 차별할 필요가 없고 한자음이든 토박이말이든 정확히 적기 위해 정음 문자를 만든 것이다.

그리고 당대 지식인들은 한자음 몰라도 한자 필담으로 중국 지식인들과 맘껏 소통했다. 한자음이 문제가 되는 것은 외교 문서나 독해에서 어떻게 읽느냐에 따라 뜻이 달라지는 경우뿐이다. 예를 들어 '復'를 '복'으로 읽으면 '되돌린다'는 뜻이고 '부'로 읽으면 '다시'라는 뜻이다. 그런데 이런 문제가 보편적인 것은 아니다. 그리고 발음은 몰라도 문맥을 통해 뜻을 정확히 파악할 수 있다. 한글이 없었던 삼국, 고려 시대에도 늘 그렇게 한문을 소통해 오지 않았는가. 그리고 이런 예는 드물다. 물론 드물어도 매우 중요할 때가 있지만 이런 한자음 적기가 훈민정음 창제의 주된 동기의 목적이라는 논리는 성립할 수 없다.

한자음 적기가 중요하지 않다는 것은 아니다. 그것이 주된 동기요 목적이 아니라는 것이다.

2. 세종의 주류 문자 꿈

한자 혼용 또는 병기론자들이 줄기차게 내세우는 주장이나 근거가 세종대왕은 한자 혼용 또는 병기를 전제로 훈민정음(15세기 한글이라 할 수 있으므로 이하 '한글'이란 용어로 사용)을 창제 반포했다는 것이다. 그 핵심 근거로 국한문 혼용체로 되어 있는 《용비어천가》를 든다. 이런 근거로 한자 단체들은 2005년도에 제정된 한글 전용 관련 국어기본법이 헌법에 위배된다는 헌법소원까지 냈을 정도다. 이와 더불어 한자음 표기가 한자를 모르는 하층민의 소통 문제 해결보다 더 주된 목적이었다고 주장한다. 이 두 주장은 밀접한 연계를 맺고 있으므로 함께 비판하기로 한다.

먼저 혼용 쪽의 주장을 들어 보자.

> 한글을 창제한 세종대왕의 뜻과 이후 500여 년의 한국어 표기
> 사는 한글과 한자 혼용이 한국어 표기 원칙임을 웅변해 주고 있다.
> 훈민정음은 한자음을 정확히 적기 위한 것이 가장 주된 창제
> 목적이다.

그럼 다시 되물어 보자.

> 세종은 과연 국한문 혼용을 전제로 훈민정음(한글)을 창제 반
> 포했나?
> 한자 모르는 하층민의 소통 문제 해결보다 한자음 표기가 주목
> 적이었나?

일단 훈민정음은 다목적용으로 창제되었음을 인지할 필요가 있다.
매우 계획적이고 의도적인 새로운 문자 창제 동기나 목표가 결과적
으로 보면 여럿이 될 수밖에 없다. 문자 자체가 복합 기능을 갖고 있
으므로 복합적이거나 다양한 기능이 필요한 것이고 따라서 그 문자
는 다목적용일 수밖에 없다. 친구와 싸운 작은 사건도 원인을 따져
보면 결코 한 가지 원인인 경우는 거의 없다. 중요한 것은 다양한 동
기나 목표, 원인 가운데 어느 것이 주된 동기이고 목표인지를 밝혀내
는 일이다. 다양한 동기의 선후 관계를 두루뭉수리 넘어가거나 순위
를 바꾸면 그것은 엄청나 왜곡이 되고 사건의 본질을 엉망으로 만들
게 된다.

글쓴이는 《세종대왕과 훈민정음학》김슬옹(2011), 지식산업사, 47쪽에서 창제 동기와 목표, 배경과 목적을 정치사회 측면과 언어문화 측면에서 표와 같이 일관성 있고 명료하게 정리한 바 있다.

훈민정음의 창제 배경, 동기와 목표, 목적

구분		배경	동기	목표	목적
정치 사회	주요	교화의 필요성	교화정책의 효율성 문제 대두(삼강오륜, 법령, 농사 지식)	교화 도구 창제	교화
	부차		초기 왕조의 혼란		왕조의 정당성 홍보
문화	주요	한문과 이두 사용으로 말미암은 입말과 글말 관계의 모순	한문과 이두를 통한 문서 보급 한계와 하층민과의 소통 문제	기본 28자 쉬운 문자 창제	하층민에게 정책 알리기와 소통 문제 해결
	부차		한자음 혼란		표준 발음 한자음 정리

곧 한글 창제의 주된 동기와 목적은 한자를 모르는 하층민의 교화에 있었고 한자음 적기는 부차적인 목적이었다. 이에 대한 가장 명백한 근거는 《훈민정음》 해례본에서, 세종이 직접 저술한 세종(어제) 서문이다.

한글은 한자 모르는 백성들의 소통, 교화 문제가 핵심 동기지만 결국은 신분에 관계없이 모든 사람들이 편안하게 쓰기 위한 문자를 만들었다는 것이다. 여기에 한자음을 적기 위해 만들었다는 얘기는 아예 없다. 물론 《동국정운》 등 다른 문헌을 통해 볼 때 한자음 적기도 여러 목적 가운데 하나임은 분명하다. 그러나 세종 서문이 그런 문헌 증거보다 더 강력한 것임은 두말할 필요가 없다. 한글을 창제한 사람이 창제 동기와 목표, 목적을 이렇게 명백하게 밝혀 놓았는데도 다른 부차적인 자료 등을 근거로 주된 것과 부차적인 것을 바꿔 놓아서는 안 된다. 서문 내용을 분석적으로 정리한 다음 표를 보면 이 점은 더욱 명백해진다.

《훈민정음》 해례본의 세종 서문에 나타난 창제 동기와 목적

갈래	동기	목표	목적
언어 문화	입말과 글말이 다름, 조선말에 맞는 글자가 필요하다.	28자 창제	누구나 쉽게 배워 편하게 쓰게 하기 위해서다.
	한자는 하층민의 의사소통 도구 구실 못하고 있다.		
정치 사회	문자마저 대국을 그대로 좇을 필요는 없다.		우매한 백성들을 깨우치고 (교화) 그들의 사회적 의사소통을 돕기 위해서다.
	한자를 모르는 백성들의 불편함과 억울함이 매우 크다.		

핵심 창제 동기는 입말(한국어)과 글말(한문, 한자)의 다름에서 오는 모순이었으며 그 모순의 정점에 한자를 모르는 백성들이 있었다. 한자 모르는 백성들을 위해 만든 문자를 한자를 섞어 쓰기 위해 만들었다고 말하는 것도 이치에 맞지 않는다.

세종은 무려 17년 전부터 이런 문제를 가지고 고민했고 그 과정이 고스란히 《세종실록》에 실려 있으므로 세종 서문의 진정성은 그런 기록으로 충분히 입증된다. 앞 장에서 그 기록을 모두 보였듯이, 첫 번째 1426년 기록은 훈민정음 창제 17년 전의 기록이고 두 번째 1432년 기록은 창제 11년 전 기록이다. 이미 17년 전부터 세종은 하층민과의 소통 문제에서 한문과 한자를 변형한 이두문의 효율성 문제를 고민하고 있음을 알 수 있다.

여기서 주목할 것은 세종은 처음에는 새로운 문자를 만들기보다 한자보다 상대적으로 쉽다고 생각한 이두를 통해 백성 교화 문제를 해

결하려고 생각했다는 점이다. 그러나 이두 또한 한자라는 문자 자체의 한계를 그대로 갖고 있으므로 쉽게 포기하고 아예 새로운 문자를 구상하게 된 것이다. 다시 말하면 세종은 한자가 서당에 갈 수조차 없는 많은 하층민들에게는 '그림의 떡'임을 잘 알고 있었다. 이런 한글 창제자가 한자 혼용을 전제로 한글을 만들었다고 주장하는 것은 이치에 맞지 않는다.

이와 더불어 한글 창제 대략 두 달쯤 뒤에 최만리 외 6인이 올린 갑자 상소문을 보면 창제 핵심 동기의 진정성을 확인할 수 있다. 최만리와의 논쟁 과정에서 세종이 정창손에게 한 말인 "내가 만일 언문으로 《삼강행실》을 번역하여 민간에 반포하면 어리석은 남녀가 모두 쉽게 깨달아서 충신·효자·열녀가 반드시 무리로 나올 것이다"(《세종실록》, 세종 26년 2월 20일 자, 번역은 온라인 《조선왕조실록》 참조)라고 했는데 여기에도 세종의 하층민과의 소통, 교화 문제가 중요했음을 알 수 있다. 이에 대한 진정성은 최만리 외 6인 상소문에서도 다음과 같이 나온다.

전하께서 말씀하시길 "사형 집행에 대한 법 판결문을 이두문자로 쓴다면, 글 뜻을 알지 못하는 어리석은 백성이 한 글자의 착오로도 원통함을 당할 수도 있으나, 이제 그 말을 언문으로 직접 써서 읽어 듣게 하면, 비록 지극히 어리석은 사람일지라도 모두 다 쉽게 알아들어서 억울함을 품을 자가 없을 것이다"라고 하오나 예로부터 중국은 말과 글이 같아도 죄인을 심문하거나 심의를 해 주는 사이에 억울하게 원한을 품는 사람들이 아주 많습니다. 가령 우리나라로 말하더라도 옥에 갇혀 있는 죄수로서 이두를 아는 자가 직접 공술문을 읽고서 그것이 거짓인 줄을 알면서도 매를 견디지 못하여 거짓말로 자복하는 자가 많사옵니다. 이런 경우는 공술문의 뜻을 알지 못해서 억울한 죄를 뒤집어쓰는 것이 아니라는 것을 명백하게 알 수 있습니다. 만약 그렇다면 비록 언문을 쓴다 할지라도 이와 다를 것이 무엇이겠습니까? 여기에서 범죄사건을 공평히 처결하고 못하는 것은 법을 맡은 관리가 어떤가에 달려 있으며 말과 글이 같고 같지 않은데 달려 있는 것이 아니라는 것을 알 수 있습니다. 그런데도 언문을 사용해야 처결 문건을 공평하게 할 수 있다는 데 대해서는 신등은 그것이 옳다고 보지 않사옵니다(若曰如刑殺獄辭, 以吏讀文字書之, 則不知文理之愚民, 一字之差, 容或致冤. 今以諺文直書其言, 讀使聽之, 則雖至愚之人, 悉皆易曉而無抱屈者, 然自古中國言與文同, 獄訟之間, 冤枉甚多. 借以我國言之, 獄囚之解吏讀者, 親讀招辭, 知其誣而不勝箠楚, 多有枉服者, 是非不知招辭之文意而被冤也明矣. 若然則雖用諺文, 何異於此? 是知刑獄之平不平, 在於獄吏之如何, 而不在於言與文之同不同也. 欲以諺文而平獄辭, 臣等未見其可也).

_《세종실록》, 세종 26년(1446) 2월 20일

갑자 상소의 이 기록은 《세종실록》에는 없는 기록이라 더욱 큰 의미를 갖는다. 일부에서는 한글이 한자음을 적기 위해 창제되었다고 주장하지만 한자음 적기보다 더 중요한 창제 동기와 목적이 있음이 이 기록을 통해 드러난다. 하층민과의 소통 문제가 매우 중요한 창제 동기라는 점이다. 그래서 이 내용은 세종 서문에도 반영되어 있는 것이다.

흔히 한글을 적용한 최초의 문헌인 《용비어천가》가 국한문 혼용으로 되어 있다는 사실로 이런 논리를 반박하곤 한다. 그러나 용비어천가는 양반을 대상으로 하는 문서이므로 이것이 세종의 한글 창제의 궁극적 목적을 대표하는 문헌이 될 수 없다. 《용비어천가》는 양으로 본다면 대부분이 한문 주석이다.

다른 한편으로 보면 《용비어천가》는 오히려 한글 혁명을 보여 주는 문헌이다. 한글이 중화의 한자와 대등하게 쓰였기 때문이다. 《용비어천가》에서 더욱 주목할 점은 한자로 적을 수 없는 순우리말을 눈에 보이게 만들었다는 것이다. 더욱이 그런 순우리말을 어려운 한자어로 바꾸지 않고 그대로 적었다는 점이다. 《용비어천가》 125장 가운데 2장이 그러하다.

《용비어천가》 2장

불휘 기픈 남ᄀᆞᆫ ᄇᆞᄅᆞ매 아니뮐ᄊᆡ   곶됴코 여름 하ᄂᆞ니

ᄉᆡ미 기픈 므른 ᄀᆞ모래 아니그츨ᄊᆡ   내히 이러 바ᄅᆞ래 가ᄂᆞ니

(뿌리가 깊은 나무는 아무리 센 바람에도 움직이지 아니하므로, 꽃이 좋고 열매도 많으니. 샘이 깊은 물은 가뭄에도 끊이지 않고 솟아나므로, 내가 되어서 바다에 이르니)

《용비어천가》는 세종의 지시로 발간한 것이지만 신하들이 저술한 것이다. 세종이 직접 저술한 《월인천강지곡》(1447)은 세종의 의지가 더 반영되어 있다고 보아야 하는데 여기서는 아예 한글을 한자보다 더 크게 반영하였다.

《월인천강지곡》은 훈민정음 반포 1년 후에 세종이 직접 기획 집필한 책이다. 완성은 1447년에 이루어졌으나 간행 자체는 이해에 이루어졌는지는 정확한 기록이 남아 있지 않다. 500곡이 넘는 찬불 노래책으로 상, 중, 하 3권으로 간행되었으나 현재 권 상 1책과 권 중의 낙장이 전하고 있다. 발문이 붙어 있을 것으로 추정되는 하권이 전하지 않아 간행자와 간행 연도에 대한 일부 논란이 일고 있는 것이다. 그러나 세종이 지었다고 보는 근거는 비교적 명확하다. 수양대군이 부왕이 직접 지었다고 증언했을 뿐 아니라 《월인천강지곡》에는 훈민정음 창제자로서의 세종의 전략이 고스란히 담겨 있기 때문이다.

첫째, 한자어의 경우 한자를 그대로 병기한 《용비어천가》나 한자를 크게 앞세우고 한글을 조금 작게 병기한 《석보상절》과는 달리 《월인천강지곡》은 한글을 크게 앞세우고 한자를 조금 작게 표기한 전략에 주목해 보자. 이는 훈민정음을 공문서로 실행하면서까지 보급하려는 정책적 열정을 보인 세종이 아니면 이루기 어려운 전략이기 때문이다. 이러한 한글 위주의 과감한 표기 전략은 세종의 의지가 반영된 것이다.

또한 세 텍스트(《용비어천가》, 《석보상절》, 《월인천강지곡》)의 핵심 기획 저자는 세종이다. 세종은 점진적으로 다양한 방식의 실험을 한 훈민

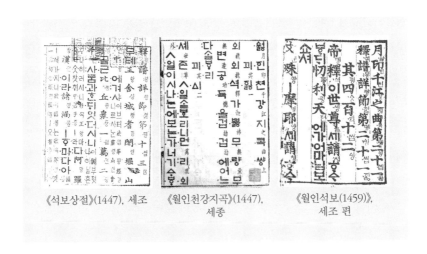

《석보상절》(1447), 세조　　《월인천강지곡》(1447), 세종　　《월인석보(1459)》, 세조 편

정음 보급용 3대 정책 텍스트를 완성함으로써 특정 문서를 통한 보급 전략을 마무리 짓게 된다.

《용비어천가》의 한자 혼용 자체를 부정적으로 보는 것은 아니다. 사대부들은 상상조차 못했던 새로운 문자를 만든 마당에 다양한 문체 실험이 필요한 이유도 있었을 것이다. 반포 즈음에 나온 이런 문체를 21세기 현대 사회 한자 병기 문체 논리 근거로 내세우는 건 시대 상황을 무시한 지나친 억측이다.

세종이 한자음 표기 문제를 중요하게 여긴 것은 그것이 주된 목표라서가 아니었다. 그 시대의 모든 말소리를 정확히 적고 한자음을 비슷하게라도 적을 수 없는 중화의 모순을 해결하기 위해 우리 식 표준음으로 적기 위한 전략이었다.

그리고 병기론자들은 500년의 한국어 표기사는 한글 한자 혼용이라고 주장한다. 잘못된 주장이다. 조선시대 사대부들은 한글을 비주류 문자로 취급하고 철저히 학문과 공용문자로 사용하지 않는다.

일본이 가나 문자를 만들어 한문 지식을 자기 식대로 풀어 지식을 실용화하는 동안 우리는 조선 말기까지 한문이라는 번역 생활을 해 왔다. 이때의 번역은 사서삼경과 같은 중국 경전에 맞추어 번역한 것이다. 박지원은 이런 중국 경전을 바탕으로 하는 한문 번역이 아닌 구어체 한문 번역문을 사용했다가 정조가 대노하여 반성문을 요구한 사건이 이른바 '문체 반정'이다. 박지원은 특별한 경우이고 대부분은 중국 경전을 표준으로 삼은 번역 생활을 해 왔다. 박지원의 구어체 한문이라 하더라도 우리말 구조와 전혀 다른 중국식 번역문이다.

번역 생활이라는 것이 쉽게 말하면 이런 것이다. 세종 서문을 보기로 들어 보자.

(1) 우리나라 말이 중국과 달라 한자와는 서로 통하지 않으므로 어리석은 백성이 말하고자 하는 바가 있어도 끝내 제 뜻을 펴지 못하는 사람이 많으니라. 내가 이것을 가엾게 여겨 새로 스물여덟 글자를 만드니, 모든 사람들로 하여금 쉽게 익혀서 날마다 쓰는 데 편하게 하고자 할 따름이니라.

(2) 國之語音, 異乎中國, 與文字不相流通. 故愚民, 有所欲言, 而終不得伸其情者, 多矣. 予, 爲此憫然, 新制二十八字, 欲使人人易習, 便於日用耳.

(3) The speech of our country is different from China and as a result does not coordinate well with written Chinese characters. Therefore, even if the ignorant masses have something to say, they are unable to express it in writing. Out of consideration for them I have created these 28 letters so that all people may learn them with ease and use them in their daily life.

(1)처럼 생각하고 말하면서 실제 글을 쓸 때는 (2)처럼 쓰고 그것으로 글말 소통을 했다. 그럼 (2)를 읽고 다시 (1)처럼 번역을 해서 이해하고 말을 하는 생활을 해 온 것이다. 영어로 바꿔 설명해 보자. (1)처럼 생각하고 말하다가 글을 쓸 때는 (3)처럼 번역하고 다시 (1)처럼 번역해서 이해하고 소통하고 말을 한 것과 같은 이치다.

이런 식의 한문 번역 생활이 사대부 양반들한테는 주된 글자 생활이었으니 이른바 국한문 혼용체는 한글 전용체와 더불어 극소수의 비주류 문체였다. 차라리 한문체를 버리고 국한문 혼용체를 사용했다면 한글 전용 시대도 더 빨리 열렸을 것이다. 과거의 국한문체를 우리의 전통이니 지금도 그리 해야 한다는 사람들을 위해 지배층 지식인들의 언어생활 모순을 강조하는 것뿐이다.

세종이 훈민정음을 만든 핵심 동기와 목적을 계층 간의 소통 문제로 밝혔는데도 이를 무시하고 마치 한자음을 적기 위해 만들었다고 주장하거나 믿는 전문가들이 많다. 설령 말소리에 한정시켜 논의한다 하더라도 한글 창제를 최초로 알린 1443년 12월 기록에 한자어든 순우리말이든 모든 말소리를 맘껏 적기 위한 것이라고 밝혀 놓았다. 굳이 한자음으로 한정시켜 논의할 필요가 없다.

물론 당시에 한자음 적기 위한 목적도 매우 중요하다. 그러나 그것은 모든 소리를 적기 위한 다양한 목적 중 하나이고 부차적인 것인데 그것을 마치 주된 것으로 주장해서는 말이 안 된다는 것이다. 더욱이 그런 주된 목적으로 설정하는 순간 한글의 역사성과 한글에 담긴 위대한 가치는 추락한다.

실제 언어생활에서 한자·한문을 모름으로써 생기는 인권 문제도 강력한 창제 동기가 되었음은 다음 표와 같은 기록이 증명해 준다.

세 기록이 일관되게 보여 주는 세종의 생각에 훈민정음 창제 반포의 핵심 동기의 진정성이 들어 있다. 최만리 등의 갑자 상소문의 증언에서 보듯 한자 모르는 백성들의 소통 문제를 매우 중요하게 여겼음을 알 수 있다. 그로부터 2년 지나 나오는 《훈민정음》 해례본에서는 정인지가 그 점을 다시 증언하고 있고 당연히 세종이 직접 쓴 서문에서 한자 모르는 백성들의 소통 문제를 핵심 동기로 설정하고 있는 것이다.

'억울한 죄인을 만들지 말라'는 것은 어느 시대건 보편적인 상식이

하층민의 문자 소통 문제에 대한 기록 모음

기록	출처
사형 집행에 대한 법 판결문을 이두문자로 쓴다면, 글의 뜻을 알지 못하는 어리석은 백성이 한 글자의 착오로도 원통함을 당할 수도 있으나, 이제 그 말을 언문으로 직접 써서 읽어 듣게 하면, 비록 지극히 어리석은 사람일지라도 모두 다 쉽게 알아들어서 억울함을 품을 자가 없을 것이다.	최만리 외 6인 갑자 상소(1444)에서 인용한 세종의 말
한문을 배우는 이는 그 뜻을 깨닫기가 어려움을 걱정하고, 범죄 사건을 다루는 관리는 자세한 사정을 이해하기가 어려운 것을 근심했다.	《훈민정음》 해례본 (1446) 정인지 서문
어리석은 백성이 말하고자 하는 바가 있어도 마침내 제 뜻을 펴지 못하는 사람이 많다.	《훈민정음》(1446) 세종 서문

었고 정책의 방향이었을 것이다. 최만리가 직접 쓴, 억울한 죄인을 막기 위한 책인《무원록》에서도 이런 문제가 매우 중요했음을 다음과 같이 언급하고 있다.

대저 《무원록》은 형벌과 감옥을 다스리는 자의 지침서이다. 만일 초·복검이 한번 잘못되면 비록 고요(중국 고대의 전설상의 인물로 법과 형벌과 감옥을 만들었다고 함)로 하여금 다스리도록 하더라도 반드시 그 요령을 얻기는 어려울 것이다. 형벌과 감옥의 어그러짐이 대개 이로 말미암는 것이다. 오직 우리 주상 전하께서 이를 깊이 생각하시고 문신들에게 명하여 《고주무원록》을 가져다가 다시 살피고 뜻과 주석을 달도록 하고, 또 《검시격례》(변사체 처리 규정)와 《법양식》을 따로 인쇄하도록 하였다. 그렇게 한 연후에 비로소 책을 열어 보니 일목요연하기가 손바닥을 보는 것 같았다. 때는 기미년 봄, 강원도 감사 유효통에게 명하여 이를 인쇄하여 널리 반포하도록 하므로 장인들과 목재를 모아들여 장차 원주에서 간행하려고 했으나 당시에 농사일이 점차 많아지므로 일을 마무리하지 못하고 직책이 바뀌었다. 신 최만리가 이를 계승하여 늦은 가을에 일을 시작하여 늦겨울에 일을 마치게 되었다. 오호라. 이 책이 원래 원나라에서 만들어진 것이지만 이제 조선에서 주해를 달자 명백해지게 된 것이다. 형옥을 다스리는 자들이 진심을 다해 이에 근거하여 검험한다면 거의 적중하고 백성들이 원통함이 없게 할 수 있을 것이다. 이로써 임금의 백성을 사랑하고 형률을 신중하게 하려는 뜻에 부합할 수 있는 것이다.

_1440년 정원·왕여 지음, 김호 역주(사계절, 2003),《신주무원록》을 일부 다듬음.

이 글은 최만리가 세종의 명으로 쓴, 억울한 죄인을 막기 위한 수사에 관한 《신주무원록》의 발문이다. 세종은 1440년 정월에 집현전에서 강원도 관찰사로 가 있던 최만리에게 명하여 발문을 쓰게 하고, 원주 감영에서 초판을 발행하였다.

세종은 갑자 상소 반박에서 공술문의 한문을 쉬운 문자로 바꾸면 억울한 죄인을 막을 수 있다고 하였지만 최만리는 그런 억울한 문제를 막는 것은 결국 관리들의 태도 문제로 보았다. 억울한 죄인을 없게 만들어야 한다는 것에 대해서는 세종이나 최만리나 다를 바가 없었던 것이다.

세종은 1418년에 임금이 되었지만 상왕 태종이 1422년 세종 4년에 운명할 때까지 대략 4년 동안 태종의 그림자 역할을 한다. 그러나 세종은 숨어 있는 그림자가 아니었다. 아버지 태종 이후의 시대를 준비하는 꿈틀거리는 그림자였다. 그중 대표적인 것이 인재 양성과 인재들이 자신들의 기량을 맘껏 발휘할 수 있는 제도를 정비하는 일이었다. 바로 즉위한 지 얼마 안 된 세종 2년 1420년 3월 16일 집현전을 대대적으로 정비하여 인원수를 정하고 관원을 임명했다. 고려 인종 때부터 있었지만 관청도 없고 직무도 없이 오직 문신으로 관직을 주었을 뿐이었는데, 제대로 된 관청을 근정전 가까이에 있는, 가장 아름다운 경회루 옆에 세우고 문관 가운데서 재주와 행실이 있는 젊은 인재들을 채용하여 오로지 경전과 역사의 강론을 힘써 임금의 자문에 대비하는 직속 기구를 세운 것이었다.

그 당시뿐만 아니라 조선시대 사대부 양반들에게는 한자 이외 새로운 문자를 창제하는 주체 세력이 된다는 것은 상상으로도 성립하기 어려웠다. 조선은 사대부들이 세운 나라이며 성리학은 사대부들의 이념이자 조선의 국시였다. 성리학의 이념을 담고 있는 사서삼경은 그야말로 이의를 제기할 수 없는 '경전'이었다. 더욱이 경전을 표기한 한문, 한자는 경전의 가치와 같았다. 그런 한문과 한자 이외의 문자는 성리학의 정체성에 위배되는 것이다.

당대 시대 흐름으로 본다면 새로운 문자를 꿈꾸고 실천한 세종이 아주 특이한 사람이지 한자를 절대시하는 양반 계층에게 문제가 있는 것은 아니었다. 그래서 한글 반포 뒤에도 양반들은 학문과 행정 도구로서는 한글을 사용하지 않았다.^{김슬옹(2012), 《조선시대의 훈민정음 발달사》, 역락 참조} 최만리와 다른 모든 양반들의 한글에 대한 기본 입장은 같은 것이므로 마치 최만리만이 한글을 반대한 것처럼 호도하면 안 된다.

이런데도 마치 최만리가 한글 창제를 반대한 것처럼 퍼져 있는 것은 창제 두 달 뒤에 올린 이른바 최만리 외 6인(신석조, 김문, 정창손, 하위지, 송처검, 조근)이 올린 갑자 상소문에 대한 오해 때문이다. 세종이 한글 창제를 공표한 것은 1443년 12월이고 갑자 상소문이 실록에 기록된 것은 1444년 2월 20일이다. 세종이 중국 운서에 한글 주음을 달라고 지시한 지 4일 만의 일이었다. 중국 운서는 중국 황제만이 제정

집현전 학사도(세종대왕기념사업회 소장)

할 수 있는 것으로 경전 문자 표기의 표준을 정한 것이므로 함부로 고치는 것은 불가능하고 손을 댄다는 것도 불경스러운 일이다. 그런 운서를 조선의 임금이 자의적(?)으로 고치거나 재구성하려 하였으니 집현전이 발칵 뒤집혔을 것이다.

그리고 실제 한글을 《훈민정음》 해례본을 통해 백성들한테 공식적으로 알린 것은 1446년 9월이다. 결국 갑자 상소는 창제 후, 반포 전에 올린 상소문이므로 '훈민정음 반포 반대 상소' 또는 폭넓게 '훈민정음 반대 상소'라고 해야 한다.

이 상소문도 분명 훈민정음이 대단히 뛰어난 문자라는 것을 인정하고 있다. 상소문 앞부분에서 "신 등이 엎디어 보건대, 언문을 만든 것이 매우 신기하고 기묘하여, 새 문자를 창조하시는 데 지혜를 발휘하신 것은 전에 없이 뛰어난 것입니다臣等伏覩諺文制作, 至爲神妙, 創物運智, 夐出千古"라고 시작하고 있기 때문이다.

> 신 등이 엎디어 보건대, 언문을 만든 것이 매우 신기하고 기묘하여, 새 문자를 창조하시는 데 지혜를 발휘하신 것은 전에 없이 뛰어난 것입니다. 그러나 신 등의 좁은 소견으로 볼 때 오히려 의심되는 것이 있기에 아주 간절한 마음으로 삼가 아래와 같이 글을 올리니 전하께서는 직접 검토하여 주시옵기를 바랍니다.
>
> _최만리 외 6인, 갑자 상소문

다만 새 문자가 한자를 대체할 경우 생기는 정치적 문제, 성리학을 국시로 하는 정치적 학문론 등에 대한 문제 제기를 한 것이고, 그 당시 사대부들의 보편적 입장을 대변한 것뿐이므로 현대 시각으로 반대 상소에 대한 정치적 재단을 해서는 안 된다. 다음 인물들의 공통점을 안다면 최만리 외 갑자 상소의 시대적 의미를 더 정확히 읽을 수 있다.

(1) 정인지·최항·박팽년·신숙주·성삼문·이개·이선로·강희안

(2) 박제가(1750~1815), 박지원(1737~1805), 정약용(1762~1836)

이들 모두 사적으로나 공적으로나 한글 사용을 하지 않았다는 점

이다. (1)은 세종을 도와 《훈민정음》 해례본 집필에 참여한 8학사이고 (2)는 조선 최고의 실학자들이다. 《훈민정음》 해례본 집필자들조차 일상생활이나 실제 개인의 학문 활동에서는 한글 사용을 하지 않았다.

(2)의 실학자들은 한글 반포 300년쯤 뒤의 사람들이다. 18, 19세기에 이르러서조차 한글 사용을 아예 하지 않고 한문으로 저술을 남겼다. (1)은 당대의 사람들이지만 (2)는 무려 300년 뒤의 사람들이고 이른바 대표적인 실학자들인데도 한문이 성리학의 절대 도구임을 실천하고 있는 것이다.

> 我國地近中華, 音聲略同, 擧國人而盡棄本話, 無不可之理, 夫然後, 夷之一字可免. 우리나라는 중국과 가깝게 접경하고 있고 글자의 소리가 중국의 그것과 대략 같다. 그러므로 온 나라 사람이 본래 사용하는 말을 버린다고 해도 불가할 이치는 없다. 이렇게 본래 사용하는 말을 버린 다음에야 (동이의) 오랑캐라는 모욕적인 글자로 불리는 신세를 면할 수가 있다.
>
> ーー박제가 지음, 안대회 옮김(2003),
> 《북학의ー조선의 근대를 꿈꾼 사상가 박제가의 개혁 개방론》, 돌베개, 107쪽.

박지원의 생각도 이와 다르지 않았다. 결국 18, 19세기 정약용, 박지원과 같은 뛰어난 실학자들조차 한글 사용을 아예 하지 않는 상황이고 보면 15세기 훈민정음 반포 전의 반대 상소는 극히 미미한 문제 제기라고도 볼 수 있다.

이렇게 조선시대 내내 사대부들은 한글을 학문 도구로, 공식 문자 도구로 인정하지 않는다. 1894년 고종이 국문을 주류 문자로 선언했지만 1910년 경술국치 때까지 그 꿈은 제대로 이루어지지 않았고 그런 상태에서 우리 말글의 주권조차 빼앗기는 처지가 되었다.

사실 세종 시대는 새 왕조 문물의 기틀이 완성되는 시기였다. 나라의 국시라고 할 수 있는 공맹 사상을 새롭게 정립한 성리학과 중국과 한문은 동궤를 이룰 수밖에 없었고, 이러한 동궤를 철저히 따라야 하는 '사대'는 국제 정치 논리이자 생존의 논리였다. 세종도 정치적으로는 지극 사대로서 국제 질서에 부합하는 정치를 폈다. 그래서 갑자 상소는 이러한 시대 논리에 의거 새로운 문자인 언문을 학문(성리학)에 방해되는 문자, 소중화를 위반하는 문자로 보았던 것이다. 더욱이 창제 직후에 중국의 운서를 새 문자로 주음을 달라고 세종이 명을 내리자 세종이 새 문자로 한자를 대체하려는 것으로 오해를 할 수밖에 없는 상황이었다. 아래 갑자 상소의 핵심 구절은 바로 이런 논리를 정확히 표현하고 있다.

언문이 비록 유익하다고 말하지만 문학하는 선비들의 여섯 가지 재주의 하나에 불과할 뿐입니다. 하물며 만에 하나도 정치하는 도리에 유익함이 없는 데다, 정신을 연마하는 데 사색을 허비하며 날짜만 보내는 것은 참으로 시대에 적절한 학문에 손실을 끼칠 뿐이옵니다(諺文縱曰有益, 特文士六藝之一耳, 況萬萬無一利於治道, 而乃硏精費思, 竟日移時, 實有損於時敏之學也).

우리 조선은 조상 때부터 내려오면서 지성스럽게 대국을 섬기어 한결같이 중화의 제도를 따랐습니다. 이제 문자(한문)도 같고 법과 제도도 같은 시기에 언문을 창제하신 것은 보고 듣기에 놀라움이 있습니다. -가운데 줄임- 만일 이 사실이 중국에라도 흘러 들어가서 혹시라도 비난하여 말하는 자가 있사오면 어찌 대국을 섬기고 중화를 사모하는 데에 부끄러움이 없사오리까(我朝自祖宗以來, 至誠事大, 一遵華制, 今當同文同軌之時, 創作諺文, 有駭觀聽. -가운데줄임-

若流中國, 或有非議之者, 豈不有愧於事大慕華?),

_갑자 상소에서

갑자 상소에 대해 세종은 세밀하게 반박을 하지만 정치 논리와 학문 논리에 대해서는 반박하지 않았다. 그 당시 보편적 국제 질서와 양반들의 보편적 시대 인식을 굳이 반대할 필요는 없었을 것이다.

세종은 국한문 혼용체의 《용비어천가》와 불경언해서(《석보상절》, 《월인천강지곡》)를 먼저 펴냄으로써 사대부들의 새 문자에 대한 불안을 해소시켜 주었다. 불경언해서의 경우는 양반들이 배척하는 불교에 역시 양반들이 싫어하는 훈민정음을 결합한 셈이다. 만일 《논어》와 같은 성리학 책을 훈민정음으로 번역했다면 더 강력한 반발을 불러일으켰을 것이다. 그래서인지 갑자 상소 주역들은 더 이상의 문제 제기를 하지 않았고 그 뒤로는 그 어떤 사대부들도 반대 상소를 올리지 않았다.

조선은 갑자 상소 내용 그대로 한글을 주된 학문 도구로는 사용하지 않고 문학 등의 비학문 분야를 통해 한글을 발전시켜 나갔다.

최만리 외 6인의
언문 반포 반대 갑자 상소의 진실

1. 7:7-정음학파와 전통학파의 대립

최만리?~1445를 대표로 하는 집현전 일부 학사들의 집단 상소는 정확히 1444년 2월 20일(이하 음력)에 제출되었다. 훈민정음 창제가 1443년 12월(정확한 날짜 모름)이었으므로 짧게는 2개월 20일 많게는 세 달쯤 뒤의 일이다. 같은 달 2월 16일, 세종이 최항과 박팽년 등에게 언문으로 《운회》를 번역하게 한 나흘 뒤의 일이었다. 이때의 '운회'는 세종이 1434년에 펴낸 《고금운회거요》일 것이다. 이 책은 원나라 황공소黃公紹가 편집한 《고금운회》를 원나라 웅충熊忠이 요점 위주로 하여 빠진 것을 보충하고 주석을 첨가하여 30권으로 편성한 운서이다.

이 상소문으로 세종과 최만리는 역사에 명논쟁을 남기게 된다. 상소문과 논쟁 과정이 고스란히 《세종실록》에 실렸기 때문이다. 오히려 세종은 막판에 화를 참지 못하고 7명을 옥에 가두는 실수를 한다. 그것을 후회해서인지 하루 만에 풀어 주었지만 끝내 정창손은 파직을 당하고 김문은 더 심한 옥고를 치르게 된다.

흔히 최만리가 한글 창제를 반대했다고 하지만 이때는 이미 창제한 뒤이므로 반포를 반대했다고 보아야 한다. 이렇게 최만리는 비록 훈민정음 보급을 반대했지만 그의 반대 상소 덕에 창제 배경과 과정에 얽힌 자세한 내막을 알 수 있었다.

세종과 세종을 지지한 정음학자들은 이 상소 덕에 반대 쪽 사람들의 생각을 제대로 알게 되었고 새 문자 해설서를 더욱 잘 쓸 수 있었을 것이다. 또한 토론 내용이 실록에 고스란히 남아 새 문자 창제 동기와 과정 등을 후손들이 잘 알게 되었다.

최만리는 당대 최고의 학자이면서 청백리였음에도 상소문만으로 그에게 오늘날의 마녀사냥과 같은 부정적 평가를 내리는 것은 옳지 않다. 그렇다면 거꾸로 비판이나 비난의 근거나 되는 상소문의 맥락을 제대로 짚어 볼 필요가 있다. 내친 김에 이 상소문은 당시 집현전 부제학이었던 최만리 외 6인의 연합 상소임을 분명히 할 필요가 있다. 상소문은 이해의 연도에 따라 갑자 상소라 부르기로 한다[최영선 편저 (2009), 《한글 창제 반대 상소의 진실》, 신정 참조].

우연인지 세종을 도와 《훈민정음》 해례본에 참여한 8인 가운데 집현전 학사도 7인이었다. 강희안은 반포 당시에는 집현전 학사가 아니었다.

갑자 상소 구성원과 《훈민정음》 해례본 참여자

논쟁파	집현전 구성원
정음학파	정인지, 최항, 박팽년, 신숙주, 성삼문, 이개, 이선로
전통학파	최만리, 신석조, 김문, 정창손, 하위지, 송처검, 조근

결국 갑자 상소문은 다양한 역사적 맥락과 의미를 지닌 복합 텍스트이다. 이를 제대로 밝히기 위해서는 상소문의 맥락적 의미를 제대로 드러내 주는 전략이 필요하다. 여기서는 이 상소문 덕에 밝혀진 역사적 사실을 몇 가지로 분석해 보기로 한다.

2. 갑자 상소와 논쟁을 통해 드러난 역사적 사실

갑자 상소는 1443년 12월 30일 자에 요약식으로 간결하게 기술된 훈민정음 창제의 역사적 사실에 대한 이해를 풍부하게 해 준다.

> 이달에 임금이 친히 언문 28자를 지었는데, 그 글자가 옛 전자를 모방하고, 초성·중성·종성으로 나누어 합한 연후에야 글자를 이루었다. 무릇 한자에 관한 것과 우리말에 관한 것을 모두 쓸 수 있고, 글자는 비록 간단하고 간결하지마는 전환하는 것이 무궁하니, 이것을 훈민정음이라고 일렀다.
>
> _《세종실록》, 세종 25년(1443) 12월 30일

첫 번째는 훈민정음 세종 친제설을 명확히 해 준다. 상소문 첫머리에서 "언문을 만든 것이 매우 신기하고 기묘하여, 새 문자를 창조하시는데 지혜를 발휘하신 것은 전에 없이 뛰어난 것입니다"라고 세종이 만든 언문이 신기할 정도로 뛰어남을 인정하였다. 그리고 다섯 번째 상소 항목에서 다음과 같이 말하고 있다.

> 만일에 언문을 어쩔 수 없이 만든 것이라 한다면, 이것은 풍속을 바꾸는 중대한 일이므로 마땅히 재상들과 함께 토론하되, 아래로는 모든 벼슬아치와 모든 백성들이 옳다고 해도 오히려 반포하는 데 더 곰곰이 생각해 보아야 하옵니다. 또한 옛날 제왕들이 해 온 일과 맞추어 따져 보아 어그러지지 않고 중국에 비추어 보아도 부끄러움이 없으며, 먼 훗날의 성인이 보아도 의혹됨이 없는 연후라야 시행할 수 있는 것이옵니다. 이제 넓게 여러 사람의 의논을 들어 보지도 않

고 갑자기 10여 명의 서리들에게 가르쳐 익히게 하며 또 옛날 사람들이 이미 만들어 놓은 운서(한자 발음 사전)를 경솔하게 고치고, 언문을 억지로 갖다 붙이고 기능공 수십 명을 모아 판각을 새겨 급하게 널리 반포하려 하시니, 이 세상 후대 사람들의 공정한 의논으로 보아 어떻겠습니까?(凡立事功, 不貴近速. 國家比來措置, 皆務速成, 恐非爲治之體. 儻曰諺文不得已而爲之, 此變易風俗之大者, 當謀及宰相, 下至百僚國人, 皆曰可, 猶先甲先庚, 更加三思, 質諸帝王而不悖, 考諸中國而無愧, 百世以俟聖人而不惑, 然後乃可行也. 今不博採群議, 驟令吏輩十餘人訓習, 又輕改古人已成之韻書, 附會無稽之諺文, 聚工匠數十人刻之, 劇欲廣布, 其於天下後世公議何如?)

이 내용을 보면 공동 창제로 볼 만한 내용이 없는 데다 세종이 비밀리에 혼자 추진했음을 보여 준다. 그간 국어학계와 역사학계에서는 세종 친제설과 집현전 학사들과의 공동 창제설로 오랜 세월 논쟁을 벌여 왔는데 갑자 상소문에 그 답이 이미 다 들어 있었던 것이다.

둘째, 언문 창제 사실을 알린 뒤에는 반포 작업을 과감하게 속전속결로 추진했음을 알 수 있다. 1444년 2월 16일, 언문을 반포하기도 전에 《운회》 번역을 시켰다는 것은 새 문자에 대한 자신감인 동시에 반포를 위한 임상실험을 서둘렀다는 의미이기도 하다. 거기다가 아예 하급 관리들을 가르쳐 가능한 한 빨리 새 문자가 퍼지게 하기 위한 치밀한 전략을 쓴 듯하다. 하급 관리들은 행정 언어로 이두를 많이 썼고 그 이두의 불편함과 비효율성을 극복할 수 있는 새 문자 보급이 시급했던 것이다.

또한 갑자 상소문에서 언급한 다음 내용도 세종이 언문 반포를 위해 얼마나 총력을 기울였는지를 보여 준다.

또한 이번 청주 약수터로 행차하시는데 흉년인 것을 특별히 염려하시어 호종하는 모든 일을 힘써 간략하게 하셨으므로 전일에 비교하오면 10에 8, 9는 줄어들었습니다. 그런데 전하게 보고해야 할 업무까지도 의정부에 맡기시면서, 언문 같은 것은 나라에서 꼭 제기한 안에 시급하게 마쳐야 할 일도 아니온데, 어찌 이것만은 임시 처소에서 서둘러 만듦으로써 전하의 몸조리에 번거롭게 하시나이까. 신등은 그 옳음을 더욱 알지 못하겠나이다(且今 淸州 椒水之幸, 特慮 年歉, 扈從諸事, 務從簡約, 比之前日, 十減八九, 至於啓達公務, 亦委政府. 若夫諺文, 非國家緩急不得已及期之事, 何獨於行在而汲汲爲之, 以煩 聖躬調燮之時乎? 臣等尤未見其可也).

세종이 여러 질환으로 병상에 누운 것은 1436년(세종 18년)으로 동궁인 이향의 나이 23세 때였다. 이듬해 세종은 세자(문종)에게 서무庶務를 결재하게 하려 하였으나 신하들의 반대로 이루지 못하였지만 세종은 훈민정음 창제 1년 전인 1442년 세자가 섭정하는 데 필요한 기관인 첨사원詹事院을 설치하여 국가의 중대사를 제외한 서무는 모두 세자에게 결재하게 하였다. 이러한 과정에서 의정부 서사제를 실시하여 왕의 권한을 대폭 의정부에 이양하게 된다. 이렇게 한 것은 건강 탓도 있었지만 훈민정음 반포를 위한 연구에 몰입하기 위한 의도도 있었던 듯하다. 이러한 숨 가쁜 역사의 맥락이 갑자 상소로 인해 드러난 것이다.

셋째, 언문이 다목적용으로 만들어졌음을 잘 보여 준다. 하급 관리를 가르쳤다는 것은 하층민과의 문서를 통한 소통 문제를 해결하겠다는 것이고, 운회를 번역하게 한 것은 표준 한자음을 적기 위한 새 문자의 기능을 보여 주는 것이다.

넷째, 갑자 상소로 인해 반포를 위한 해례본 집필과 보완이 훨씬 늦추어졌을 것임을 알 수 있다. 판각수 장인들 수십 명이 반포를 위해 판각하려던 것은 아마도 해례본이 아니라 세종이 직접 쓴 정음편(예의편)이었을 것이다. 이것만 가지고 반포하려다 사대부들을 제대로 설득하기 위해 예의편 반포 대신 해례본 반포를 택한 듯싶다.

다음 그림에서 보듯 흔히 '예의편'이라고 부르는 부분이 판심 제목에 따라 정음편이라 할 수 있다. 어제 서문과 28자(된소리 글자 6자 포함 34자)에 대한 간단한 설명으로 이루어져 이 부분만 읽어도 한글을 깨칠 수가 있다. 편의상 언해본(1459)의 현대 번역문으로 인용해 보기로 한다.

《훈민정음》해례본(1446)의 구조도

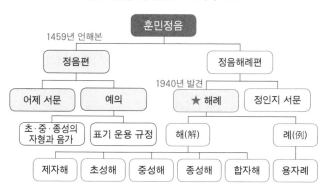

ㄱ은 어금닛소리(아음)이니 '군(君)' 자의 첫소리(초성)와 같다. 나란히 쓰면 '뀨(虯)' 자의 첫소리와 같다.

ㅋ은 어금닛소리이니 '쾡(快)' 자의 첫소리와 같다.

ㆁ(옛이응)은 어금닛소리니 '업(業)' 자의 첫소리와 같다.

ㄷ은 혓소리(설음)이니 '둫(斗)' 자의 첫소리와 같다. 나란히 쓰면 '땀(覃)' 자의 첫소리와 같다.

ㅌ은 혓소리(설음)이니 '튼(呑)' 자의 첫소리와 같다.

ㄴ은 혓소리이니 '낭(那)' 자의 첫소리와 같다.

ㅂ은 입술소리(순음)이니 '볋(彆)' 자의 첫소리와 같다. 나란히 쓰면 '뽕(步)' 자의 첫소리와 같다.

ㅍ은 입술소리이니 '푱(漂)' 자의 첫소리와 같다.

ㅁ은 입술소리이니 '밍(彌)' 자의 첫소리와 같다.

ㅈ은 잇소리(치음)이니 '즉(卽)' 자의 첫소리와 같으니 나란히 쓰면 '쫑(慈)' 자의 첫소리와 같다.

ㅊ은 잇소리이니 '침(侵)' 자의 첫소리와 같다.

ㅅ은 잇소리니 '슗(戌)' 자의 첫소리와 같다. 나란히 쓰면 '썅(邪)' 자의 첫소리와 같다.

ㆆ은 목소리(후음)이니 '흡(挹)' 자의 첫소리와 같다.

ㅎ은 목소리이니 '헝(虛)' 자의 첫소리와 같다. 나란히 쓰면 '뽕(洪)' 자의 첫소리와 같다.

ㅇ는 목소리이니 '욕(欲)' 자의 첫소리와 같다.

ㄹ은 반혓소리(반설음)이니 '령(閭)' 자의 첫소리와 같다.

ㅿ는 반잇소리(반치음)이니 '샹(穰)' 자의 첫소리와 같다.

ㆍ는 '톤(呑)' 자의 가운뎃소리(중성)와 같다.

ㅡ는 '즉(卽)' 자의 가운뎃소리와 같다.

ㅣ는 '침(侵)' 자의 가운뎃소리와 같다.

ㅗ는 '뽕(洪)' 자의 가운뎃소리와 같다.

ㅏ는 '땀(覃)' 자의 가운뎃소리와 같다.

ㅜ는 '군(君)' 자의 가운뎃소리와 같다.

ㅓ는 '업(業)' 자의 가운뎃소리와 같다.

ㅛ는 '욕(欲)' 자의 가운뎃소리와 같다.

ㅑ는 '샹(穰)' 자의 가운뎃소리와 같다.

ㅠ는 '슗(戌)'자의 가운뎃소리와 같다.

ㅕ는 '볋(彆)'자의 가운뎃소리와 같다

끝소리자는 첫소리자를 다시 쓴다.

ㅇ을 입술소리 아래 이어 쓰면 입술가벼운소리(순경음)가 된다.

첫소리자를 합쳐서 쓰려면 나란히 쓴다. 끝소리자도 마찬가지다.

ㆍ, ㅡ, ㅗ, ㅛ, ㅠ는 첫소리자의 아래에 붙여 쓴다.

ㅣ, ㅏ, ㅓ, ㅑ, ㅕ는 첫소리자의 오른쪽에 붙여 쓴다.

무릇 글자는 반드시 합하여야만 음절을 이룬다.

왼쪽에 한 점을 더하면 거성이요, 점이 둘이면 상성이요, 점이 없으면 평성이다.

입성은 점을 더하기는 같으나 빠르다.

결국 갑자 상소 문제 제기 덕에 '해례' 부분 집필에 총력을 기울이느라 위해 반포가 늦추어졌을 것이다.

다섯째, 갑자 상소의 영향으로 어제 서문을 대폭 보완하고 상세하게 설명한 정인지 서문이 기술되었을 것이다.

이 대비표를 보면 세종 서문의 주요 내용이 차례대로 정인지 서문에서 상세하게 보완되었음을 알 수 있다.

세종 서문과 정인지 서문의 순차적 주제별 대비표

([ ]* 중권점(·)은 쉼표로, 우권점(.)은 온점으로 표시)

	갈래	세종 서문	정인지 서문
1	언어문화 차이 문제	우리나라 말이 중국과 달라 한자와는 서로 통하지 않으니.	천지자연의 소리가 있으면 반드시 천지자연의 문자가 있다. 그러므로 옛사람이 소리를 바탕으로 글자를 만들어서 만물의 뜻을 통하고, 천지인 삼재의 이치를 실었으니 후세 사람들이 능히 글자를 바꿀 수가 없었다. 그러나 사방의 풍토가 구별되므로 말소리의 기운 또한 다르다. 대개 중국 이외의 딴 나라 말은 그 말소리에 맞는 글자가 없다. 그래서 중국의 글자를 빌려 소통하도록 쓰고 있는데, 이것은 마치 모난 자루를 둥근 구멍에 끼우는 것과

			같으니, 어찌 제대로 소통하는 데 막힘이 없겠는가? 요컨대 모든 것은 각각의 처한 곳에 따라 편안하게 할 것이지, 억지로 같게 하여서는 안 될 것이다. 우리 동방의 예악과 문장이 중화와 같이 견줄 만하나 오직 우리말이 중국말과 같지 않다
2	계층별 소통 문제	그래서 어리석은 백성이 말하고자 하는 바가 있어도 끝내 제 뜻을 펴지 못하는 사람이 많으니라.	그래서 한문을 배우는 이는 그 뜻을 깨닫기가 어려움을 걱정하고, 범죄 사건을 다루는 관리는 자세한 사정을 이해하기가 어려운 것을 근심했다. 옛날 신라의 설총이 이두를 처음 만들어서 관청과 민간에서 지금도 쓰고 있으나, 모두 한자를 빌려 쓰는 것이어서 매끄럽지도 못하고 막혀서 답답하다. 이두를 사용하는 것은 몹시 속되고 근거가 일정하지 않을 뿐만 아니라 실제 언어 사용에서는 그 만분의 일도 소통하지 못한다.
3	창제 동기와 주체	내가 이것을 가엾게 여겨 새로 스물여덟 글자를 만드니,	계해년 겨울(1443년 12월)에 우리 임금께서 정음 스물여덟 자를 창제하여, 간략하게 예와 뜻(예의)을 적은 것을 들어 보여 주시며 그 이름을 '훈민정음'이라 하셨다
4	새 문자의 보편성, 우수성, 과학성, 독창성과 효용성	모든 사람들로 하여금 쉽게 익혀서 날마다 쓰는 데 편하게 하고자 할 따름이니라.	이 글자는 옛 글자처럼 모양을 본떴지만, 말소리는 음악의 일곱 가락에 들어맞는다. 천지인 삼재와 음양 이기의 어울림을 두루 갖추지 않은 것이 없다. 스물여덟 자로써 전환이 무궁하여, 간단하면서도 요점을 잘 드러내고, 정밀한 뜻을 담으면서도 두루 통할 수 있다. 그러므로 슬기로운 사람은 하루아침을 마치기도 전에, 슬기롭지 못한 이라도 열흘 안에 배울 수 있다. 이 글자로써 한문 글을 해석하면 그 뜻을 알 수 있다. 또한 이 글자로써 소송 사건을 다루면, 그 속사정을 이해할 수 있다. 글자의 운율로는 맑고 흐린 소리를 구별할 수 있고 음악으로는 노랫가락이 다 담겨 있다. 글을 쓰는 데 글자가 갖추어지지 않은 바가 없으며, 어디서든 뜻을 두루 통하지 못하는 바가 없다. 비록 바람 소리, 학의 울음소리, 닭 소리, 개 짖는 소리라도 모두 적을 수 있다.
5	저술 동기와 맥락, 책의 효용성, 서지정보		드디어 전하께서 저희들로 하여금 상세한 해석을 더하여 모든 사람을 깨우치도록 명령하시었다. 이에, 신이 집현전 응교 최항과 부교리 박팽년과 신숙주와 수찬 성삼문과 돈녕부 주부 강희안과 행 집현전 부수찬 이개와 이선로들로 더불어 삼가 여러 가지 풀이와 보기를 지어서, 그것을 간략하게 서술하였다. 대체로 보는 사람으로 하여금 스승이 없이도 스스로 깨우치게 하였다. 그 깊은 근원과 정밀한 뜻은 신묘하여 신들이 감히 밝혀 보일 수 없다. 공손히 생각하옵건대 우리 전하는 하늘이 내신 성인으로서 지으신 법도와 베푸신 업적이 모든 왕들을 뛰어넘으셨다. 정음 창제는 앞선 사람이 이룩한 것에 의한 것이 아니요, 자연의 이치에 의한 것이다. 참으로 그 지극한 이치가 있지 않은 바가 없으며, 사람의 힘으로 사사로이 한 것이 아니다. 동방에 나라가 있은 지가 꽤 오래되었지만, 무릇 만물의 뜻을 깨달아 모든 일을 온전하게 이루게 하는 큰 지혜는 정음을 반포하는 오늘을 기다리고 있었던 것이다. 중국 정통 11년(세종 28년, 1446년) 9월 상순 자헌대부 예조판서 집현전 내세학 시순수관사 세사루빈긱 칭인지는 두 손 모아 머리 숙여 삼가 쓰옵니다.

여섯째, 세종이 한글 창제 사실을 공표한 뒤 다각적으로 사대부들을 설득하려 한 사실이 드러났다. 1443년 12월부터 1444년 2월까지 《세종실록》 기록에는 나오지 않는 내용이다. 아마도 《승정원일기》에는 있었을 터인데 이 기록물은 임진왜란 때 불타 없어졌다.

전하께서 말씀하시길 "사형 집행에 대한 법 판결문을 이두문자로 쓴다면, 글 뜻을 알지 못하는 어리석은 백성이 한 글자의 착오로도 원통함을 당할 수도 있으나, 이제 그 말을 언문으로 직접 써서 읽어 들게 하면, 비록 지극히 어리석은 사람일지라도 모두 다 쉽게 알아들어서 억울함을 품을 자가 없을 것이다"라고 하오나 예로부터 중국은 말과 글이 같아도 죄인을 심문하거나 심의를 해 주는 사이에 억울하게 원한을 품는 사람들이 아주 많습니다. 가령 우리나라로 말하더라도 옥에 갇혀 있는 죄수로서 이두를 아는 자가 직접 공술문을 읽고서 그것이 거짓인 줄을 알면서도 매를 견디지 못하여 거짓말로 자복하는 자가 많사옵니다. 이런 경우는 공술문의 뜻을 알지 못해서 억울한 죄를 뒤집어쓰는 것이 아니라는 것을 명백하게 알 수 있습니다. 만약 그렇다면 비록 언문을 쓴다 할지라도 이와 다를 것이 무엇이겠습니까? 여기에서 범죄사건을 공평히 처결하고 못하는 것은 법을 맡은 관리가 어떤가에 달려 있으며 말과 글이 같고 같지 않은 데 달려 있는 것이 아니라는 것을 알 수 있습니다. 그런데도 언문을 사용해야 처결 문건을 공평하게 할 수 있다는 데 대해서는 신 등은 그것이 옳다고 보지 않사옵니다.[1]

갑자 상소의 이 기록은 《세종실록》에는 없는 기록이라 더욱 큰 의미를 갖는다. 일부에서 언문이 한자음을 적기 위해 창제되었다고 주장하지만 한자음 적기보다 더 중요한 창제 동기와 목적이 있음이 이 기록을 통해 드러난다. 하층민과의 소통 문제가 매우 중요한 창제 동기라는 점이다. 그래서 이 내용은 세종 서문에도 반영되어 있다.

그리고 세종이 직접 비밀리에 오래 고민한 끝에 새 문자가 창제되었음을 보여 준다. 이와 관련된 기록이 1443년 이전 기록에 다음과 같이 지속적으로 나왔기 때문이다.

(1) 임금이 말하기를,

"사람의 법은 함께 써야 하는 것인데, 지금은 옛날과 같지 않기 때문에 부득이 가까운 법률문을 준용하여 시행하는 것이다. 그러나 법률문이란 것이 한문과 이두로 복잡하게 쓰여 있어서 비록 문신이라 하더라도 모두 알기가 어려운데, 하물며 율을 배우는 생도이겠는가. 이제부터는 문신 중에 정통한 자를 가려서 따로 훈도관訓導官을 두어 〈당률소의唐律疏義〉·〈지정조격至正條格〉·〈대명률大明律〉 등의 글을 강습시키는 것이 옳을 것이니, 이조로 하여금 정부政府에 의논하도록 하라." 하였다.[2]

_《세종실록》, 세종 8년(1426년) 10월 27일

(2) 상참을 받고 정사를 보았다. 임금이 좌우 근신近臣에게 이르

---

1. 若曰如刑殺獄辭, 以吏讀文字書之, 則不知文理之愚民, 一字之差, 容或致冤. 今以諺文直書其言, 讀使聽之, 則雖至愚之人, 悉皆易曉而無抱屈者, 然自古中國言與文同, 獄訟之間, 冤枉甚多. 借以我國言之, 獄囚之解吏讀者, 親讀招辭, 知其誣而不勝箠楚, 多有枉服者, 是非不知招辭之文意而被冤也明矣. 若然則雖用諺文, 何異於此? 是知刑獄之平不平, 在於獄吏之如何, 而不在於言與文之同不同也. 欲以諺文而平獄辭, 臣等未見其可也.
2. 上曰: "人法並用, 今不如古, 故不得已以律文比附施行, 而律文雜以漢吏之文, 雖文臣, 難以悉知, 況律學生徒乎? 自今擇文臣之精通者, 別置訓導員, 如〈唐律疏義〉, 〈至正條格〉, 〈大明律〉等書, 講習可也. 其令吏曹議諸政府."

기를,

　"비록 사물의 이치를 아는 사람이라 할지라도, 법률문에 의거하여 판단이 내린 뒤에야 죄의 경중을 알게 되거늘, 하물며 어리석은 백성이야 어찌 범죄한 바가 크고 작음을 알아서 스스로 고치겠는가. 비록 백성들로 하여금 다 법률문을 알게 할 수는 없을지나, 따로이 큰 죄의 조항만이라도 뽑아 적고, 이를 이두문으로 번역하여서 민간에게 반포하여, 일반 백성들로 하여금 범죄를 피할 줄 알게 함이 어떻겠는가." 하니, 이조 판서 허조가 아뢰기를,

　"신은 폐단이 일어나지 않을까 두렵습니다. 간악한 백성이 진실로 율문을 알게 되오면, 죄의 크고 작은 것을 헤아려서 두려워하고 꺼리는 바가 없이 법을 제 마음대로 농간하는 무리가 이로부터 일어날 것입니다."

하므로, 임금이 말하기를,

　"그렇다면, 백성으로 하여금 알지 못하고 죄를 범하게 하는 것이 옳겠느냐. 백성에게 법을 알지 못하게 하고, 그 범법한 자를 벌주게 되면, 조사모삼朝四暮三의 술책에 가깝지 않겠는가. 더욱이 조종祖宗께서 법률문을 읽게 하는 법을 세우신 것은 사람마다 모두 알게 하고자 함이니, 경 등은 고전을 상고하고 의논하여 아뢰라."[3]

_《세종실록》, 세종 14년(1432년) 11월 7일

---

3. 壬戌/受常參, 視事. 上謂左右曰: "雖識理之人, 必待按律, 然後知罪之輕重, 況愚民何知所犯之大小, 而自改乎? 雖不能使民盡知律文, 別抄大罪條科, 譯以吏文, 頒示民間, 使愚夫愚婦知避何如?" 吏曹判書許稠啓: "臣恐弊生也. 姦惡之民, 苟知律文, 則知罪之大小, 而無所畏忌, 弄法之徒, 從此而起." 上曰: "然則使民不知, 而犯之可乎? 民不知法, 而罪其犯者, 則不幾於朝四暮三之術乎? 況祖宗立讀律之法, 欲人皆知之也. 卿等稽諸古典, 擬議以聞.

　　　　　　　　　　　　　　　　　한글 혁명

첫 번째 기록은 훈민정음 창제 17년 전의 기록이고 두 번째가 11년 전 기록이다. 이미 17년 전부터 세종은 하층민과의 소통 문제에서 이두문의 효율성 문제를 고민하고 있음을 알 수 있다. 아마도 창제 공표 후에도 이런 소통 문제를 가지고 사대부 신하들을 설득했음을 알 수 있다.

이와 더불어 갑자 상소문 내용은 아니지만 최만리와의 논쟁 과정에서 정창손에게 한 말인 "내가 만일 언문으로《삼강행실》을 번역하여 민간에 반포하면 어리석은 남녀가 모두 쉽게 깨달아서 충신·효자·열녀가 반드시 무리로 나올 것이다"라는 구절도 세종이 한글 창제 9년 전인 1434년에 펴낸《삼강행실도》와 관련된 기록이 훈민정음 창제의 강력한 동기가 되었음을 입증해 준다.

> 임금이 말하기를,
> "삼강은 사람 도리의 큰 경전이니, 군신·부자·부부의 벼리를 마땅히 먼저 알아야 할 것이다. 이제 내가 유신儒臣에게 명하여 고금의 사적을 편집하고 아울러 그림을 붙여 만들어 이름을 '삼강행실三綱行實'이라 하고, 인쇄하게 하여 서울과 외방에 널리 펴고 학식이 있는 자를 선택하여 항상 가르치고 지도하여 일깨워 주며, 장려 권면하여 어리석은 백성으로 하여금 모두 알아서 그 도리를 다하게 하고자 하는데 어떻겠는가."[4]
>
> _《세종실록》, 세종 16년(1434년) 4월 27일

---

4. 上曰: "三綱, 人道之大經, 君臣父子夫婦之所當先知者也. 肆予命儒臣編集古今, 并付圖形, 名曰《三綱行實》, 俾鋟于梓, 廣布中外, 思欲擇其有學識者, 常加訓導, 誘掖獎勸, 使愚夫愚婦皆有所知識, 以盡其道, 何如?"

세종은 사대부들을 설득하기 위한 또 다른 전략으로 성리학적 철학을 상세하게 기술하여 새 문자에 대한 논리적 근거와 방어 논리를 대폭 강화했고 그것이 해례본 해례 부분에 실려 있는 것이다. 이런 논리를 보강하느라 반포가 크게 늦춰졌을 것이다.

3. 갑자 상소의 역설: 비주류 문자의 희망 만들기

세종은 토론과 문제 제기를 좋아했다. 1436년에 제주도의 한 노인이 용 다섯 마리가 승천하는 것을 보았다는 다급한 사건에 대해 십여 가지 질문을 던졌을 정도이다.

> 용의 크고 작음과 모양과 빛깔, 그리고 다섯 마리 용의 형체를 분명히 살펴보았는가. 또 그 용의 전체를 보았는가, 그 머리나 꼬리를 보았는가, 다만 그 허리만을 보았는가, 용이 승천할 때에 구름 기운과 천둥과 번개가 있었는가. 용이 처음에 뛰쳐나온 곳이 물속인가, 수풀 사이인가, 들판인가. 하늘로 올라간 곳이 인가에서 거리가 얼마나 떨어졌는가. 구경하던 사람이 있던 곳과는 거리가 또 몇 리나 되는가. 용 한 마리가 빙빙 돈 것이 오래되는가, 잠시간인가. 같은 시간에 바라다본 사람의 성명과, 용이 이처럼 하늘로 올라간 적이 그 전후에 또 있었는가와, 용을 본 시간과 장소는 어디인가?

이와 같은 문제 제기를 잘한 대표적인 신하가 최만리와 허조였다. 두 신하의 비판 정신은 세종 시대를 더욱 빛나게 했다. 갑자 상소에 대한 평가도 이런 맥락에서 해야 한다.

한글 혁명

최만리는 뛰어난 정치가였고 관리였다. 백성을 위한 민본주의 이념은 같은 것이었지만 문자관이 달랐을 뿐이다.

조선은 갑자 상소 내용 그대로 한글을 주된 학문 도구로는 사용하지 않고 문학 등의 비학문 분야에서 한글을 제한적으로 사용하였다. 1895년 고종이 한글을 주류 문자로 선언하기까지 그러했을진대 15세기 갑자 상소의 문제 제기는 오히려 약했다는 생각이 드는 것은 어쩔 수 없다.

세종이 훈민정음 창제 공표 직후 첫 번째 공식 사건이 중국의 《운회》 번역이었다. 새로운 문자를 실험하기 위한 의도도 있었겠지만 이러한 중차대한 정책이 충분한 토론 없이 급속히 이루어진 것만은 분명하다. 아마도 이 상소가 계기가 되어 좀 더 튼실한 《훈민정음》 해례본 집필이 이루어졌을 것이다. 결과적으로 보면 갑자 상소의 문제 제기는 훈민정음의 보편 논리를 강화하게 하는 주요한 토론의 장을 제공한 셈이다.

정음 혁명서 《훈민정음》 해례본과 언해본

1446년에 세종이 펴낸 《훈민정음》 해례본은 일종의 정음 혁명서이다. 세상의 모든 소리, 자연의 모든 소리를 바로 적어 누구든 지식과 정보를 공유하게 하려는 문자 혁명을 그 당시로 보나 지금으로 보나 최고의 학문과 사상을 녹여 훈민정음을 해설한 책이기 때문이다.

1.《훈민정음》 해례본은 왜 '해례본'이라 부르는가?

광화문 광장 세종대왕 동상 왼손에 들려 있는 책이 《훈민정음》 해례본으로 국보 70호이고 1997년에 세계기록유산으로 등재되었다.《훈민정음》 해례본은 새 문자 훈민정음을 알기 쉽게 풀이한 책이다. 세종대왕은 비밀리에 연구한 끝에 1443년에 훈민정음 28자를 신하들에게만 알리고, 실험과 연구를 거듭한 끝에 1446년 음력 9월 상순에《훈민정음》 해례본을 통해 백성들에게 새 문자 훈민정음과 그것을 만든 원리와 운용 방법을 알렸다.《훈민정음》 해례본에는 창제의 취지와 원리, 역사적 의미 등을 비롯하여 문자의 다양한 예시 등이 실려 있다.

이 책은 세종대왕을 비롯해 집현전 학사 정인지, 최항, 박팽년, 신숙주, 성삼문, 이개, 이선로, 강희안 등 여덟 명이 함께 지었다. 세종대왕이 직접 쓴 부분을 '정음편' 또는 '본문', '예의'라 부르고, 신하들이 풀어 쓴 부분을 '정음해례편' 또는 '해례편'이라고 부른다. '정음편'은 세종의 서문과 예의로, '정음해례편'은 '해례'와 '정인지 서문'으로 구성되어 있다. '해례'는 "제자해, 초성해, 중성해, 종성해, 합자해"의 다섯 '-해'와 용자례의 '-례'를 합쳐 이르는 말로 흔히 '해례본'이라 부르는 것은 책 제목과 문자 제목이 같다 보니 책은 흔히 '해례본'을 더 보태 '훈민정음 해례본'이라 부른다.

세종 서문을 자세히 풀어 쓴 것이 '정인지 서'이고 '예의' 부분을 자세히 풀어 쓴 것이 '해례'이다. 결국 '해례'와 '정인지 서'는 세종의 생각을 충실히 이어받아 쓴 것이므로 새 문자에 대한 세종의 거대한 꿈과 이상을 아주 자세히 담은 셈이다.

이 책은 당연히 당대의 보편 문자인 한문으로 되어 있고 공저자 8명이 실제 개인적으로는 훈민정음을 사용하지는 않는다. 그만큼 양반 사대부에게 한자는 절대 권력이었고 그 외의 문자를 상상하는 것조차 힘들었다. 그러한 사대부 일부를 설득해 해례본 저술에 참여시킨 것은 사대부들의 반발을 잠재우기 위한 세종의 놀라운 정치력이었다.

이 책은 지금으로 보면 1부 정음편, 2부 정음해례편으로 나뉘어 있는 셈인데 이러한 제목은 본문 안에 나오는 것은 아니고 판심 제목으로 설정되어 있다. 옛날 책은 두 쪽을 인쇄해서 반으로 접어 제본했는데 접히는 가운데 부분이 판심이다.

2. '해례본'은 왜 간송본이라 부르고
   또 상주본은 무엇인가?

《훈민정음》 해례본은 1책으로 전체 33장이고, 표지가 앞뒤 2장이다. 세종이 직접 쓴 '정음편'이 네 장 8쪽이고(마지막 면은 빈 면이므로 실제로는 7쪽), 나머지 29장 58쪽이 '정음해례편'이다.

《훈민정음》 해례본은 글자를 나무판에 붓으로 쓴 것을 새겨 찍어 낸 목판본으로 제작되었다. 정교한 활자본이 아닌 목판본으로 찍어 낸 것은 빠른 시간에 많은 책을 펴내기 위해서이다. 세종대왕이 직접 펴낸 초간본은 오랜 세월 알려지지 않다가 1940년에 경상북도 안동에서 이용준에 의해 발견되었다. 그 책을 간송 전형필 선생이 사들여 지금은 간송미술관(서울 성북구 소재)에서 소장하고 있어 '간송본'이라 부른다. 2008년에 경상북도 상주에서 또 다른 원본이 배익기 선생에 의해 발견되었으나 소유권 분쟁에 휘말리면서 아직 공개를 하지 않고 있다.

간송본은 발견 당시 세종이 직접 쓴 네 장 가운데 두 장, 총 네 쪽이 없었다. [사진 1]과 [사진 2]는 없어진 네 쪽을 원본과 같게 복원한 것이고, [사진 3]은 지저분해 보이는 원본([사진 4])을 다듬어 복원한 것이다. [사진 5]는 간송미술관에서 전시하고 있는 원본 사진이다.

발견자 이용준 선생이 사라진 두 장을 복원할 수 있었던 것(추론)은 이 부분이 《세종실록》에 실려 있고 또 정음편만 언해한 이른바 '언해본'이 있었기 때문에 가능했다.

이용준 선생이 이 책을 발견한 곳은 경상북도 안동은 분명한데 발견한 곳이 자신의 집안인 진성 이씨 집안이냐 아니면 처가인 광산 김씨 집안이냐가 논란이 되지만 여러 가지 정황으로 보아 처가인 '광

訓民正音
國之語音異乎中國與文字
不相流通故愚民有所欲言
而終不得伸其情者多矣予
為此憫然新制二十八字欲
使人人易習便於日用耳
ㄱ牙音如君字初發聲
並書如虯字初發聲
ㅋ牙音如快字初發聲
ㆁ牙音如業字初發聲
ㄷ舌音如斗字初發聲
並書如覃字初發聲
ㅌ舌音如呑字初發聲
ㄴ舌音如那字初發聲

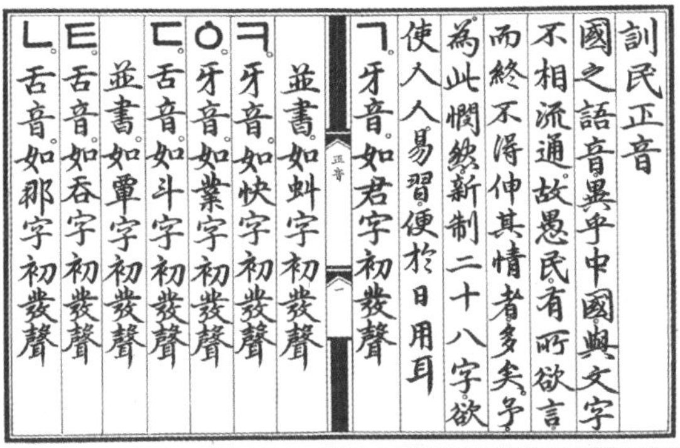

[사진 1] 《훈민정음》 해례본 첫째 장 복원본

ㅂ脣音如彆字初發聲
並書如步字初發聲
ㅍ脣音如漂字初發聲
ㅁ脣音如彌字初發聲
ㅈ齒音如即字初發聲
並書如慈字初發聲
ㅊ齒音如侵字初發聲
ㅅ齒音如戌字初發聲
並書如邪字初發聲
ㆆ喉音如挹字初發聲
ㅎ喉音如虛字初發聲
並書如洪字初發聲
ㅇ喉音如欲字初發聲
ㄹ半舌音如閭字初發聲

[사진 2] 《훈민정음》 해례본 둘째 장 복원본

ㅿ半齒音如穰字初發聲
ㆍ如呑字中聲
ㅡ如即字中聲
ㅣ如侵字中聲
ㅗ如洪字中聲
ㅏ如覃字中聲
ㅜ如君字中聲
ㅓ如業字中聲
ㅛ如欲字中聲
ㅑ如穰字中聲
ㅠ如戌字中聲
ㅕ如彆字中聲
終聲復用初聲ㅇ連書脣音
之下則為脣輕音初聲合用

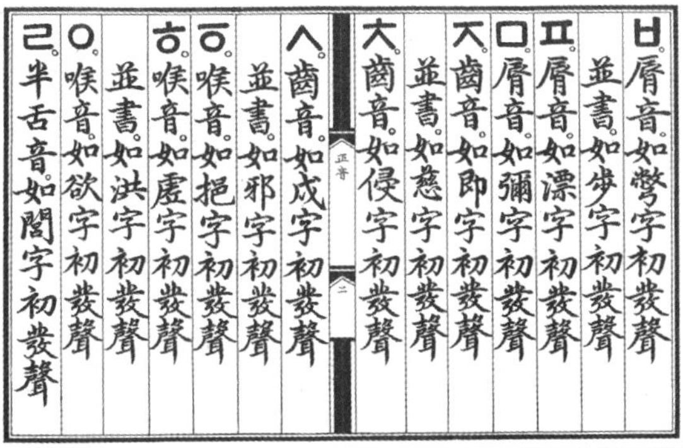

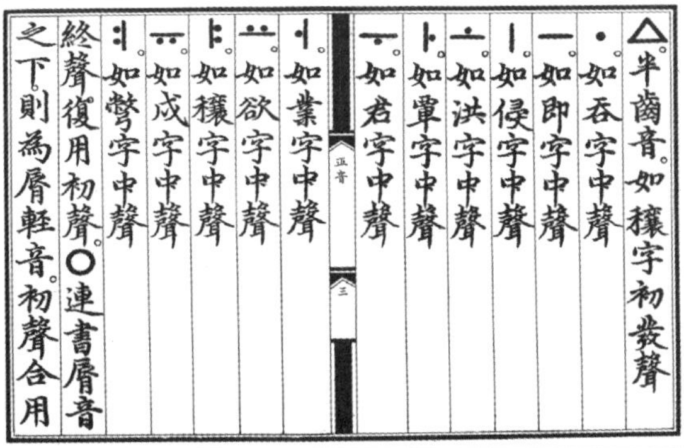

[사진 3] 《훈민정음》 해례본 셋째 장 교정본

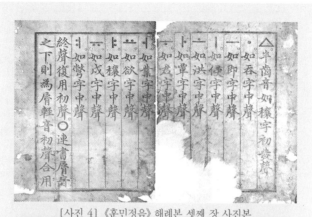

[사진 4] 《훈민정음》 해례본 셋째 장 사진본

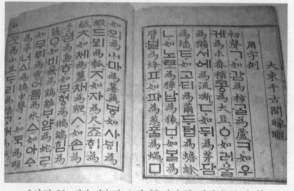

[사진 5] 간송미술관 소장 《훈민정음》 해례본 '용자례'

산 김씨' 집안임이 확실시되고 있다. 이용준이 앞 표지와 두 장을 보사한 보사 원본을 전형필 선생에게 판 뒤 해방 직전 월북하여 그 어디에도 관련 기록을 남기지 않아 발견 경위와 정확한 보사 과정 등은 미스터리로 남았다.

다행히 간송 전형필 선생은 최고의 서지학자였던 송석하 선생에게 모사하게 하고 그것이 훈민정음 최고 전문가였던 홍기문 선생에게 전

한글 혁명

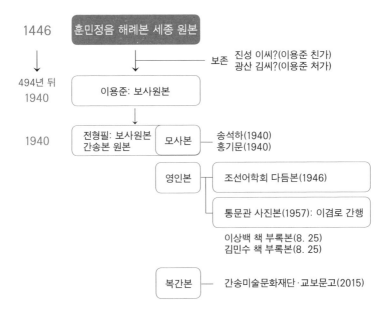

달되게 하여 세상에 그 가치를 드러나게 했다. 그리고 당대 최고의 우리 말글 학자였던 외솔 최현배 선생은 《한글갈》에서 이 책이 세종시대 원본임을 입증했고 해방 후 조선어학회와 통문관에서 영인본을 펴내 연구와 교육으로 널리 알려지게 했고, 2015년에는 간송미술재단이 직접 교보문고와 함께 소장본과 똑같은 복간본을 펴내 그 가치를 더욱 빛나게 했던 것이다.

3. 《훈민정음》 언해본은 무엇인가?

《훈민정음》 언해본은 《훈민정음》 해례본 가운데 세종대왕이 직접 쓴 서문과 예의 부분을 한글로 번역하여 간행한 것이다. 현재 남아 있는 가장 오래된 자료로는 세조가 펴낸 것으로 정확한 제목은 《세종어

[사진 1] 《훈민정음》 언해본 첫째 장 교정본

[사진 2] 《훈민정음》 언해본 첫째 장 복원본

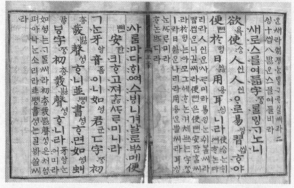

[사진 3] 《훈민정음》 언해본 세종대왕 서문의 끝부분(서강대학교 소장)

한글 혁명

제훈민정음世宗御製訓民正音》이다.

1446년에 펴낸 훈민정음 해설서《훈민정음》해례본은 내용이 한문이라 한자(한문)를 모르는 백성들은 읽을 수 없었다. 이 언해본은 세종대왕 때에 나왔을 것으로 추정하고 있지만 언제 누가 번역했는지는 알 수 없다. 이 언해본은 단행본으로 나왔을 가능성이 있다. 아마 그것을 세종대왕 당시 수양대군이 지은《석보상절》의 권 1·2 앞부분에 붙였을 것이다. 그 후 세종대왕이 세상을 떠난 후, 수양대군에서 임금으로 등극한 세조는 세종대왕이 지은《월인천강지곡》과 그의《석보상절》을 합본한《월인석보》를 만들면서 권 1·2 앞에 이 언해본을 붙여 세조 5년 1459년에 간행하였다. 이 언해본으로 수많은 사람들이 훈민정음을 깨쳐 나갔을 것이고, 그 문자의 힘은 역사 변혁의 원동력이 되었다.

[사진 1]은《훈민정음》언해본의 첫 장을 펼쳐놓은 것이다. 목판으로 인쇄했으며, 반듯한 글꼴로 된《훈민정음》해례본보다 부드러운 흘림체 글꼴로 되어 있다. [사진 2]는 세종 당대의 모습으로 국어사학회에서 2007년에 복원한 것이고, [사진 3]은 세종대왕 서문 맨 끝의 두 쪽 부분이다.

4.《훈민정음》해례본은 왜 중요한가?

해례본은 흔히 '무가지보'라고 부른다. 가격으로 매길 수 없을 만큼 비싸고 존귀하다는 뜻이다. 그러나 실제 공정한 값을 따진다면 대략의 가격을 세워 볼 수 있다. 간송미술문화재단이 동대문디자인센터에서 전시할 때 그 가격이 매겨진 적이 있다. 전시를 위해서는 보험에 들어야 하는데 보험사에서 추정한 돈은 최소 1조 원이었다. 국제 고가품 사례에 비추어 그렇게 추산한 것인데 세계기록유산인 데다가 종이 책으로서의 가치, 인류 최고 문자로서의 가치 등이 고려되었다.

간송 전형필 선생이 1940년 매입한 가격은 정확한 기록도 없고 증언도 남기지 않았지만 그 당시 일본 돈 만 원이었다. 서울 최고 비싼 기와집 열 채 값이었다고 한다.

세종은 임금이 된 지 25년째인 47살 때, 1443년 12월(음력)에 훈민정음 창제를 알리고 50살 때인 1446년 9월 상한(음력)에 반포했다. 이로부터 4년간 《훈민정음》 보급에 주력한 뒤 1450년에 운명하였다. 그럼 1446년에 실제 훈민정음 반포식을 했을까? 1446년에 반포했다는 것은 반포식을 열었다는 의미가 아니라 '훈민정음'이란 새 문자를 해설한 책 《訓民正音》을 간행, 출판했다는 의미이다. 상한은 1일부터 10일 사이이므로 정확한 날짜는 모른다. 상한의 마지막 날인 음력 9월 10일을 양력으로 환산한 날이 오늘날 한글날인 10월 9일이다.

해례본이 중요한 이유를 세 가지로 짚어보자.

첫째로는 한글 창제 원리가 정확히 기술된 것은 이 책밖에 없다. 다시 말해 18세기, 19세기에 훈민정음을 연구했거나 언급한 학자들이 꽤 있지만 이들 모두는 이 책을 보았다는 증거가 없다. 책을 좋아하고 책 수집광이었던 이덕무(1741~1793)조차 다음과 같이 써 놓았을 정도이다.

훈민정음에 초성初聲·종성終聲이 통용되는 8자는 다 고전古篆의 형상이다. •ㄱ 옛 글자의 급及 자에서 나온 것인데, 물건들이 서로 어울림을 형상한 것이다. •ㄴ 익匜 자에서 나온 것인데, 은隱과 같이 읽는다. •ㄷ 물건을 담는 그릇 모양인데, 방匚 자와 같이 읽는다. •ㄹ 전서書篆의 기己 자이다. •ㅁ 옛날의 위圍 자이다. •ㅂ 전서의 구凵 자

이다. •ㅅ 전서의 인ㅅ 자이다. •ㅇ 옛날의 원圓 자이다. -가운데 줄
임- 세속에 전하기를 "장헌대왕이 일찍이 변소에서 문살을 배열排列
하다가 문득 깨닫고 성삼문 등에게 명하여 창제하였다." 한다.

_이덕무,《청장관전서》54권 양엽기 1, 현대어 번역(고전번역원)

임금들은 변소에 가지 않고 변기틀인 '매화틀'을 침소에서 이용했음
에도 이런 잘못된 제자 원리가 어지럽게 유포된 것은 해례본을 보지
않고 썼기 때문이다. 이런 오해가 완전히 풀리게 된 사건이 1940년에
《훈민정음》원본 발견이다. 왜냐하면 이 책의 '해례'라는 부분, 특히 제
자해에 창제 원리가 자세하게 설명되어 있기 때문이다.

한글을 과학적인 문자라고 하는 것은 핵심 제자 원리가 과학적이고
문자를 확장시켜 나가는 방식이 체계적이기 때문이다. 15세기에는 기
본자가 지금보다 네 자가 더 쓰여 기본자가 28자였는데 이는 자음자
5자와 모음자 3자를 통해 확장되었다. 자음은 발음 기관 어딘가에 닿
아 나는 소리이므로 발음기관을 본뜨고, 모음은 입술, 혀, 목구멍 등
여러 복합적인 작용으로 나므로 발음기관을 본뜨지 않고 하늘(·), 땅
(ㅡ), 사람(ㅣ) 등의 삼재를 상형한 뒤 이를 합성하여 우리말에 담겨
있는 음양의 기운을 살려 'ㅗ, ㅏ, ㅜ, ㅓ, ㅛ, ㅑ, ㅠ, ㅕ' 등의 글자를 만들었
다. 자음과 모음, 초성자, 중성자, 종성자를 합쳐 만드는 방식도 '호하
후허'에서 보듯 간결하고 체계적이다.

이렇게 보면 15세기 훈민정음 창제 원리는 상형 기본자 8자에다 확
장자를 더해 28자가 되었다. 그냥 더한 것이 아니라 자음은 획을 더하
는 방식으로 모음은 기본 세 자를 합치는 방식으로 규칙적으로 확장
자나 응용자를 만들어 한글을 과학의 문자라고 하는 것이다.

둘째, 해례본은 하층민을 배려해 새 문자를 만든 세종의 인류 보편

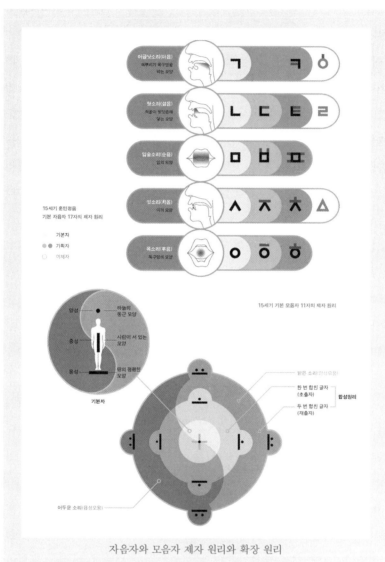

자음자와 모음자 제자 원리와 확장 원리

의 문자 꿈이 담겨 있어 위대하다. 훈민정음 창제 동기와 목표, 취지 등이 담긴 세종 서문과 정인지 서문을 함께 보면 그 점은 쉽게 알 수 있다. 어려운 한자 때문에 기본적인 소통조차 못하는 하층민을 배려하여 만들었지만 양반을 포함한 모든 백성들이 편안하게 쓰고 하루아침에 쉽게 배울 수 있는 문자를 만들었다는 것이다. 그래서 영국의 역사가 존맨은 한글을 "인류 문자의 꿈"이라고 했고, 이런 문자를 만든 세종을 기려 일본의 천문학자 와타나베는 자신이 발견한 별 이름을 '7365 Sejong'이라 하여 이른바 '세종별'이라 지은 것이다. 놀랍게도 해례본에서 예를 든 훈민정음 마지막 한글 표기 낱말은 '별'이다. 누구나 문자를 통해 지식과 정보를 나눠 별이 되라는 의미는 아닐까.

세종 서문 현대말 번역	정인지 서문 현대말 번역
우리나라 말이 중국과 달라 한자와는 서로 통하지 않는다. 그래서 어리석은 백성이 말하고자 하는 바가 있어도 끝내 제 뜻을 펴지 못하는 사람이 많다. 내가 이것을 가엾게 여겨 새로 스물여덟 글자를 만드니, 모든 사람들로 하여금 쉽게 익혀서 날마다 쓰는 데 편안하게 하고자 할 따름이다.	-앞 줄임- 우리 동방의 예악과 문장이 중화와 같아 견줄 만하나 오직 우리말이 중국말과 같지 않다. 그래서 한문을 배우는 이는 그 뜻을 깨닫기가 어려움을 걱정하고, 범죄 사건을 다루는 관리는 자세한 사정을 이해하기가 어려운 것을 근심했다. -가운데 줄임- 스물여덟 자로써 전환이 무궁하여, 간단하면서도 요점을 잘 드러내고, 정밀한 뜻을 담으면서도 두루 통할 수 있다. 그러므로 슬기로운 사람은 하루아침을 마치기도 전에, 슬기롭지 못한 이라도 열흘 안에 배울 수 있다. 이 글자로써 한문 글을 해석하면 그 뜻을 알 수 있다. 또한 이 글자로써 소송 사건을 다루면, 그 속사정을 이해할 수 있다.

셋째, 해례본에는 인류 최고 수준의 학문과 사상이 반영되어 있어 위대하다. 지금 수준으로 보아도 최고의 문자 과학에다 천지인 삼재 사상, 다음 그림에서 보듯 자음에는 오행 철학과 음악까지, 모음에는 수리철학까지 적용하여 만고불변의 소리문자를 굳게 세운 것이다.

'별' 글자가 있는 정음해례 26ㄴ(간송본)

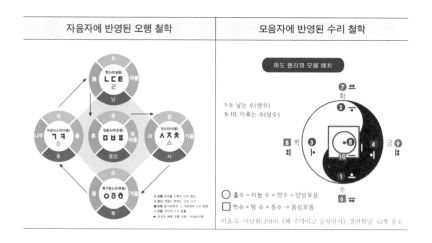

훈민정음 반포 으뜸 공로자
보한재 신숙주 선생 나신 600돌 의미

의정부에 있는 '신숙주 선생 묘'에 가면 1971년에 한글학회에서 세운 문충공고령신숙주선생한글창제사적비가 있다. 보한재 선생이 나신 554돌을 맞이하여 당시 한글학회 허웅 회장을 비롯한 임원들이 앞장서서 세운 사적비다.

신숙주(1417~1475)는 훈민정음 반포와 보급에 가장 많은 업적을 남긴 학자요 관리였다. 《훈민정음》 해례본을 비롯, 운회 번역, 《용비어천가》, 《동국정운》, 《홍무정운역훈》, 《직해동자습》 등 훈민정음 보급에 매우 중요한 구실을 한 모든 책에 그의 이름만이 빠짐없이 올라간 것만 보아도 그 업적을 가늠해 볼 수 있다(표 참조). 그렇다면 한글 혜택을 누리는 후손으로서 세종의 뜻을 이어 남긴 그의 큰 한글 업적을 기려야 할 책무가 있다. 사실 한글창제사적비는 한글학회가 아니라 한글을 쓰는 남북한 온 겨레가 세워야 할 사적비였다.

그런데도 우리 후손들은 그의 업적을 제대로 모를 뿐만 아니라 오히려 그가 세조 편에 섰다는 이유만으로 그를 폄하하고 있다. 사육신, 생육신의 삶은 고결하고 우리가 본받아야 할 것은 분명하지만 그가 사육신이나 생육신이 되지 않았다는 이유만으로 그를 비난할 수는 없다. 그가 세조 편에 선 것을 단순한 이분법으로 볼 수 없는 정치

각종 사업 참여 일람표
(강신항, 1984: 47쪽, '용비어천가', '직해동자습' 추가 재구성)

사업명 참여인사명		운회 언문으로 번역하기 (1444)	훈민정음 해례본 (1446)	용비어천가 (1447)	동국정운 (1448)	홍무정운 역훈(1455)	직해동자습 역훈평화
정인지			○	○			
최항		○	○	○	○		
박팽년		○	○	○	○		
신숙주		○	○	○	○	○	○
이선(현)로		○	○	○	○		
이개		○	○	○	○		
강희안		○	○	○	○		
성삼문			○	○	○	○	○
손수산						○	○
조변안					○	○	○
김증					○	○	○
권제				○			
안지				○			
신영손				○			
김하							○
이변							○
감장 (감독)	동궁	○					
	진양대군	○				○	
	안평대군	○					
	화의군						○
	계양군					○	○

강신항(1984), 〈세종조의 어문정책〉, 한국정신문화연구원 편, 《세종조문화연구 Ⅱ》, 한국정신문화연구원.

적 맥락이 분명하기 때문이다. 더욱이 그가 살아남아 이룩한 업적은 참으로 크고 고귀하다. 이러한 측면에서 역사학자 이이화 선생의 신숙주 평가는 매우 정확하고 균형이 잡혀 있어 그대로 인용하면 다음과 같다.

신숙주는 분명히 우리 역사에 큰 문화적 업적을 남겼다. 신숙주는 역사의 흐름에 떠밀려 갔을 뿐, 그 자신의 손을 더럽히지는 않았다. 또 그는 비난받기에는 너무나 인간적이었고 깨끗한 벼슬아치였다. 그의 행적은 보통 사람이면 아무렇지 않게 넘어갔을 정도의 것이었지만, 그가 뛰어난 학자요, 세종·문종의 총애를 받았던 신하였기에 따르는 유명세라고 보아야 할 것이다. 그가 생육신처럼 초야에 묻혀 지냈더라면 역사에 업적을 남길 수 있었겠는가?

_이이화, 〈신숙주-무엇이 충절이고 무엇이 변절인가〉, 《인물한국사》, 다음 백과사전

그가 변절해서 그의 부인 무송 윤씨가 죽으려 했다는 이야기는 우리를 더욱 아프게 한다. 명백한 역사 왜곡이기 때문이다. 왜냐하면 단종 복위를 위한 사육신 사건은 1456년(세조 2년) 6월이었는데 그의 부인은 5개월쯤 전인 1456년 1월에 죽었기 때문이다. 아마도 같은 연도에 두 사건이 일어나다 보니 이야기 만들기 좋아하던 사람들이 이이화 선생의 말처럼 "그의 변절을 미워하던 자들이 날조한 것[100.daum.net/encyclopedia]"것이기 때문이다.

이 이야기는 조선시대에 나온 여러 문집에 실려 있는 것으로 보아 조선시대 내내 입에 오르내렸던 듯하다. 이런 이야기를 박종화는 〈목매는 여인〉에서 이광수는 〈단종애사〉에서 받아씀으로써 더욱 널리 퍼지게 되었고, 이 모든 왜곡이 '녹두나물'을 '숙주나물'로 바꿔 부르는 데까지 이른 듯하다. 이는 그의 직계손이 아니더라도 보통 억울한 일이 아니다.

올해는 신숙주 나신 지 600돌이 되는 해인지라 그의 업적과 우리 후손들의 태도를 차분하게 되돌아볼 필요가 있다. 한가로이 공부에만 열중하겠다는 의미로 지은 호(보한재)대로 그는 학자로서 관리로서

묵묵히 나라를 위해 일하다 59세로 운명했다. 신숙주는 스물두 살 때인 1438년(세종 20)에 과거 시험에 붙어 생원과 진사가 되었고, 훈민정음 창제 전인 스물다섯 살 때인 1441년에는 집현전 부수찬을 역임하고, 창제하던 해 27살 때인 1443년에는 일본으로 가는 조선통신사 변효문 선생의 서장관에 뽑혀 일본에 2월에 갔다 10월에 돌아왔다.

훈민정음 반포 직전인 1445년에 세종대왕의 명을 받아 같은 집현전 학사인 성삼문, 동시 통역사인 손수산과 함께 중국음을 훈민정음으로 표기하는 방법에 대한 조언을 받고자 요동반도에 유배를 와 있던 명나라 황찬黃瓚을 만나러 요동에 다녀왔다는 얘기가 《세종실록》에, 신도비문에는 무려 13번을 다녀왔다고까지 기록해 놓았다. 실제 그 먼 곳을 13번이나 다녀왔는지는 알 수 없으나 그만큼 훈민정음 연구를 위해 그의 젊음을 다 바친 것만은 분명해 보인다. 이때의 고달픈 여정 속에서 성삼문과 주고받은 시가 《보한재집》에 남아 있어 그 의미를 되새기게 한다.

신숙주의 칠언사운 시	성삼문의 칠언사운 시
치, 설, 아, 순의 발음 아직도 익숙지 못하니 중국 사신 길 기자를 묻는 헛걸음 되었네. 삼경의 초생달에 고향 생각 떠오르고 한때의 훈훈한 바람 나그네 시름 흔드누나 요동 하늘에 먼지 이니 먼 시야 희미하고 골령에 구름 걷히니 푸르름 드러나네 소매 속에서 때때로 제공들의 글을 보며 되는 대로 흥얼대니 작별의 설움 새로워라	나의 학문 그대보다 거칠고 못미쳐 요양의 만리 길 함께 감 부끄럽네 자리 위 호족 장치는 나와 무릎 마주하고 하늘가의 먼 나그네 인정을 못 이겨 하네 꿈속의 고국 참으로 갈 수 없는데 봄 지난 동산의 숲은 푸르기만 하구나 글귀마다 모두 백설의 명곡이니 화답하여 온갖 시름 잊을 수 있네

《세종실록》은 신숙주와 성삼문이 황찬을 만나러 간 사건을 간단하게만 기록해 놓았는데 《성종실록》에는 이창신이 좀 더 자세한 내용을 남겨 놓았다. 성종 때인 1487년에는 이창신이 "세종조에 신숙주·성삼문 등을 보내어 요동에 가서 황찬에게 어음(語音)과 자훈(字訓)을 묻

게 하여 《홍무정운》과 《사성통고》 등의 책을 이루었기 때문에, 우리나라 사람들이 이에 힘입어서 한자 훈을 대강 알게 되었습니다"라고 평가하고 있는 것이다. 《실록》 1487년 2월 2일

신숙주는 1447(세종 29)년 31살 때에는 중시 문과에 을과로 급제하여 집현전응교가 되었고, 《동국정운》·《사성통고》 편찬의 핵심 역할을 했다. 1444년 2월 집현전 원로학자들이 훈민정음 보급을 반대하자 세종은 "그대들은 《운서》를 아시오"라고 호통을 쳤다. 중국 한자와 한자음 사전인 《운서》에 대한 연구는 훈민정음 연구의 바탕이었고, 《운서》에 훈민정음으로 발음을 기록한 책은 훈민정음의 놀라운 기능을 입증해 주고 있다. 그래서 신숙주의 최고 한글 업적은 1447년 펴낸 우리식 표준 운서인 《동국정운》 대표집필이다.

《동국정운》 머리말에서 신숙주는 "이제 훈민정음이 창제되어 하나의 소리라도 털끝만큼도 틀리지 아니하니, 실로 정음이 음을 전하는 중심 줄이 되었다 自正音作而萬古一聲, 毫釐不差, 實傳音之樞紐也"라고 하면서 "아아, 소리를 살펴서 음을 알고, 음을 살펴서 음악을 알며, 음악을 살펴서 정치를 알게 되나니, 뒤에 보는 이들이 반드시 얻는 바가 있으리로다! 審聲以知音, 審音以知樂, 審樂以知政, 後之觀者, 其必有所得矣"라고 감동을 적고 있다. 신숙주는 《동국정운》이란 책을 펴낸 것만으로도 훈민정음 연구에서 위대한 업적을 남긴 것이다. 중국 황제와 지식인들이 중국 한자음을 적기 위한 고뇌가 담겨 있는 책이 《운서》이기도 했다. 그래서 중국에서 천 년 넘게 적지 못한 발음을 적을 수 있게 된 기쁨을 신숙주는 《홍무정운역훈》 서문에서 "우리 동방에서 천백여 년이나 알지 못하던 것을 열흘이 못 가서 배울 수 있으며, 진실로 깊이 생각하고 되풀이하여 이를 해득하면 성운학이 어찌 자세히 밝히기 어렵겠는가 東方千百載所未知者. 可不浹旬而學. 苟能潛反復. 有得乎是. 則聲韻之學. 豈難精哉"라고 적

고 있는 것이다.

신숙주는 36살 때인 1452년(문종 2년)에는 수양대군이 명나라 사신 대표로 갈 때 서장관으로 함께 가 외교관으로서의 역할을 톡톡히 했다. 37살 때인 1453년(단종 1년)에는 수양대군이 이른바 계유정란을 일으켰을 때 출장 중이었으나 수양대군과 가까웠던 탓에 공신이 되고 곧 도승지에 올랐다. 이러한 사실로 변절자의 굴레를 씌웠으나 진정 그가 어떻게 살았는가를 보면 그런 평가는 옳지 않다. 44살 때인 1460년(세조 6년)에는 강원·함길도의 도체찰사에 임명되어 야인정벌을 하러 출정하여 국방 분야에서 큰 업적을 남긴 것만 보아도 알 수 있다. 55살 때인 1471년(성종 2년)에는 성종의 명으로 세종 때 서장관으로 일본에 갔던 경험을 살려《해동제국기》를 지어 조선시대 내내 지침서가 되는 일본과의 외교 지혜를 남겼다.

56살 때인 1472년(성종 3년)에《세조실록》과《예종실록》편찬에 참여하고, 이어 세조 때부터 작업을 해 온《동국통감》편찬을 성종의 명에 의하여 그가 총괄하였다. 또 세조 때 편찬하도록 명을 받은《국조오례의》의 개찬·산정刪定을 위임받아 완성시켰고, 여러 나라의 음운에 밝았던 그는 여러 번역 관련 책을 편찬하였으며, 또 일본·여진의 중요 지역을 표시한 지도를 만들기도 하였다.

이렇게 보면 언어생활뿐 아니라 국방, 외교 등 중요 분야에서 그가 남긴 업적은 매우 넓다. 2017년 10월 27일에 한글학회와 고령신씨대종회에서 신숙주 선생의 탄신 600돌을 맞이하여 한글 업적을 기리는 학술대회를 열어 특별히 그 의미를 적어 보았다.

2부

한글 혁명은
진행 중인 혁명이다

한글 발전의 역사적 의미

28대 사건을 통해 본 훈민정음 사용의 의미

조선의 주류 사대부들은 한글을 철저히 이류 문자로 묶어 두었지만 창제 반포자 세종을 비롯하여 왕실 여성, 양반가의 여성, 일부 사대부들, 그 외 권력으로부터 소외받은 계층을 통해 한글은 서서히 발전해 나갔다. 이를 훈민정음 28자의 28대 사건으로 정리해 보았다.

선정 기준은 한글 역사에서 매우 의미 있는 주요 사건으로 공동체에 많은 영향을 끼친 사건이거나 하층민 중심 사건 또는 특이 사건을 시대별(임금별), 계층별 안배를 통해 선정하였다.

시대 구분은 '한글 창제·반포기(세종), 보급기(세종-명종), 확산기(선조-숙종), 융성기(영조-고종), 일제 강점기'로 다섯 단계로 설정하였다.

한글 28대 사건 모음

번호	임금	연도	주제	제목	시기 구분
1	세종	1443	창제	세종대왕이 한글을 창제하다.	한글 창제 반포기 (세종)
2	세종	1444	문서	신하들이 한글을 반대하는 상소를 올리다.	
3	세종	1446	반포	《훈민정음》 해례본을 반포하다.	
4	세종	1449	문서	하급 관리들이 익명으로 한글 벽서를 쓰다.	보급기 (세종 -명종)
5	단종	1453	편지	궁녀와 벽간이 한글 편지로 사랑을 나누다	
6	세조	1459	출판	언해본을 불경책에 끼어 펴내다.	

7	세조	1460	제도	《훈민정음》으로 고급 관리를 선발하다.	보급기 (세종 -명종)
8	성종	1481	출판	최초의 그림책 《삼강행실도》를 한글로 번역하다.	
9	성종	1485	문서	종로 시장 상인들 한글 투서로 권력을 비판하다.	
10	연산	1506	제도	한글 사용을 금지하다.	
11	연산	1506	제도	한글을 아는 여성을 나라의 인재로 뽑다.	
12	중종	1527	출판	한자 학습서 《훈몽자회》를 펴내다.	
13	중종	1539	제도	한글이 중국에 알려지는 것을 막다	
14	선조	1586	편지	원이 엄마가 죽은 남편을 위해 한글 편지를 남기다.	확산기 (선조 -숙종)
15	선조	1593	문서	임진왜란에서 임금의 한글 윤음이 빛을 발하다.	
16	선조	1609	출판	최초 창작 한글 소설 《홍길동전》을 펴내다.	
17	현종	1670	출판	최초의 한글 요리책 《음식 디미방》을 펴내다.	
18	영조	1727	문서	가족을 위해 한글로 탄원서를 올리다.	융성기 (영조 -고종)
19	영조	1756 ~1759	편지	어린 정조가 외숙모에게 한글로 편지를 쓰다.	
20	정조	1790	사건	전기수가 한글 소설책을 읽어 주다 낫에 찔려 목숨을 잃다	
21	고종	1886	출판	미국인 영어 교사 헐버트가 최초의 한글 전용 교과서 《사민필지》를 펴내다.	
22	고종	1888	문서	한글로 각서를 작성하다.	
23	고종	1894	선포	칙령을 통해 한글을 공식 문자로 선포하다.	
24	고종	1896	출판	최초 한글 신문 《독립신문》을 펴내다.	
25	고종	1904	문서	한글로 억울한 사연을 호소하다.	
26	고종	1907	설립	주시경 선생이 상동청년학원 안에 한글 강습소를 열다.	
27	일제 강점기	1926	행사	한글날 기념식 가갸날이 열리다.	일제 강점기
28	일제 강점기	1940	사건	경북 안동에서 《훈민정음》 해례본을 발견하다.	

1) 세종대왕이 훈민정음을 창제하다

　조선 제4대 임금 세종대왕은 1443년(세종 25년) 음력 12월에, 초성 17자, 중성 11자로 이루어진 한글(언문) 28자를 창제했다. 세종대왕이 한글을 만들기 전에는 우리말을 적을 문자가 없어 한자를 빌려 적어야만 했다. 양반 사대부들은 한자를 배울 수 있었지만 일반 백성들은 한자를 배우는 게 쉽지 않았다. 그러다 보니 일반 백성들은 자신의 뜻을 제대로 전달하지 못했다. 또 죄를 적은 문서들이 한문이나 이두로 되어 있다 보니 죄인을 다스리는 관리들이 문서를 잘못 이해해 그릇된 판결을 하는 경우가 많았다. 세종대왕은 이를 안타깝게 여겨, 모든 백성에게 공평하게 가르치고, 누구나 쉽게 배워 익힐 수 있는, 우리말과 잘 맞는 문자 한글을 만든 것이다.

2) 신하들이 한글을 반대하는 상소를 올리다

세종대왕이 한글을 창제하고 두 달이 지난 1444년(세종 26년) 2월에 최만리를 비롯해 신석조, 김문, 정창손, 하위지, 송처검, 조근 등이 한글을 반대하는 상소문을 올리는 사건이 일어났다. 그들은 한글 창제는 중국을 떠받드는 사대주의에 어긋나는 일이며, 학문에 정진하는 데 한글이 손해를 끼치며, 억울한 죄인이 생기는 것은 죄인을 다루는 관리들이 공정하지 못한 탓이지 죄인들이 문자를 몰라서가 아니라고 주장했다. 이에 세종대왕은 중국의 것을 따를 것은 따르되 우리의 것을 지켜 나가야 한다는 입장을 보였고, 한글 창제는 학문만을 위해 필요한 것이 아니라 백성들이 편안하게 사용하기 위해 필요하다는 것을 강조했다. 그렇게 세종대왕은 신하들을 설득해 더욱더 철저하게 한글 반포를 준비했다.

3) 훈민정음을 백성에게 반포하다

세종대왕은 훈민정음을 창제한 지 2년 9개월 뒤인 1446년(세종 28년) 9월에 한글을 알기 쉽게 풀이한 책《훈민정음》을 반포했다.《훈민정음》은 한자로 된 목판본으로, 1책 33장으로 이루어졌다. 앞 4장은 세종대왕이 직접 지은 글 정음편(예의편)이고, 뒤 29장은 집현전 학사 정인지, 최항, 박팽년, 신숙주, 성삼문, 이개, 이선로, 강희안이 함께 지은 정음해례편이다. 정음편은 '세종대왕의 서문'과 '예의'로, 정음해례편은 '제자해, 초성해, 중성해, 종성해, 합자해, 용자례'와 '정인지 서문'으로 구성되어 있다. 정인지는 서문에서 세종대왕의 명에 따라 해례를 지었음을 밝히고 있으며, "지혜로운 사람은 아침나절이면 깨치고, 어리석은 사람이라 해도 열흘 만에 배울 수 있다"라고 말하며 "바람 소리와 학 울음이나 닭 울음, 개 짖는 소리까지도 모두 쓸 수 있다"라고 강조했다.

4) 하급 관리들이 한글로 벽서를 쓰다

1449년(세종 31년), 세종은 황희와 하연을 영의정 부사로 삼았다. 황희는 재상의 자리에 있는 동안 너그럽고 후덕했으며 백성들의 여론을 귀담아들어 사람들 사이에서 명재상으로 불렸다. 하지만 하연은 까다롭게 살피길 좋아하고 노쇠한 탓에 일을 할 때 실수가 많았다. 그러다 보니 사람들의 불만을 살 수밖에 없었다. 그러던 어느 날 어떤 사람이 벽에다 한글로 "하 정승아, 또 공사를 망령되게 하지 마라"라고 써 놓았다. 이 벽서를 쓴 사람은 하급 관리일 것이다. 세종이 가장 먼저 한글 교육을 시킨 대상이 하급 관리였으며, 잘못된 정책으로 가장 먼저 피해를 보는 사람도 하급 관리였기 때문이다. 이 벽서 사건은 백성 누구나 생각을 적어 알릴 수 있게 되었고, 백성과 관료, 백성과 백성 사이에 자신의 생각을 소통시킬 수 있게 되었음을 보여 주는 역사적 사건이다.

5) 궁녀와 별감이 한글 편지로 사랑을 나누다

1453년(단종 원년) 궁녀들과 별감들이 서로 한글 편지를 주고받으며 사랑을 나누다 들키는 사건이 일어났다. 궁녀인 중비, 자금, 가지와 별감인 부귀, 수부이, 함로는 연애편지를 주고받으며 사랑을 싹 틔웠지만 얼마 지나지 않아 궁궐 안에 소문이 돌아 감찰 상궁에게 들통이 나고 말았다. 그들은 곧장 지금의 경찰서인 의금부에 끌려갔고, 의금부에서는 그들에게 '부대시(때를 가리지 않고 사형시킴)'라는 참형을 내렸다. 하지만 열한 살 어린 나이에 왕이 된 단종은 그들의 죄를 감해 주었다. 참형을 면한 궁녀들은 곤장을 맞고 평안도 강계에서 관비로, 별감들 역시 곤장을 맞고 함길도 부령진에서 관노로 살았다. 이처럼 궁녀들과 별감들 사이에서도 한글이 주요한 의사소통 수단으로 쓰일 만큼 궁궐 안에서도 일상생활에 한글이 친숙하게 쓰였음을 알 수 있다.

6) 훈민정음을 우리말로 풀어서 펴내다

조선 제6대 임금 세조는 1459년(세조 5년), 세종이 지은 《훈민정음》을 우리말로 풀어서 언해본을 펴냈다. 또한 《월인천강지곡》에 자신이 지은 《석보상절》을 고쳐 합한 책인 《월인석보》를 펴냈다. 《월인석보》는 훈민정음 창제 이후 가장 먼저 나온 불경언해서다. 당시 조선은 유교를 국가 이념으로 삼았지만, 백성 중에는 불교를 따르는 사람이 많았다. 그러다 보니 세종은 백성이 믿는 불교를 통해 한글을 보급할 목적으로 불경 언해 작업을 시작했다. 세조는 아버지 세종의 뜻을 이어받아 불경 언해 작업뿐 아니라, 1461년(세조 7년)에는 한글로 된 불경을 제작하는 관청인 간경도감을 세워 한글 보급에 앞장섰다.

7) 훈민정음으로 고급 관리를 선발하다

세종이 훈민정음을 창제한 지 17년 뒤인 1460년(세조 6년)에 정책 기관인 예조에서 《훈민정음》을 문과 시험 과목으로 채택하자고 건의 하는 일이 일어났다. 사대부들은 세종대왕 사후 하급 관리 시험에서 《훈민정음》을 퇴출시켰다. 하지만 세조는 세종대왕의 뜻을 이어받아 한글 보급 정책을 다시 추진하였다. 그 뒤 실생활에서 한글이 유용하 게 쓰이자 한글 사용을 반대했던 사대부들도 한글을 모르면 불편한 상태가 되었고, 한글의 우수성을 인정할 수밖에 없었다. 더 나아가 사 대부들은 《훈민정음》을 정식 문과 시험 과목으로 채택하자고 청했다. 세종대왕 때에는 세종이 직접 《훈민정음》을 시험 과목으로 채택했지 만, 세조 때에는 예조에서 자발적으로 《훈민정음》을 시험 과목으로 채 택한 것이다. 더군다나 하급 관리를 선발하는 시험이 아닌 문과 시험 과목으로 채택한 것이다. 이 일을 통해 《훈민정음》은 명실상부한 고급 관리 시험 과목으로 인정받게 되었다.

8) 훈민정음으로 최초의 그림책 《삼강행실도》를 번역하다

1481년(성종 12년)에 《삼강행실도》를 한글로 번역해 보급했다. 《삼강 행실도》는 조선과 중국의 책에서 모범이 될 만한 충신, 효자, 열녀를 각각 35명씩 모두 105명을 뽑아 그 행적을 그림과 글로 칭송한 책이 다. 1428년(세종 10년)에 경상남도 진주에서 '김화'라는 사람이 아버지 를 살해하는 사건이 일어났는데, 그 일이 조정에 알려지자 관리들은 강상죄로 죄인을 엄벌하자는 주장을 펼쳤다. 강상죄는 죄인의 가족은 물론 죄인이 사는 지역에 이르는 사람들까지 죄를 확대해 처벌하는 엄한 벌이었다. 이에 세종은 1432년(세종 13년) 《삼강행실도》를 펴내 백 성들에게 유교의 도를 알리고자 했다. 하지만 그때는 한글이 만들어지기 전이라 한문으로 설명을 달은 탓에 백성들이 쉽게 이해하지 못했다. 그 뒤 성종 때 《삼강행실도》를 한글로 번역해 백성들에게 널리 보급했다.

9) 종로 시장 상인들 한글로 권력을 비판하다

1485년(성종 16년)에 호조 판서 이덕량에게 종로 시장 상인들의 한글 투서가 전해졌다. 영의정부터 판서까지 고위 관리들이 종로의 도로 정비 사업을 한다며 제 잇속을 챙기느라 백성들을 괴롭힌다는 내용이었다. 이덕량은 그것을 읽고 곧바로 성종에게 보고를 올렸다. 이에 성종은 판내시부사 안중경과 한성부 평시서 제조 등을 보내 상인들의 요구 사항을 듣게 했다. 이 사건으로 당시 하층민에 속한 상인들도 쉽게 한글을 배울 수 있었으며, 한글이 널리 보급되었음을 알 수 있다.

10) 연산군이 한글 사용을 금지하다

1506년(연산 12년), 세종대왕이 한글을 창제한 뒤 가장 큰 한글 사용 탄압 사건이 벌어졌다. 연산군이 포악한 정치를 펼치자 백성들은 참지 못하고 한글로 왕의 비행을 적어 폭로했다. 그 일에 분개한 연산군은 즉시 사대문 출입을 통제하고 한양 도성 안 사람들을 대상으로 한글을 쓰는 사람과 쓰지 않는 사람으로 구분하게 했다. 그리고 만약 한글을 쓰는데 신고하지 않는 사람, 그것을 알고도 고발하지 않는 사람을 엄히 다스린다는 방을 붙였다. 한글을 가르치지도 말고 배우지도 말며, 이미 배운 사람도 쓰지 못하게 한 것이다. 더 나아가 한글로 번역한 책을 모두 불사르라고 명을 내렸다.

11) 한글을 아는 여성을 나라의 인재로 뽑다

1506년(연산 12년) 연산군은 양반과 천민을 구분 짓지 않고 여성 인재를 모집했다. 집권 초기 연산군은 한글을 사랑했지만 자신을 비방하는 한글 벽보를 보게 되면서 한글을 사용하지 못하게 했다. 그러자 백성들뿐 아니라 연산군 자신도 불편을 느낄 수밖에 없었다. 자신의 말을 백성들에게 쉽게 전하기 어려웠던 것이다. 일 년 뒤에 연산군은 각 관청에 양반과 천민을 구분하지 않고 한글을 아는 여성을 선발하라는 교지를 내리며 다시 한글 사용을 허락했다. 가부장적인 질서를 중요하게 여기던 조선시대에 한글을 아는 여성을 나라의 인재로 뽑은 것은 굉장히 혁신적인 일이며, 한글의 힘을 다시금 깨닫게 하는 사건이다.

12) 한자를 한글로 설명한《훈몽자회》를 펴내다

1527년(중종 22년), 당대 최고의 학자인 최세진이 한자 학습서《훈몽자회》를 펴냈다.《훈몽자회》에는 3,360자의 한자가 실려 있는데, 그 한자의 뜻과 음을 한글로 달았다. 그리고 이 책 시작 부분에는 '훈몽자회인'과 '범례'가 실려 있는데, '범례' 끝 부분에 '언문자모'라 하여, 그 당시 한글 체계와 용법에 대한 설명이 붙어 있다. 당시 사대부들은 어려운 한자를 익히느라 애를 많이 써야 했다. 하지만《훈몽자회》덕분에 사대부들은 혼자서도 한자 공부를 할 수 있게 되었다. 이처럼 한글은 한자 교육에도 유용하게 사용되었다.

13) 한글이 중국에 알려지는 것을 막다

한자는 조선은 물론 중국과 일본에서도 사용되는 것에 비해 한글은 조선만의 문자이며 조선인만 소통할 수 있는 문자였다. 그러다 보니 한글은 조선의 비밀을 담는 문자로도 사용되었다. 그런 상황에서 1539년(중종 34년), 역관 주양우가 중국 북경에서 중국인에게 한글을 가르쳐 주는 사건이 일어났다. 나중에 그 사실이 밝혀져 주양우는 국가 기밀을 누설했다는 죄목으로 추국을 받았다.

14) 원이 엄마가 남편 무덤에 한글 편지를 남기다

1586년(선조 19년)에 안동에 사는 한 여인이 죽은 남편에게 한글 편지를 썼다. 그 여인은 바로 조선 중기 고성 이씨 문중의 며느리로 '원이 엄마'라고 한다. 그녀의 남편 이응태는 임신한 젊은 아내와 어린 아들, 부모 형제를 두고 서른한 살의 나이로 세상을 떴다. 그러자 아내인 원이 엄마는 자신의 머리카락을 잘라 만든 미투리와 한글 편지를 무덤 속에 함께 넣어 마음을 전했다. 원이 엄마의 한글 편지에는 남편과 함께 누워 나누었던 이야기부터 배 속 아이를 걱정하며 한탄하는 이야기까지 애절한 사연이 담겨 있다.

16) 최초 창작 한글 소설 《홍길동전》을 펴내다

최초의 한글 소설 《홍길동전》은 조선 광해군 시절 좌참찬을 지내다 반역죄로 극형을 당한 허균이 1608년(선조 41년) 무렵 펴낸 것으로 전해진다. 《홍길동전》에는 적서 차별 타파와 인간 평등사상 등 사회 제도를 개혁하고 부패한 정치를 비판하는 이야기가 담겨 있다. 《홍길동전》은 조선시대를 무대로 삼고 있으며, 당대 현실 문제를 있는 그대로 보여 주며, 한글로 쓰인 소설이라는 점에서 일반 백성들에게 큰 인기를 끌었다.

창작이 아닌 번역 소설로는 《홍길동전》보다 97년 앞서 중종 때 채수가 쓴 한문 소설 《설공찬전》을 한글로 번역한 한글 소설이 있었다.

이 소설이 널리 퍼지니까 중종이 귀신을 다룬 요망한 이야기라고 나라가 이 책을 금서로 지정하여 못 읽게 만들었다.

17) 최초의 한글 요리책《음식 디미방》을 펴내다

1670년(현종 11년)경 안동에 살았던 사대부가의 장계향 선생이 딸과 며느리를 위해 우리나라 최초로 한글 요리책《음식 디미방》을 펴냈다.《음식 디미방》에는 '음식의 맛을 아는 방법'이라는 뜻이 담겨 있는데, 17세기 우리 조상들의 식생활을 알 수 있는 의미 있는 책이다. 경상도 양반가의 음식 조리법과 식품 보관법 등을 소개하고 있으며, 국수, 만두, 떡 등의 면병류를 비롯하여 어육류, 채소류 등 다양한 음식을 소개하고 있다. 그중 숭어만두를 만드는 법을 소개하면 다음과 같다.

"신선한 숭어를 얇게 저며 가볍게 칼집을 넣는다. 기름지고 연한 고기를 익혀 잘게 두드려 두부, 생강, 후추를 섞어 기름간장에 많이 볶는다. 볶은 재료를 저민 생선 위에 놓고 잘 싸서 단단히 말아 허리가 구부정하게 만두 모양을 만든다. 녹말가루를 만두의 온몸에 묻혀 새우젓국을 싱겁게 타서 푹 끓여 5~6개씩 대접에 뜨고 파를 곁들여 낸다."

18) 가족을 위해 한글로 탄원서를 올리다

1727년(영조 3년), 김만중의 딸이자 신임옥사 때 죽임을 당한 이이명의 처인 김씨 부인은 손자와 시동생의 목숨을 살리기 위해 영조에게 한글 탄원서를 올렸다. 탄원서의 크기는 가로 81.5센티미터, 세로 160센티미터에 달할 정도로 크다. 정자로 정성 들여 쓴 글에서는 정치적

격변기에 집안의 위기를 맞은 사대부 여성의 절박한 심정이 생생하게 느껴진다. 김만중은 한글을 나라 글로 삼아야 한다고 주장하고 한글 소설 《구운몽》, 《사씨남정기》 등을 직접 쓴 빼어난 한글 문학가이자 평론가였다.

19) 어린 정조가 외숙모에게 한글로 편지를 쓰다

정조는 원손 시절에 큰외숙모인 여흥 민씨에게 한글로 편지를 썼다. 편지를 썼던 때는 1756~1759년(영조 32~35년) 무렵으로 다섯 살에서 여덟 살로 추정한다. 편지에는 "가을바람에 몸과 마음이 평안하신지 안부를 여쭙습니다. 뵈온 지가 오래되어 섭섭하고 그리웠는데, 어제 봉서를 받고 든든하고 반가우며 할아버님께서도 평안하시다고 하오니 기쁘옵니다"라는 내용이 담겨 있다. 어린 나이에 편지 형식을 갖춰 쓰면서도 외숙모에 대한 애틋한 그리움이 잘 드러나 있다. 정조의 한글 편지를 통해 정조가 어린 나이지만 할아버지의 건강에도 마음을 쓰는 효심이 깊은 손자라는 것을 알 수 있다.

20) 전기수가 한글 소설책을 읽어 주다 낮에 찔려 목숨을 잃다

1790년(정조 14년)에 책을 읽어 주는 전문 직업인인 전기수가 낮에 찔려 목숨을 잃는 사건이 벌어졌다. 전기수는 종로거리 연초 가게 앞에 사람들을 모아 놓고 한글 소설책을 읽어 주었다. 그러던 중 영웅이 뜻을 이루지 못한 대목에 이르자 이야기를 듣고 있던 한 사내가 눈을 부릅뜨고 입에 거품을 물면서 풀 베던 낫으로 전기수를 내리찍어 죽게 만들었다. 사내는 전기수가 이야기를 너무 실감나게 들려주는 바람에 자신도 모르게 전기수를 악인으로 착각해서 해를 입혔다고 막 했다. 그만큼 많은 사람에게 한글 소설이 인기가 있었음을 알 수 있다.《정조실록》정조 14년(1790년) 8월 10일.

21) 미국인 영어교사 헐버트가
최초의 한글 전용 교과서《사민필지》를 펴내다

1886년(고종 23년), 미국인 선교사 헐버트Hulbert는 우리나라의 초청을 받아 육영공원 교사로 근무를 시작했다. 고급 양반의 자식을 대상으로 영어 교육을 하던 한국 최초의 근대식 공립 교육기관인 육영공원에서는 영어로 된 교과서를 가지고 영어로 수업을 했다. 헐버트는 한글의 우수성에 감명을 받아 우리나라의 역사와 세종대왕의 업적을 스스로 공부해서 학생들에게 가르치기도 했다. 그런 그는 우리나라에 들어온 지 3년 만인 1889년에 우리나라 신교육의 기초를 닦을 세계지리 교과서인《사민필지》를 펴냈다.《사민필지》는 161쪽으로 이루어졌으며, 한자가 하나도 없는 우리나라 최초의 완전한 한글 교과서다.

22) 한글로 각서를 작성하다

1888년(고종 25년), 하동의 중터마을에 사는 '양기연'이라는 사람이 논을 담보로 건네고 돈을 빌리면서 한글로 각서를 작성하는 일이 있었다. 그는 각서에 논 2마지기를 담보로 20냥을 빌리되 닷새 안에 갚을 것을 다짐하는 내용을 담았다. 거칠지만 힘 있는 글씨로 글을 쓰고 큼지막한 손도장을 찍은 각서에서 서민들의 소탈한 모습을 엿볼 수 있다. 한글이 창제된 뒤에도 대부분의 문서는 한자로 작성되었지만 관청의 공식 문서가 아닌 개인과 개인이 주고받는 문서는 한글로 작성하는 경우가 많았다.

23) 고종황제가 한글을 국가 문자로 칙령을 선포하다

1894년(고종 31년) 고종은 칙령을 통해 한글을 조선의 공식 문자로 선포했다. 당시의 대한제국 칙령 제1호로, "법률 명령은 다 국문으로 본을 삼고, 한역을 부하며, 혹 국한문을 혼용함"이라는, 한글 전용 대원칙에 관한 법령이 공포된 것이다. 이 법령이 바로 널리 시행되지는 못했지만 450년 만에 한글이 나라의 공식 문자로 인정받았다는 것에 커다란 의미가 있다.

24) 최초 한글 신문 《독립신문》을 펴내다

1896년(고종 33년), 우리나라 최초로 순수 한글 신문인 《독립신문》이 발행되었다. 이는 독립협회의 서재필, 윤치호가 창간한 신문으로, 가로 22센티미터, 세로 33센티미터의 4쪽짜리 신문이었지만 당시에는 혁신적인 일이었다. 그 전에 발행된 신문들은 모두 한자로만 기사를 썼기 때문에 한자를 모르는 사람들은 신문을 읽기 힘들었는데, 《독립신문》이 발행되면서 누구나 쉽게 신문을 읽을 수 있었다. 《독립신문》은 나라의 발전과 민중의 계몽을 위하여 지대한 역할을 담당했다.

25) 한글로 억울한 사연을 호소하다

1904년(고종 41년), 충청도 노성군에 살던 '백조시'라는 여인이 여산 군수에게 자신의 집안 재산으로 있던 논밭을 가로챈 서씨를 고소한 소장을 한글로 작성하는 일이 있었다. 백씨 여인은 자신의 동생이 약값 3냥 5돈을 갚지 못한 것 때문에 서씨에게 논밭을 뺏긴 일을 뒤늦게 알고, 집안 재산을 찾아 달라고 여산 군수에게 억울한 사연을 호소한 것이다. 그 뒤로 양측의 주장이 상반되어 여러 차례 소장이 오갔다. 1894년 고종이 한글을 국문으로 선언한 뒤에도 공문서는 한자로 작성되는 경우가 많았다. 이런 상황에서 한글로 공식 문서가 소통되었다는 점은 특기할 만하다. 더불어 세종대왕이 백성들의 억울한 사연을 토로할 수 있도록 한글을 만들었는데, 이 문서 역시 그러한 정신이 구현된 것이라 할 수 있다.

26) 주시경 선생이 상동청년학원 안에 한글 강습소를 열다

1907년(고종 44년), 국어학자이자 독립운동가인 주시경 선생이 남대문 시장 부근의 상동교회에 있던 상동청년학원 안에 한글 강습소를 열었다. 주시경 선생은 1914년 운명할 때까지 한글 강습소에서 김두봉, 최현배 등 많은 제자를 길렀다. 제자들은 1921년 조선어연구회(조선어학회 전신, 현 한글학회)를 조직하여 주시경의 뜻을 이어 한글 보급과 연구에 앞장섰다. 상동교회는 지금도 같은 지역 새로나 빌딩에 남아 있어 그때의 역사를 증언하고 있다.

27) 한글날 기념식 '가갸날'이 열리다

1926년, 한글 반포 480주년을 맞아 한글날 기념식 '가갸날'이 열렸다. 민족주의 국어학자들의 단체인 조선어연구회가 주최한 기념식에서 처음으로 가갸날을 선포했으며, 가갸날은 오늘날의 한글날이 되었다. 한글은 '가갸거겨, 나냐너녀' 하는 식으로 배울 때라 언문, 가갸글 등으로 불려 왔다. 그러다 1910년대 조선어연구회에서 '으뜸가는 글, 하나밖에 없는 글'이라는 뜻으로 지어서 쓰게 되었다. 가갸날은 1928년부터 '한글날'로 이름을 바꾸었다.

28) 경북 안동에서 《훈민정음》 해례본을 발견하다

1940년 경북 안동에서 《훈민정음》 해례본이 이용준에 의해 기적적으로 발견되었다. 1446년(세종 28년)에 세종대왕이 직접 펴낸《훈민정음》해례본 목판본은 오랜 세월 자취를 감춘 상태였다.《훈민정음》해례본은 발견 당시 표지를 포함 두 장, 총 네 쪽이 찢겨 있었다. 그것을 간송 전형필 선생이 거액으로 구입하여 지금은 간송미술관(서울시 성북구)에서 소장하고 있다. 이 책은 1962년에 대한민국 국보 제70호로 지정되었고, 1997년에 유네스코 세계기록유산으로 등재되었다. 이 책을 통해 훈민정음 창제 원리와 훈민정음 반포의 참뜻을 자세히 알게 되었다. 이 책은 2015년에 간송미술문화재단과 교보문고에 의해 최초로 복간되었다.

맺음말

한글이 지배 계층에 의해 철저히 비주류 문자로 자리매김되어 온 역사 속에서 한글의 가치를 높이거나 그와 관련된 28대 사건을 통해 한글 발전의 긍정 의미를 살펴보았다. 실학자들조차 거부한 한글이 살아남은 이유와 근거가 그런 사건 속에 있음을 알 수 있다.

우리는 두 가지 극단적인 양면적 현실 속에서 한글의 가치를 되새기게 된다. 하나는 '분단'이라는 일제 강점기의 망령 속에서 살며 그로 인한 대가를 참혹하게 치르고 있는 부정 현실이요, 또 하나는 세계 언어학자들과 구글의 슈미츠 회장 등이 격찬하는, 디지털 시대에 더욱 한글의 가치가 빛나고 있는 긍정 현실이다. 한글을 단 1세기만이라도 빨리 주류 문자로 전환했다면 최소한 일제 강점기와 같은 참혹한 역사는 막을 수 있었을 것이다. '가나 문자'를 발명해 한문 지식을 실용적으로 풀어낸 일본을 우리는 당해 낼 수 없었다. '한글'의 가치를 강조하는 것은 지식과 정보를 나누는 또는 교육 도구로서의 책과 문자의 가치가 소중하기 때문이다.

한글 사건을 골고루 뽑다 보니 한글 문학에 대한 배려가 높지는 않았다. 한글 문학은 결국 비주류 한글을 지켜 온 힘이었고 한글을 주류 문자로 끌어올린 뿌리요 힘이었다. 퇴계 이황이 한글로 시조를 짓듯이 학문을 했다면 조선의 역사는 바뀌었을 것이다. 박지원이 한문으로 지은 《양반전》을 허균의 《홍길동전》처럼 한글로 썼다면 역사와 문학은 더욱 빛났을 것이다.

---

* 이 부분은 어린이 그림책 《역사를 빛낸 한글 28대 사건》(김슬옹·김웅, 2016, 아이세움)으로 출판된 바 있다.

한글 전용의 험난한 역사가 주는 의미와
더 풀어야 할 문제들

1. 한글 전용과 국한문 혼용에 얽힌
핵심 문제는 무엇인가?

1446년 한글(훈민정음, 언문)이 반포된 이래 한자 권력으로부터 자유롭거나 소외받아 온 영역에서는 꽤 이른 시기에 한글 전용 문제가 정립되었다. 왕실 여성의 공문서와 양반가 여성들의 편지가 대표적이다. 그러나 행정 문서를 비롯한 공문서와 학술서, 대중 언론 등에서의 한글 전용은 남한에서는 2000년대 이후에나 온전하게 이루어진다.(북한은 1948년부터 한글 전용을 하고 있다) 2005년 국어기본법이 발표되기 전까지만 해도 국한문 혼용문으로 된 공문서가 꽤 많이 쓰였을 정도다. 지금도 일부 학술서나 조선·동아·문화일보 같은 중앙 일간지는 아직 한글 전용을 못 이루고 있는 실정이다. 왜 이렇게 한글 전용을 이루기까지의 역사가 길고 험난한가를 밝히는 것이 이 글의 핵심이다.

한자는 문자 차원에서 또는 글자 하나하나를 가리킬 때 사용되는 용어다. 그러나 한문이라 하면 '주어-서술어-목적어'와 같은 중국말 구조로 된 문장 체계를 가리킨다. 일부에서 한자가 우리가 만든 우리 문자라고 하지만 한문으로 표상되는 한자는 중국에서 수입해 온 것이다. 한문은 우리말 구조와 전혀 다른 중국말을 적는 문장 체계이기 때문이다. 이런 한문에 쓰인 한자는 당연히 중국 것이고 우리는 삼국 시대부터 본격적으로 중국 한문을 받아들여 문자생활을 해 왔으며, 그러다 보니 말과 글의 구조가 달라 오랜 세월 구결, 이두, 향찰 따위를 만들어 문자 모순을 극복하기 위한 노력을 일부에서 해 왔다.

그러나 고려와 조선시대 상류층 지식인들은 그런 변형 문체보다는 중국식 한문 문체에 푹 빠져 조선 말기까지 헤어 나오질 못했다. 말로는 우리 식 말을 하고 글로 적을 때는 중국식 한문으로 번역하여 적는 번역 문자생활을 해 온 것이다. 지금으로 비유를 들면 말로는 한국말을 하고 그것을 로마자로 전사하여 적는 것도 아니고 아예 언어 구조가 전혀 다른 영어로 번역하여 적는 생활과 같은 방식의 문자생활을 천 년을 넘게 이어 왔다.

이처럼 견고한 보편적인 한자 문화권 속에서 한글이 뒤늦게 발명된 만큼 한글 전용 문체와는 별도로 다양한 방식의 혼용 문체가 형성되었다. 그 어떤 문체든 저자와 독자의 관계 또는 시대 맥락 속에서 선택되는, '문체의 다양성'으로 보면 아무 문제가 될 것이 없다. 문제는 권력과 경제력이 작용하는 공적 담화와 학문 분야에서 한글을 배제하는 역사가 오래 지속되어 왔다는 점이다. 조선의 지식인들과 지배층은 한글을 행정과 학문의 문자로서 철저히 배척해 한자와는 격이 다른 이류 문자로 취급해 왔다. 필자는 졸고《조선시대의 훈민정음 발달사》역락, 2012에서 한글의 실용성은 인정하되 철저히 이류 문자 취급하는 조선 지배층들의 이중적인 태도가 한글이 살아남아 서서히 발전해 온 원동력이 되었음을 밝힌 바 있다.

이것이 한글 전용이 늦은 이유이며 한글 전용에 얽힌 문체 갈등의 역사성을 바라보는 핵심 문제의식이다.

한글 혁명

2. 한글 전용의 험난한 역사

《훈민정음》 해례본의 합자해에서 세종과 8명의 공저자들은 7언시로 본내용을 갈무리하면서 그 감동을 이기지 못하여 이렇게 마무리하고 있다. 편의상 번역으로 인용해 보면, "소리 있고 우리 글자는 없어 한문으로 통하기 어렵더니 하루아침에 세종 임금께서 신과 같은 솜씨로 지어내시니 거룩한 우리 겨레 오랜 역사의 어둠을 밝혀 주셨네"라고 표현하고 있다.

15세기에 말소리를 제대로 적을 수 있는 문자가 없어 답답했는데 한글(언문) 창제로 그 모순을 해결하고, 더불어 우리 겨레의 오랜 염원이 이루어져 우리 문자 없는 어두운 시대를 끝내고 밝은 세상을 열게 되었다는 것이다. 한글로 인해 말소리를 제대로 적어 생각과 정보를 서로 통하게 되었고 그것이야말로 눈을 뜨고도 앞을 못 보는 어리석음(몽)과 만물의 이치를 정확히 알 수 없는 어리석음(롱)을 벗어나게 한 힘이었다는 것이다.

그러나 이러한 기쁨을 제대로 누리기까지 500여 년이 걸렸다. 왜냐하면 조선시대 양반 사대부들이 한글을 학문과 행정의 문자로 여기지 않았기 때문이다. 최만리 외 6인이 훈민정음 창제 직후인 1444년 2월에 올린 상소문에서 보듯 한문만이 학문의 도구이며 한글은 학문의 도구가 되지 못할 뿐 아니라 오히려 방해가 된다는 문자에 대한 지독한 편견이 조선 말기까지 이어진 것이다. 한글 전용 학술 서적이 본격화되는 것이 북한은 1948년 이후, 남한은 1980년대 이후이고 보면 이런 편견은 더 오래간 셈이다.

공적 영역에서의 한글 전용은 한글을 주류 문자로 인정하고 한글의 과학성과 우수성을 인정했음을 의미한다. 반대로 국한문 혼용은 어떤 방식이든 한글의 우수성과 실용성을 부정하고 한자에 우월한 가치를 부여한 것을 말한다. 1446년(세종 28년) 9월 상순(음력)에 세종이 훈민 정음 해설서인《훈민정음》해례본을 펴내 알린 뒤 1449년에 한자보다 한글을 더 크게 쓴《월인천강지곡》을 통해 주류 문자로서 한글의 가 능성을 보였지만 그 뜻을 이루지 못하였다. 그러다가 반포 449년 만인 1895년 고종이 '국문'을 기본으로 하고 국한문 혼용을 허용하는 국문 칙령을 반포하면서 주류 문자로 선언되었다. 중요한 것은 이렇게 선언 만 했지 공식적으로 실제 그런 세상을 열지 못했으며 그나마 1896년 한글 전용 신문《독립신문》이 창간되었지만 이마저도 대중화되지 못하 고 4년 만에 폐간되었다.

결국 일제 강점기를 지난 1948년 한글 반포 502년 만에 국회에서 '한글전용법'이 통과되었지만 이 역시 선언만 있었지 온전하게 이루지 못했다. 다시 세월은 흘러 1968년에 한글 전용 5개년 계획이 의결되었 지만 제대로 이루지 못하고, 2000년대에 와서야 대부분의 공문서가 한글 전용으로 전환되었다. 그리고 대중 신문인《한겨레신문》이 국 민 모금으로 1988년 5월 15일에 한글 전용으로 창간되면서 반포 542 년 만에 한글이 온전하게 주류 문자 대접을 받게 되는 세상이 열린 것이다.

3. 한글에 대한 뿌리 깊은 편견이 낳은 역사의 비극

결과적으로 보면 이렇게 오랜 세월 한글을 이류 문자로 무시해 온 역사의 결과는 참담했다. 조선의 지식인들은 한글이 반포된 지 146년 이 지난 1592년 임진왜란이 터질 때까지 주요 공문서와 학술 서적을 오로지 한문으로만 저술했다. 일본이 가나 문자를 한자와 대등한 문자로 인정하여 다양한 지식을 폭넓게 자기화하고 나눈 것과 대조가 된다. 실용적인 문자를 무시하고 지식과 정보의 확산을 거부한 대가는 참혹했다. 무려 7년간 온 나라가 수많은 학살과 약탈을 당하는 참변을 겪어야 했다.

임진왜란이 끝나고 유성룡이 《징비록》을 통해 철저히 반성하자고 했지만 그조차 제대로 이루어지지 않았다. 박지원·박제가·정약용 같은 18, 19세기의 위대한 실학 지식인들조차 한글이 아닌 한문으로만 모든 책을 저술하여 지식의 대중화와 확산을 거부했다. 이들 저술의 단 10퍼센트라도 한글로 저술하거나 하다못해 국한문 혼용으로라도 저술하였다면 그들의 뛰어난 지식은 더욱 널리 퍼졌을 것이다.

이 땅의 뛰어난 지식인들이 쉬운 문자를 통한 지식과 정보의 대중화를 아예 거부하는 바람에 우리는 근대화에 뒤질 수밖에 없었다. 결국 제국주의의 먹잇감으로 전락해 무려 40여 년을 식민 지배를 받으면서 상상을 초월하는 학살과 문화재 침탈 등의 정신적·물질적 고통을 당해야 했으며, 그 고통은 분단 등으로 지금도 이어지고 있다. 박지원의 문학 작품인 《열하일기》, 실용적인 농사 지식을 담은 《과농소초》, 정약용이 지은, 지금 책으로 무려 백 권이 넘는 다양한 분야의 놀라운 지식 정보를 담은 그 많은 책들이 한문으로 저술되어 극히 일부 독자층에게만 의미 있는 저술이 된 것이 못내 아쉽다는 뜻이다.

물론 우리가 근대화에 뒤졌다고 일본으로부터 그런 피해를 당할 이유는 없다. 더욱이 근대화된 지식을 이웃나라 침략과 학살에 써먹은 일본의 지식 악용은 천벌을 받아 마땅하지만 그런 제국주의 침략을 막아 내지 못한 조선 지식인들의 직무 유기는 크게 반성해야 할 점이라는 것이다.

일본으로부터 받은 피해의 원인은 복합적이므로 문자 요인에만 있는 것은 아니다. 그러나 근대화의 핵심은 지식과 정보 나누기에 있으므로 문자 문제가 핵심 요인인 것만은 분명하다. 다시 말하면 한글 전용 문제는 지식의 대중화와 인권의 문제로 접근해야 한다는 것이다. 곧 인권 평등의 민주화와 더불어 발달해 온, 이른바 말하듯이 쉽게 쓰는 언문일치체는 한글 전용 문체로만 가능하기 때문이다.

영어 알파벳과 같은 자모 문자로도 자유롭고 깊은 학문이 가능하듯이 한글로도 가능한 것인데 조선의 지식인들은 왜 한자로만 학문이 가능하다고 생각했는지 두고두고 아쉬운 일이다. 이황 같은 대철학자는《논어집주》를 통해 한글이 학문 도구로서 매우 유용함을 밝히고도 최종 저술은 한문 번역으로 했다. 조선 왕실이 펴낸《조선왕조실록》도 철종 때까지 철저히 한문 번역으로 기록되었다.

국한문 혼용체는 이러한 견고한 한문 번역체를 깨는 도구로서는 가치가 있다. 최현배[1942]가《한글갈》에서 유길준의《서유견문》[1895]과 같은 국한문 혼용 문체를 높게 평가한 것은 국한문 혼용 문체가 우리말과 전혀 맞지 않는 번역 문체인 한문체를 깨는 긍정성이 있기 때문이다. 그러나 여성들이 오랜 세월 한글 전용 문체의 효율성을 입증해 왔음에도 19세기 지식인이 그런 문체를 사용한 것 또한 안타까운 현상이었다.

어떤 이는 일본의 한자 섞어 쓰기를 들어 이런 논리를 반박할지도 모른다. 그러나 일본의 한자 섞어 쓰기는 우리와는 차원이 다르다. 한자를 섞어 쓸 수밖에 없는 일본 고유 문자의 한계도 있지만 그보다 일본은 가나 문자에 원래부터 한자와 대등한 권력을 부여했으며 한자조차 우리처럼 음독을 하지 않고 주로 훈독을 통해 일본식대로 사용하고 있다는 점이다.《고종과 메이지 시대》[역사의아침, 2014]를 펴낸 신명호 교수는 준 토쿠 천황이 직접 저술한 《禁秘抄》라는 책이 한문-가나 혼용 문체임을 들어 일본은 가나 문자를 권력 차원에서 존중했다고 보았는데 이는 매우 옳은 지적이다.

김용옥 교수가 《동양학 어떻게 할 것인가》통나무, 1987에서 일찍이 지적했듯이, '七星'을 우리는 '칠성'이라는 음으로만 받아들였지만 일본은 '일곱 별'처럼 일본식 뜻으로 주로 받아들였다. 더욱이 일본은 공적 담화에서 혼용 문체를 자연스럽게 쓴 반면에 우리는 그런 문체조차 정치와 학문 분야에서 철저하게 배격해 왔다. 한자에 대한 인식과 수용의 차이가 엄청난 결과를 불러온 것이다. 정약용 같은 지식인들이 하다못해 국한문 혼용체로라도 책을 저술했다면 한글 전용의 역사도 더 당겨졌을 것이고 우리의 근대화를 비롯한 역사 흐름도 훨씬 달라졌을 것이다.

4. 남은 문제: 한글로 무엇을 담아 갈 것인가?

말하듯이 쉽게 쓰는 언문일치 세상은 세계의 보편적 언어 발달 과정인데 언문일치를 가장 이상적으로 이룰 수 있는 과학적이면서 우수한 한글을 만들어 놓고도 왜 500년이란 세월이 필요했을까? 그 이유는 한자 자체의 매력 때문일까 아니면 한자를 둘러싼 어떤 정치적 이데올로기 때문일까. 지식의 소통과 확산 관점으로 보면 이해할 수 없는 일이었다. 어떤 이는 한문문화권과의 소통을 들어 이와 같은 비판을 지나친 민족주의로 비판한다. 실제로 조선의 지식인들은 이황과 정약용, 박지원의 저술에서 보듯 당대 최고의 식견과 지식과 정보를 한문 번역에 담아 왔다. 문제는 그런 저술을 누가 얼마나 읽고 실제 삶에 영향을 끼쳤는가이다.

2015년 초등 교과서 한자 병기 파동을 겪으면서 한자와 한글을 둘러싼 갈등과 싸움이 끝난 일이 아니라는 것을 느낄 수 있다. 사실 대부분의 학술 서적이 한글 전용으로 나오니 한글 전용의 대세는 끝이 난 것이나 다름없지만, 한글 전용을 이루기까지 걸린 500년이란 세월의 질곡이 결코 쉽게 사라지지 않는다는 것을 한자 병기 파동이 보여 주었다.

한글 전용 논쟁에서 가장 큰 문제는 '한글 전용=순우리말 지향주의, 국한문 혼용=한자어 지향주의'라는 잘못된 흑백논리식 의식을 만들어 냈다는 점이다. 순우리말이냐 한자어냐 하는 것은 어원의 문제이고 한글 전용이냐 국한문 혼용이냐의 문제는 표기의 문제인데, 이 둘을 뒤섞어 버린 데다가 언어와 문자에 대한 왜곡된 인식을 만들어 냈다. 조선의 지식인들이 한문으로 주요 담론들을 저술하는 과정에서 한자로 적을 수 없는 수많은 토박이말들이 사라져 가고 억압돼 온 역사 탓이기도 하지만, 이제는 토박이말과 한자어에 대한 정확한 자리매김이 필요하다.

오랜 세월 소외돼 온 토박이말은 그 역사성과 희소성을 존중해 주고, 우리 생활 속에 자연스럽게 녹아든 한자어는 한글 표기로서 자연스러운 우리말로 존중해 주는 태도가 중요하다. 한자 혼용을 주장하는 이들은 한자어를 존중하자면서 한자어를 한자로 표기해 오히려 한자어를 배척하는 오류를 범하고 있다. '치매'라는 한자어는 '癡呆'라고 적어 극소수에게만 소통되는 것보다 누구나 쉽게 읽을 수 있도록 '치매'라고 써서 누구나 함께 이해하는 것이 한자어를 존중하는 태도이다. 이렇게 한글로 쓰고도 소통이 어려운 말은 버리거나 바꾸면 된다.

다음으로 어원 중심 어휘 사용에서 생활 맥락 속 어휘 사용으로 이

동해야 한다. '학교'는 한자어, '집'은 순우리말이라는 것은 어원으로 보면 그렇다는 것이지 실제 생활 속에서는 똑같은 우리 삶을 담아내는 말일 뿐이다. 또한 한자 병기가 필요하다면 어원을 쓰지 말고 뜻을 쓰는 태도가 필요하다. 학문적 필요에 의해 당연히 '초성^{初聲}'이라고 표기할 수 있지만 단지 뜻 전달의 문제라면 '초성(첫소리)'이라고 쓰면 그만이다. 그리고 순우리말 낱말이든 한자어 낱말이든 다양성의 차원에서 받아들이면 된다. '첫소리'가 쉬운 말이라면 '초성'은 난이도가 높은 말로 받아들이고 적절한 맥락에서 골라 쓰면 된다. '첫소리'와 같이 대체어가 없다면 국어사전 뜻풀이를 괄호 속에 적어 주면 된다. 중국인들조차 힘들어하는 한자로 병기할 필요가 없다.

세종은 백성을 일방적으로 가르치기 위한 교화의 목적으로만 한글을 반포한 것이 아니었다. 《훈민정음》 해례본 세종 서문에 나와 있듯이 어려운 한자 권력으로부터 소외당한 사람들의 소통 도구로서 문자평등 문제를 분명히 하고 있다. 더욱이 양반이든 평민이든 누구나 편안하게 문자생활을 하기를 원했다. 교화도 결국 지식과 정보를 나누는 일이다. 나누지 않는 지식과 정보는 의미가 없다.

> "우리나라 말이 중국말과 달라 한자와는 서로 통하지 않으므로 어리석은 백성이 말하고자 하는 바가 있어도 끝내 제 뜻을 펴지 못하는 사람이 많다. 내가 이것을 가엾게 여겨 새로 스물여덟 글자를 만드니, 모든 사람들로 하여금 쉽게 익혀서 날마다 쓰는 데 편하게 하고자 할 따름이다."
>
> _세종 서문

한글을 통한 지식 소통의 선구자, 헐버트

헐버트는 미국 신학교를 갓 졸업하고 24살의 젊은 나이인 1886년에 고종의 초청으로 육영공원 교사로 한국에 왔다. 기울어 가는 극동의 작은 나라에 온 이 푸른 눈의 젊은 외국인으로 하여금 온몸을 바쳐 한국을 위해 일하고 싸우게 한 동기가 무엇이었을까 새삼 궁금해진다. 여러 동기가 있었겠지만 가장 큰 동기는 한글의 힘이었을 것이다.

이미 강대국의 먹잇감으로 전락하고 있는 작은 나라에 영어 알파벳보다 더 과학적인 우수한 문자가 있다는 사실에 그는 놀랐고 그러한 놀라운 문자를 지배층과 지식인이 제대로 쓰지 않는 사실에 충격을 받았다. 소통이 중요한 교육을 위한 각종 책이 한문이거나 한자 중심이라는 사실이 그로서는 받아들이기 힘들었다. 19세기 후반에는 한글 소설이 널리 퍼지는 등 꽤 한글이 힘을 얻고 있었지만 나라 전체로 보면 훈민정음, 곧 한글은 철저히 비주류 문자일 뿐이었다.

헐버트는 개인교수를 통해 3년간 한글과 한국어를 온몸으로 배운 끝에, 조선에 온 지 4년 만인 1891년(고종 28년) 스스로 한글 전용 인문지리 교과서인 《사민필지》를 펴내게 된다. 우리 스스로 한글 전용 교과서를 낼 깜냥을 내지 못하던 시기에 외국인이 먼저 이런 교과서를 낸 것이다.

헐버트는《사민필지》서문에서 "중국 글자로는 모든 사람이 빨리 알 수도 없고 널리 볼 수도 없는데 조선 언문은 본국의 글일뿐더러 선비와 백성과 남녀가 널리 보고 알기 쉽다. 슬프다! 조선 언문이 중국 글자에 비하여 크게 요긴하건만 사람들이 요긴한 줄도 알지 못하고 업신여기니 어찌 아깝지 아니하리오"라고 하며 당시 조선의 현실을 개탄하였다.

이 책이 나온 지 3년이 지난 1894년에 비로소 한글을 주류 문자로 인정한 고종의 국문(한글) 칙령이 나왔지만 조선과 고종은 외국인 충고를 따르지 못하고 국한문 혼용으로 시대적 타협을 꾀했다. 1895년 오늘날의 헌법이라 할 수 있는 〈홍범 14조〉가 한글로 나왔지만 한문, 국한문 혼용과 나란히 병기 형태로 나온 것이다. 다행히 1896년《독립신문》이 한글만으로 나온 것은 헐버트의 힘이 많은 영향을 끼쳤다.

《사민필지》를 펴낸 지 1년 후인 1892년에는 그는 학술 차원에서 한글의 우수성을 〈The Korean Alphabet II〉란 논설로 세계에 알린다. 헐버트는 이 글에서 "문자사에서 한글보다 더 간단하게 더 과학적으로 발명된 문자는 없다"라고 평가하였다. 한글의 과학성과 우수성의 실체를 해외에 제대로 소개한 셈이다.

세종대왕은 백성을 가르치기 위한 교육을 가장 큰 목표로 훈민정음을 창제했다. 책을 통한 지식 나눔으로 이어지지 않는 문자는 진정한 문자가 아니다. 조선시대 지식인들이 집필한 책이 방대한 내용을 담고 있기는 하나 제대로 소통할 수 없는 한문으로 되어 있었기에 그것이 담은 절실한 실용과 삶의 지식 또한 사회 변혁으로 이어지지 못했다. 조선의 사대부 관료들은 한글 전용《사민필지》를 더욱 발전시켜 나가지는 못하고, 1895년 이 책을 오히려 국한문 혼용체로 바꿔 역사를 되돌려 놓았다.

《사민필지》

헐버트 동상

다행히도 2013년에 한글 탄생지인 서울 경복궁 근처 한글 가온길에 헐버트 동상이 세워졌다. 외국인 동상이라 한류와 세계화 시대의 한글의 의미도 살릴 수 있을 것이다. 그가 배재학당에서 가르치고 《독립신문》 발간에도 같이 관여한 주시경 선생 동상과 같이 있어 더욱 의미가 깊다.

한글은 고종의 국문 칙령에 의해
공식 문자가 되었다는 주장의 잘못

1. 비주류 공식 문자, 한글

조선시대에 한글은 한자 다음으로 주된 공식 문자였다. 흔히 한글은 세종대왕이 훈민정음(한글)을 만든 후 개화기까지 공식적인 문자로 대접받지 못했다고 알고 있다. 고등학교 국어 교과서를 비롯하여 수많은 논문에서 한글은 1894년 고종의 국문 칙령으로 공식 문자가 되었다고 언급하고 있다.

한글이 조선시대 공식 문자라는 첫 번째 증거는 바로 나라를 다스리는 임금인 세종대왕이 만들고, 그 이후의 임금들도 공공의 이익을 위해 국가 문서에 한글을 사용해 왔다는 것이다. 둘째, 조선시대 최고 법전인 《경국대전》에도 《삼강행실》과 같은 국가 윤리서를 한글로 번역하여 한글을 백성들에게 널리 알리라고 밝혀 놓았다. 또한 한글을 관리 시험 과목으로 정하여 조선 왕조의 공식 문자임을 알렸다. 그뿐만 아니라 세종대왕 이후 그 어떤 왕이나 관리도 한글을 공식 문자로서 부정하지 않았다. 《조선왕조실록》에 실린 한글 관련 950여 건의 기록이 그것을 증명해 주고 있다.

중국을 숭배한 양반 사대부들은 한글의 가치를 인정하지 않기도 했다. 그렇다고 나라에서 정해 놓은 공식 문자 자체를 부정한 것은 아니다. 그들은 한글로 된 교육서로 한자를 배우면서도 한글을 부정하는 이중적인 태도를 보였던 것이다. 그렇다 해도 실제 한글을 사용하고 발전시키는 데는 글을 모르는 백성들보다 사대부 양반들의 힘이 컸다.《구운몽》,《사씨남정기》 등의 한글 문학 작품을 남긴 숙종 때의 사대부였던 김만중은 한글만이 우리말을 제대로 적을 수 있는 진정한 나라 글이라는 의미에서 '국서國書'라고까지 했다.

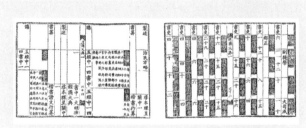

《경국대전》에서 한글 번역을 통해 백성을 교화하라는 기록

《경국대전》에서 한글을 과거 시험 과목으로 지정한 내용

한글 혁명

역사가 사건의 연속적 의미의 집합 또는 연속적 의미의 사건화라는 측면에서 보면 어떤 특정 사건의 의미를 단면적으로 또는 단정적으로 보는 것은 문제가 있다. 이미 역사화된 '역사적 사건'은 복합적 사건으로서 과정일 뿐이다. 다면적 총체적 시각 속에서 다양한 의미를 읽어 내는 것이 역사적 해석과 의미 부여의 본령이라는 것이다. 물론 어느 특정 의미를 더 강조할 수는 있다. 그것은 당연한 것이다. 다양한 의미를 지닌다고 해서 그러한 의미들이 동일한 가치를 지녔다고 한다면 그때의 다양성은 의미가 없다. 이 사건에 대한 단면적 인식의 대표적인 사례는 '국문'을 기본으로 삼았다는 측면만을 지나치게 부각시키거나 그 당시 정치 상황을 고려하지 않고 언어 측면만을 두드러지게 내세우는 경우이다.

이런 관점에서 이 글은 고종 31년, 1894년에 칙령으로 제정되고 1895년에 공포된 공문서 작성 법률 칙령에 대한 기존의 단면적, 불연속적 인식의 문제를 지적하고 다면적 의미를 읽어 내고자 한다. 이 칙령은 고종 재임 기간 중 가장 격동기라 할 수 있는 1894년 말에 제정되어, 그 시대의 역동적 의미를 잘 보여 준다.

2. 칙령의 실체와 정치적 상황

칙령의 총체적 분석과 해석을 위해《고종실록》에 실려 있는 관련 칙령 전문을 인용한다.

(1) 1894년 11월 21일(계사), 고종 31년 /《고종실록》32권
第十四條. 法律勅令. 總以國文爲本. 漢文附譯° 或混用國漢文.*

(2) 1895년 5월 8일(무인), 고종 32년 /《고종실록》33권

第九條. 法律命令은다 國文으로써 本을삼고 漢譯을 附ᄒ며 或國漢

文을 混用홈.

 1894년에는 김홍집 내각에 의해 칙령이 제정되고 1895년에 정식 반
포되었다. 1894년에서는 공문서에 관한 칙령 1호부터 다른 칙령까지를
포함한 종합 제정이고 1895년에는 공문서에 관한 86호만을 따로 반포
하게 된다. 1894년은 내각에 지시한 것이고 1895년은 정식으로 반포
한 것이지만, 칙령은 임금이 관부에 내리는 명령의 일종으로 그 자체
가 법적 효력이 있었으므로, 1894년 칙령 1호 14조가 반포 효과가 있
는 것으로 본다. 칙령 1호, 86호 모두 관보에도 실려 있다. 칙령 1호는
위와 같이 한문으로 기록되어 있고, 칙령 86호는 국한문 혼용으로 실
려 있다. 이때의 칙령 반포문 자체가 국한문 혼용체로 되어 있다는 것
은 이미 1894년 칙령 제정이 이미 그 효과를 발휘한 공적 증거임을 보
여 주고 있다. 물론 86호 칙령은 반포 규정에 의하면 관보에 실린 지
만 30일이 지나야 실제 효과가 있는 것으로 본다.
 1894년 공문 규정은 그 취지가 명기되어 있다. 칙령 제1호에서는
"내가 결재한 공문 규정을 공포하게 하고 종전의 공문 공포 규정은 오
늘부터 폐지하며 승선원承宣院 공사청公事廳도 전부 없앨 것이다"라고
하면서, 3호에서 "내가 동지冬至날에 모든 관리들을 거느리고 종묘宗
廟에 가서 우리나라가 독립하고 모든 제도를 바로잡은 사유를 고하고
다음 날에는 사직단社稷壇에 가겠다"라고 선언한 것이다. 실제로 이날

---

* 제14조. 법률, 칙령은 모두 국문을 기본으로 하고 한문으로 번역을 붙이거나 혹은 국한
 문을 섞어 쓴다. _한국고전번역원(www.itkc.or.kr)

로부터 21일 후인 12월 12일 〈홍범 14조〉와 〈독립서고문〉을 종묘에 고했다.

표면상으로는 중국의 속국이 아님을 만천하에 선포하고 근대 개혁의 기치를 내건 것이지만 실제로는 일본의 영향과 그 구속력이 더욱 심해지는 시기에 일어난 것이므로 한계가 있었다. 결국 규정과 그 당시 맥락으로 본다면 국문(언문)을 기본으로 삼는다는 것은 한문과 한문으로 상징되는 중국에 대한 정치적 의미이지 한자 자체에 대한 정치적 자주 선언은 아닌 셈이다. 일종의 상징적 선언이라 볼 수도 있다. 왜냐하면 규정대로라면 현실적인 실효성은 국한문 혼용문이 공식 문서로서 더 효과가 있었기 때문이다. 국문으로 공문서를 작성할 경우는 한역을 붙여야 하는데 이런 번거로움보다는 국한문 혼용문을 택할 확률이 높기 때문이다. 실제 그때 정황도 그러했다.

그리고 이때는 이미 일본의 조선에 대한 영향력이 거의 절대적인 친일 내각 아래에서 선포된 공문서 규정이라는 점이다. 선포 전후의 주요 사건만 열거해 보면 다음과 같다.

(3) 1894~95년의 주요 사건 연표
- 1894년 1월 10일(고종 31년) 전라도 고부 군민, 군수 조병갑의 탐학에 항거, 전봉준의 영도하에 고부관아 점령.
- 1894년 1월 22일(고종 31년) 한성부 거주 일인 아다치 등, 《한성신보(漢城新報)》 창간.
- 1894년 5월 23일(고종 31년) 일본 공사, 왕에게 내정개혁을 건의.
- 1894년 6월 9일(고종 31년) 일본 공사, 내정개혁방안 강령세목을 제시, 시행 강요.
- 1894년 6월 21일(고종 31년) 내각 관보과, 《관보》 제1호 발행.

- 1894년 6월 23일(고종 31년) 일본 군함, 풍도 앞바다에서 청국 군함을 격침시킴(청일전쟁 일어남).
- 1894년 6월 25일(고종 31년) 김홍집, 영의정에 임명됨. 군국기무처 설치(갑오경장 시작됨).
- 1894년 6월 29일(고종 31년) 개국기원 사용(고종 31년 개국 503년).
- 1894년 7월 11일(고종 31년) 군국기무처, 은본위제의 신식화폐 발행장정 의결 공포. 도량형기 개정(10. 1. 시행, 장척·두곡·칭형). 군국기무처, 전국 각 가호에 문패를 달게 함(7. 20. 시행).
- 1894년 7월 12일(고종 31년) 군국기무처, 전고국(銓考局, 시험을 관리하는 의정부 안의 관아) 조례·명령 반포식(頒布式)·선거조례 등 공포 시행.
- 1894년 7월 15일(고종 31년) 제1차 김홍집 내각 성립.
- 1894년 7월 20일(고종 31년) 국왕, 갑오경장 윤음 반포. 조일잠정합동조관 체결.
- 1894년 7월 26일(고종 31년) 조일공수동맹 체결.
- 1894년 7월 28일(고종 31년) 군국기무처, 소학교 교과서를 학무아문에서 편찬케 함.
- 1894년 10월 23일(고종 31년) 일본공사 이노우에 가오루, 2차 내정개혁 신안 20조 제의.
- 1894년 11월 21일(고종 31년) 제2차 김홍집 내각 성립(박영효 참여). 호위부장·통어사·장어사·경리사·군국기무처 폐지, 중추원 신설.
- 1894년 11월 21일(고종 31년) 고종 국문을 기본으로 삼고 국한문 혼용문을 쓸 수 있다는 공문서 칙령 내각에 지시.

- 1894년 12월 12일(고종 31년) 국왕, 홍범 14조와 독립서고문(獨立誓告文)을 종묘에 고함.
- 1894년 12월 2일(고종 31년) 공문서 사상 최초로 홍범 14조와 독립서고문을 한글로 반포.
- 1894년 12월 관보에 국한문 혼용.
- 1895년 2월 2일(고종 32년) 학교 설립과 인재양성에 관한 조칙 발표.
- 1895년 3월 24일(고종 32년) 을미개혁 단행. 재판소구성법 포함 개혁안 34건 의결 공포.
- 1895년 4월 1일(고종 32년) 유길준의《서유견문》, 일본 교순사에서 간행.
- 1895년 5월 1일(고종 32년) 외부, 주일공사관에 시범·소학교의 교과서 편찬에 참고하기 위해 각종 일본 교과서를 구입하여 보낼 것을 훈령. 한인 유학생 114명, 게이오 의숙에 집단 입학.
- 1895년 5월 1일(고종 32년) 공문식에 관한 86호 칙령 재가 반포함.
- 1895년 7월 5일(고종 32년) 제3차 김홍집 내각 성립(내부 박정양, 중추원의장 어윤중, 부의장 신기선).

1894년은 그야말로 대외적으로 격동기였다. 갑오농민전쟁 같은 거센 민중의 저항과 청일전쟁과 같은 국제 정세, 갑오경장 같은 일본 중심의 개혁 등이 쉼 없이 몰아치던 시기였다. 일본의 청일전쟁의 승리와 민씨 정권 유린 등에 이어 친일 내각에 의한 이른바 갑오개혁이 이루어지게 된다. 김홍집, 어윤중, 유길준 등의 친일 혁신 관료들에 의해 6월 26일 군국기무처가 설치되고 갑오개혁이 본격화된다. 칙령이 공식 제정된 11월 21일은 2차 김홍집 내각이 성립된 날이기도 하다. 이렇게 보면 이 칙령의 주체와 동기 등이 어느 정도 명확해진다. 공문식 규정만 세밀하게 따져 보기로 한다.

3. 칙령의 주요 의미

'國文'의 의미

'국문'의 기존의 국어사적 의미는 고영근의 글에 정리되어 있다.

> (4) 한글이 15세기에 창제되었지만 공용문자의 구실을 하지 못하였다. 공용문자는 여전히 한자·한문이었다. 한글은 불교나 유교의 경전을 번역하는 데 이용되는 언해문이 고작이었고 그것도 대부분 한자를 앞세운 일종의 국한문 혼용체였다. 그러나 근대로 접어들면서 서민들의 사랑을 받아 한글은 그 사용 기반을 넓혀 나갔다. -줄임- 고종의 두 번째 칙령(1895년의 칙령)에 의하여 한글이 비로소 한국 사회의 공용문자의 구실을 할 수 있었다. 한글은 창제 이래 '언문'이란 이름을 붙임으로써 '어리석은 백성'에 국한되었던 한글의 사용 범위가 전 인민으로 확대되었다.고영근(2000), 〈개화기의 어문운동: 국한문 혼용론과 한글전용론을 중심으로〉,《관악어문연구》25, 서울대 국문과, 6~7쪽.

이와 같은 인식은 국어학계의 보편적 인식이요 평가였다. 곧 이는 '언해문'이 단지 번역문이 아니라 정치적 제도적 문건이었음을 잊거나 과소평가한 것이었으며 이 밖에 폭넓은 분야에서 공용문자로 쓰였음을 제대로 못 보았기 때문이었다.

물론 이런 필자의 비판은 공용문자의 개념을 근대적 법률이나 제도 차원의 공용어로 본 것이 아니라 정치적 제도적 차원의 폭넓은 권력 차원에서 본 것이다. 설령 공용어 차원에서 본다 하더라도 칙령 선포 이전의 언문의 권력적 사용을 과소평가할 이유는 없다는 것이다. 단지 공용문자로서의 비중이 달라졌다고 볼 수 있다. 곧 근대 이전에는 한자(한문)가 주류 공용문자, 언문이 비주류 공용문자였는데 칙령 선포로 언문이 주류, 한자가 비주류로 바뀌었을 뿐이다. 칙령 선포에서 한문 번역을 공용문서 양식의 일부로 설정함으로써 한자도 공용문자로서의 가치를 여전히 부여받고 있는 셈이다. 더욱 중요한 것은 국한문 혼용문을 주류 공용문서 양식으로 설정한 것이다.

　결국 '공용문자'라는 용어가 '근대적 공용어'라는 개념으로는 '국문' 칙령 이후에나 사용될 수 있지만, '공식적으로 사용되는 문자'라는 의미로는 근대 이전의 사용 문자에도 적용할 수 있는 용어이다.

　'국문' 칙령이 의미하는 정치적 역사적 가치를 무시하는 것은 아니다. 조선 왕조가 근대적 행정 절차 개혁과 더불어 대한제국을 표방하면서 '국문' 칙령이 나온 것이기 때문이다. 우선 용어 자체의 정치적 무게가 다르다. 조선왕조는 한글의 공식 명칭을 '언문'으로 내내 불러왔기 때문이다. '국문'이란 말은 "本國文字, 我國文字" 등과 같이 연어 구조로 쓰이다가 개화기에 이르러 "國文綴字"와 같은 독립된 어휘로 설정되었다. 이는 독립된 근대 국가의 문자라는 의미를 지닌 것이다.

　'國'의 의미 자체가 다르다. 근대 이전의 '國'은 단지 대국인 '중국'에 속하되 일정한 권한을 부여받은 작은 '나라'의 의미지만, 근대 이후의 '국'은 다른 나라와 대등한 독립된 국가로서의 의미이기 때문이다. 따라서 최현배[1940/1982: 고친판: 85]에서와 같이 "이것(칙령)은 똑바로 세종 대왕의 이상과 솜씨를 그대로 실행하려는 국가적 처단이었으니, 이도 또한 당시 내부대신인 유길준의 힘씀에 말미암은 바이다"와 같이 언문 자체에 대한 과도한 평가를 하기 이전에 언문 창제 이후의 글말살이가 다층적이었음을 이해하는 것이 필요하다. 곧 조선시대는 입말은 조선말이라는 단일 층위였지만 글말은 한문, 이두문, 언문, 혼합문 등 다층적이었다. 공식 문자에 대한 잘못된 인식은 근본적으로 공식 문자와 통용 문자를 혼동한 데서 비롯되었다. 사대부층에게 기본적인 통용 문자(학문 도구 포함)는 한문이었다. 그러나 언문은 사대부층의 통용 문자는 아니었지만 공식 문자였다. 그러니까 언문은 지배층에게 통용 문자로서는 배척당했지만 제도 문자로서는 별 이의 제기 없이 수용되어 온 것이다. 물론 언문도 준통용 문자로서의 구실을 했기 때문에 1894년 국문 칙령 반포가 가능했다고 보자는 것이다.

언문은 지배층에게 주된 통용 문자는 아니었지만 제도 차원의 공식 문자였던 것이다. 이렇게 보면 고종 칙령에 의해 언문이 공식 기본 문자가 되었음에도 실제 통용 문자로는 부차적인 문자 양식으로 규정한 국한문 혼용문이 오랜 세월 동안 주류 생활문자로 자리매김되어 온 것과 마찬가지다.

그리고 '국문 본위'라는 말을 주목해 볼 필요가 있다. 국문만을 쓴다는 것이 아니라, 다른 문자도 쓸 수 있지만 국문이 기본이라는 뜻이다. 그러니까 '언문'은 칙령 제정 전에도 공식 문자였다. 다만 칙령 전에는 '한문'이 공식 기본(주류) 문자이고 언문이 부차적인 문자였다면, 칙령 다음에는 국문이 기본(주류) 문자이고 한문을 부차적인 문자로 제도화하였다는 말이다. 이와 같은 관점으로 볼 때, 대부분의 기존 국어사 기술에서 '한문과 이두'가 조선의 공식 문자였는데 갑오개혁으로 언문, 즉 국문이 공식 문자로 되었다는 시각은 수정될 필요가 있다. 언문도 공식 문자였다는 것이다. 다만 갑오개혁 이전과 이후의 언문의 공식 문자로서의 가치가 차이가 있을 뿐이다. 굳이 그 차이를 강조한다면 주류나 비주류 또는 근대적 의미에서의 공식 문자냐 아니냐의 차이로 설정할 수 있을 것이다.

국문을 기본으로 삼지만 한문 번역을 붙인다는 상황도 한문 공문서와 언문 공문서를 동시에 발표하던 상황을 뒤집어 놓은 셈이다. 고종 때만 보더라도 실록 기록을 보면 이와 같은 사건이 아래와 같이 13건이나 보인다.

(5)

가. 대왕대비가 경복궁 공사에 나오지 말고 농사를 짓는 것에 힘쓰라고 한문과 언문으로 반포할 것을 지시하다.

_고종 2년(1865) 5월 3일(정유)

나. 대왕대비가 천주교를 금하는 교서를 한문과 언문으로 반포하도록 지시하다. _고종 3년(1866) 1월 24일(갑신)

다. 법령을 엄격히 하고 토호土豪의 악습을 없애도록 한문과 언문으로 공문을 띄우라고 지시하다. _고종 3년(1866) 2월 27일(정사)

라. 군정과 전정의 폐단을 바로잡도록 공문을 한문과 언문으로 내리다. _고종 3년(1866) 6월 2일(기축)

마. 서학을 하는 불순한 무리들을 제거하기 위해 윤음綸音 규례에 따라 한문과 언문으로 베껴 반포하게 하다.

_고종 3년(1866) 8월 2일(무자)

바. 밭 면적을 조사할 때 백성들의 이익을 침해하지 말도록 한문과 언문으로 교서를 반포할 것을 지시하다, _고종 3년(1866) 9월 7일(계해)

사. 경기, 삼남, 황해도에 사창을 설치하는 교지를 한문과 언문으로 반포하다. _고종 4년(1867) 6월 11일(계사)

아. 의정부에서 4도에 구제곡을 내려주도록 한문과 언문으로 반포할 것을 제의하다. _고종 4년(1867) 6월 11일(계사)

자. 북관의 변경 지역 백성들의 형편을 돌보아 주도록 하라는 교서를 한문과 언문으로 마을까지 반포하라. _고종 6년(1869) 11월 23일(경인)

차. 호포법 문란을 징계하는 내용을 한문과 언문으로 베껴 반포하기를 청하다. _고종 16년(1879) 11월 15일(갑신)

카. 도박과 양곡유출을 금지하는 공문을 한문과 언문으로 베껴 반포하도록 의정부에서 제의하다. _고종 20년(1883) 10월 27일(갑술)

타. 아이를 납치하는 범인들을 잡는 법을 한문과 언문으로 공포하도록 지시하다. _고종 25년(1888) 5월 10일(신유)

파. 북쪽의 환곡 정책을 안무사로 하여금 한문과 언문으로 베껴 모든 마을에 알리게 하다. _고종 25년(1888) 5월 17일(무진)

이렇게 볼 때, 칙령 1호 14조와 칙령 89호는 표면적으로는 종전의 언문이 공식적으로 '나라 글' 즉 '국문'으로 그 위상이 격상된 것은 틀림이 없지만, 그 이면에는 언어 차원에서는 한문과 국한문 혼용과의 복잡한 관계가 설정되어 있고, 그에 따른 정치적 위상 관계가 얽혀 있음을 주목하는 것이 중요하다.

국한문 혼용문의 의미와 평가
그동안 조선 말기나 일제 강점기의 국한문 혼용문에 대한 연구는 두 개의 관점이 맞서 있다. 공문서 칙령을 한글을 강조한 연구자들 쪽에서는 국문을 기본으로 삼았음을 강조하면서 상대적으로 국한문 혼용이 공용문서 양식임을 망각하거나 과소평가한 것이고, 국한문 혼용 연구 쪽에서는 국한문 혼용체에서 1894년의 공문서 칙령이 차지하는 비중을 제대로 인식하지 못해서이다.

이러한 연구의 문제점은 실제 상황을 짚어 보면 금방 드러난다. 공문서 칙령 그 자체로만으로는 국문을 기본으로 삼았지만 실제로는 국한문 혼용문이 주류 공용문서 양식이었으므로, 국문을 기본으로 삼는 것만을 강조하는 것은 낭만적 인식인 셈이다. 국한문 혼용 측면에서 이러한 칙령의 정치적 비중으로 보면, 칙령을 결부시키지 않은 국한문 혼용문 연구는 핵심 사건을 놓친 잘못을 보여 준다.

1948년 10월 9일 공포한 '한글전용법'은 "대한민국의 공용문서는 한글로 쓴다. 다만, 얼마 동안 필요한 때에는 한자를 병용할 수 있다"라고 하여 국한문 혼용문을 공용문서의 주요 양식으로 공표할 만큼 국한문 혼용문은 광복 이후까지도 우리 사회의 주요 문체로 강력한 영향을 끼쳤다. 같은 해 7월 17일에 제정 공포된 대한민국 헌법은 한글과 국한문의 두 정본으로 작성하였다. 칙령에서 못 박은 국한문 혼용문의 문체를 이어받은 것이라고 볼 수 있지만 그 성격은 사뭇 다르다.

문체 측면에서 보면 1894년의 국문 선포 칙령은 국문체보다는 국한문 혼용체가 더 큰 비중을 차지하고 있는 셈이다. 국문만의 공용문서를 지지한다면 한역을 붙이는 번거로움을 따를 리 없고, 한문 공용문서에 얽매여 있는 부류들도 그러한 문체를 따르기보다는 국한문 혼용체를 따를 확률이 높기 때문이다. 따라서 이 칙령을 아예 "국한문 혼용체 사용에 관한 법령"김영황(1978), 《조선민족어발전력사연구》, 과학백과사전출판사,

^{457쪽}으로 못 박은 김영황의 평가는 칙령의 본질을 간파한 셈이다. 물론 김영황은 국문 선언의 가치를 부정한 것은 아니다. 전문을 인용해 보면 다음과 같다.

"문자생활의 개혁과 언문일치의 실현에 대한 요구는 자본주의적 관계가 발전하여 나가게 되면서 더는 미룰 수 없는 간절한 과업으로 제기되었다. 그리하여 공식적인 문자생활에서의 일정한 개혁을 의미하는 '국한문 혼용체 사용에 관한 법률'을 채택하게 되었다. -줄임- 이것은 공식적인 문자생활에서 한문과 리두의 사용 대신에 국문의 사용을 '법적'으로 인정한 하나의 '혁신적' 조치라고 할 수 있다."

형식적 조항 내용만으로 본다면 국문체가 주류 문서 양식이 되어야 하지만, 조항 전체 맥락과 그 시대 상황 맥락으로 보면 국한문 혼용체가 주류 문서양식이 될 수밖에 없다는 것이 이 칙령의 본질이다. 그렇다면 이제 이때의 국한문 혼용문이 공식 문서 양식으로서 어떤 특징을 가지고 있고 그 맥락과 가치는 무엇인지 따져 볼 필요가 있다.

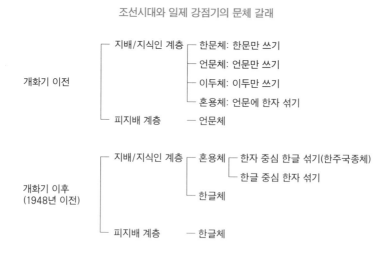

조선시대와 일제 강점기의 문체 갈래

한글 혁명

이와 같은 흐름으로 볼 때 지배층과 지식인 측면에서 보면 사용 문체가 4원 구조에서 2원 구조로 바뀌었음을 알 수 있다. 따라서 기존의 한문체 사용 계열로 보면 혼용체는 상대적 진보 입장에 서게 되고 언문체 계열로 보면 상대적 퇴보라는 평가를 받게 된다.

(6) ……이렇듯 한 천대 아래에 거의 전연히 그 본래의 사명을 잊어버리게 된 한글에도, 큰 시대적 각성으로 말미암아 부흥의 새벽이 돌아왔으니, 그것은 곧 고종 31년의 갑오경장이다. 이때로부터 중국 숭배, 한문 존중의 수백 년 미혹의 꿈을 깨뜨리고, 제 글자 한글을 높여쓰기 비롯하여, 소설은 물론, 과학, 종교, 예술, 기행 등 각종 저서와 신문, 잡지, 교과서에 이르기까지 모두 한글을 쓰게 되었다. 이 시대적 요구에 따라 일어난 한글 부흥의 선구자는 거당 유길준 선생이다. 선생이 미주 유학을 마치고 귀국하여, 근 600쪽의 큰 지음 《서유견문》(을미년 간행, 양장본)을 지으니 이것이 참으로 최근세 조선문화사에 있어서 국한문체의 맨 처음이다.

_최현배(1940/1982), 《고친 한글갈》, 정음문화사, 83쪽.

(7) 조선 전기에서부터 이른바 국한 혼용의 문건이 나타나지 않은 것은 아니나 그것은 극히 제한된 것이었고, 그것이 조선 후기로 넘어오면서 다소 심해지는 경향을 보이다가, 이른바 개화기에 오면서 당연한 것으로 받아들여지게 이른 것은 극히 타율적인 힘에 의한 것임을 알게 되는데, 그것은 문자사적으로 보나, 정치적인 배경으로 보나 타락의 과정이었지 결코 발전의 과정으로 받아들여질 수 없다는 것이다. 따라서 한글이 개화기에 와서 비로소 나라 글자의 구실을 감당하기 시작했다는 견해는 너무도 피상적인 관찰이요 오해라는

것을 분명히 할 필요가 있다.

_김종택(1992), 《국어어휘론》, 탑출판사, 107쪽.

당대의 가까운 시기의 변화 소용돌이를 살았던 최현배는 긍정적으로 평가하고 있다. 최현배는 한글 전용주의의 대표 지식인이지만 초기 저술에서 어느 정도 국한문 혼용체를 구사했던 내력으로 보아 시대 논리를 따른 측면을 이해할 만하다. 다만 갑오개혁의 정치적 배경과 한계 등을 지나치게 소홀히 평가한 듯하다. 김종택의 견해는 역사의 연속성 속에서 한글의 위상을 바라본 것은 좋으나 타락과 발전이라는 이분법 속에서 극단적으로 평가하고 있다. 어느 누구의 견해가 옳으냐 보다는 그 당시 국한문 혼용체의 양면적 특성에 따른 평가의 차이라고 볼 수 있다.

이러한 국한문 혼용체의 연원에 대해서도 대립된 관점이 형성되어 왔다.

(8)

가. 海東 六龍이 ᄂᆞᄅᆞ샤 일마다 天福이시니 古聖이 同符ᄒ시니

_《용비어천가》 1장

나. 세世존尊ㅅ일솔ᄫᅩ리니먼萬령里외外ㅅ일이시나눈에보논가녀

기ᅀᅳᄫ쇼셔　　　　　　　　　_《월인천강지곡》 기이

(9) 關關雎鳩ㅣ 在河之州ㅣ로다. 窈窕淑女ㅣ 君子好逑ㅣ로다.

_《시경언해》 권 1

　　　　　　　　　　한글 혁명

(10) 大槪開化라 ᄒᆞᄂᆞᆫ者ᄂᆞᆫ 人間의千事萬物이至善極美ᄒᆞᆫ 境或에 抵홈을胃홈이니然ᄒᆞᆫ 故로開化ᄒᆞᄂᆞᆫ境或은限定ᄒᆞ기不能ᄒᆞᆫ者라人民才力 의分數로其等級의高低가有ᄒᆞ나然ᄒᆞ나人間의習尙과邦國의規模를隨 ᄒᆞ야其差異홈도亦生ᄒᆞᄂᆞ니此ᄂᆞᆫ開化ᄒᆞᄂᆞᆫ軌程의不一ᄒᆞᆫ緣由어니와大頭 腦ᄂᆞᆫ人의爲不爲에在ᄒᆞᆯᄯᆞ름이라.

_유길준의 《西遊見聞》의 〈開化의 等級〉 중에서

(10)과 같은 문체는 일본 영향임을 분명히 하고 있다. 조규태[1992]의 〈일제시대의 국한문 혼용문 연구〉《배달말》 17집, 배달말학회, 55쪽에 의하면 "한글이 창제된 이후 초기의 한글 문헌들은 국한문이 거의 대부분이 며, 국한문으로 쓰여 있거나 국문으로 쓰여 있거나 모두 우리말 입말 과 별로 다름이 없는 글"이었다는 것이다. 따라서 "유길준의 《서유견 문》을 비롯한 일제 강점기 국한문은 단적으로 말해서 일본글을 모방 한 것[59]"이라고 밝히고 있다. 일본 사람들이 쓰는 한자-가나 혼용문은 일제 강점기나 지금이나 모두 《서유견문》의 문체와 같다고 본 것이다.

이에 반해 김완진[1983]의 〈한국어 문체의 발달〉《한국어문의 제문제》, 일지사, 245~246쪽에서는 유길준 문체는 (9)와 같은 경전언해에 뿌리를 두고 있 다고 밝혔다. 따라서 《독립신문》에서의 서재필 문체와 같은 한글 전용 체는 거의 언문만으로 언해된 《소학언해》와 같은 문체에서 비롯된 것 이라고 하면서 "유길준의 문체가 귀족적이요 장중한 문체라 한다면 서재필류의 문체는 평민적이요 친절감을 주는 문체[247쪽]"라고 대조하 고 있다. 이러한 김완진의 견해는 유길준의 문체를 내적 전통 속에서 찾은 것으로 조규태의 견해와는 대조될 뿐만 아니라 역사적 평가도 사뭇 다르다.

유길준의 문체가 경전언해에서 비롯되었다 하더라도 그러한 문체는 조선시대 전체 문체로 보나 국한문체로만 보나 주류 문체는 아니었다. 결국 유길준식 문체는 가능성 있는 전통적 문체 양식에 일본식 문체와 정치적 상황이 강하게 투사된 문체라고 볼 수 있다. 친일 내각의 핵심 인물이었을 뿐 아니라 철저히 현실주의자였던 유길준의 언어관은 《서유견문》머리말에서 스스로 밝혀 놓고 있다.

(11) 서유견문이 완성된 며칠 뒤에 친구에게 보이고 비평해 달라고 하자, 그 친구가 이렇게 말하였다. "그대가 참으로 고생하기는 했지만, 우리글과 한자를 섞어 쓴 것이 문장가의 궤도를 벗어났으니, 안목이 있는 사람들에게 비방과 웃음을 면치 못할 것이다." 그래서 내(유길준)가 이렇게 대답하였다. "우리나라의 글자는 우리 선왕 세종께서 창조하신 글자요, 한자는 중국과 함께 쓰는 글자이니, 나는 오히려 우리 글자만을 순수하게 쓰지 못한 것을 불만스럽게 생각한다. 외국 사람들과 국교를 이미 맺었으니, 온 나라 사람들이 상하 귀천이나 부인과 어린이를 가릴 것 없이 저들의 형편을 알아야 할 것이다. 그러니 서투르고도 껄끄러운 한자로 일그러진 글을 지어서 실정을 전하는 데 어긋남이 있기보다는, 유창한 우리글과 친근한 말을 통하여 사실 그대로의 상황을 힘써 나타내는 것이 올바르다고 생각한다."

유길준은 국한문체의 지나친 진보성을 우려하는 친구에게, 우리글로만 쓰고자 하는 이상을 실현하지 못하고 현실주의를 따랐을 뿐임을 강조하고 있다. 이런 그의 고백으로 볼 때, 국한문체로나마 우리글을 사용하는 것이 대단한 것으로 여겼음을 알 수 있다. 이런 그의 의도를 존중하여 후세 학자들은 그를 한글 발전의 선구자로 평가하고 있다.

이런 관점대로라면, 개화기 국한문 혼용체가 일본의 영향이 강하게 작용됐다고 해서 일본식 국한문 혼용체라고 못을 박을 수 있느냐는 것이다. 일본의 영향과 일본 문체와의 유사성으로 보아 일리는 있지만, 그렇게만 한정해 놓으면 내적 요인을 놓치는 격이 된다. 따라서 이런 문체를 '이두식 국한문 혼용체' 또는 기존 논의에서 더러 나온 바 있는 '한주국종체'라고 부르는 것이 합당하다고 본다. 이두는 한문을 우리말 어순으로 배열한 뒤 조사나 어미를 한자식으로 표현한 것인데 이때의 조사나 어미를 한자 방식에서 한글로 바꾼 것이 바로 개화기 때의 국한문 혼용체이기 때문이다. 더욱이 일본식 개화를 주도한 지식인들이 이두문의 주된 사용자였던 중인 계층에 뿌리를 두고 있다는 점에서도 그런 용어가 설득력이 있다.

물론 '이두식 국한문체'라고 부른다고 해서 일본의 영향을 과소평가하는 것은 아니다. 이러한 문체의 내적 외적 요인을 총체적으로 파악하는 것이 중요함을 강조하는 것뿐이다.

국한문체 확산의 내적 요인

내적 요인으로 첫째는 이두식 국한문체가 언어 문체 차원에서 조선 시대 다중 문체 흐름이 복합된 문체라는 것이다. 다시 말하면 다중 문체 경험이 또 다른 문체를 생성하는 틀이 되었다는 것이다.

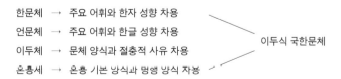

이두식 국한문체의 내적 흐름도

한문체 → 주요 어휘와 한자 성향 차용	
언문체 → 주요 어휘와 한글 성향 차용	이두식 국한문체
이두체 → 문체 양식과 절충적 사유 차용	
온몸체 → 온몸 기본 양식과 명맥 양식 차용	

이두식 국한문체가 일본식 모방이라 하더라도 이미 한문을 오래 사용해 온 흐름으로 보면, 글말에서는 토박이말보다는 한자식 어휘의 생산성이 높기 마련이다. 양반 지배층이 한문체를 주로 써 왔다 하더라도 언문의 실용성이나 필요성을 부인한 것은 아니었다. 따라서 다양한 변종체를 통해 중국 정통 한문식 문화와 다른 특이성을 배양해 온 셈이다. 이두체는 한문과 한자의 기본 틀을 벗어나지 않으면서도 문화의 특이성, 언어의 특이성을 반영하려는 몸부림에서 나온 절충 문체이다. 한자를 이용해 어거지로 표현해 온 조사와 어미라는 허사를 언문으로 옮기면 바로 이두식 국한문체가 되는 것이다. 혼용체는 이두식 국한문체와 다르다고는 하지만 이질적인 두 문자를 섞는다는 측면에서 같은 흐름 속에 놓여 있다.

둘째는 뭔가 새로운 문체가 필요한 시기에, 이두식 국한문체는 한자 중심의 보수 세력과 언문 중심의 개혁 세력 모두를 거스르지 않는 대안 문체가 된 셈이다. 설령 일본식 문체를 모방했다 하더라도 한문에 비해서는 상대적 진보성을 갖고 있고, 언문체에 비해서는 상대적 보수성을 갖고 있으므로 양쪽을 만족시키거나 강한 거부 반응을 차단하는 효과를 가져온 셈이다. 유길준과 같은 일본식 개화 세력의 새로운 문체 필요성과 일치가 된 셈이다.

국한문체의 외적 요인

외적 요인으로 가장 중요한 것은 일제가 조직적으로 개입했다는 것이다. 일본의 식민지 언어 정책은 여러 제국주의 국가의 언어정책 중 가장 잔혹한 정책이었을 뿐만 아니라 교묘하게 이루어졌다. 이는 세 단계로 획책되었다. 첫 단계는 한자말을 한자로 표기하도록 하여 일본 글 모습과 비슷하게 하는 이른바 국한문 혼용 단계이고, 둘째 단계는 토씨나 씨끝을 제외한 모든 글자를 한자로 써서 한글을 약화시키면서 한자를 일본식 음으로 읽도록 유도하는 단계, 셋째 단계에서는 토씨나 씨끝조차 없앤 뒤 완전한 일본글로 동화시키는 단계이다. 조선에 진출한 언론인 지식인들과 조선의 친일 개혁 인사들의 획책으로 아예 둘째 단계 문체가 빠르게 일반화되었던 것이다.

일본 군대의 강압에 의해 이루어진 1876년(고종 13년)의 이른바 강화도조약(조약의 정식 명칭은 조일수호조규이며, 병자수호조약이라고 부름) 제3조에서 "이제부터 두 나라 사이에 오고 가는 공문은 일본은 자기 나라 글을 쓰되 지금부터 10년 동안은 따로 한문으로 번역한 것 한 본을 첨부하며 조선은 한문을 쓴다"라고 했던 것이 같은 해 7월에는 더욱 악랄해져 무역 규칙 항목에서는 "외교문서는 모두 일본말을 쓸 것이며 그것을 한문으로 번역하지 않는다"로 강화되었다. 마침내 1885년에는 국한문 혼용문을 공식적으로 제안하게 된다. 이노우에 가쿠고로井上角伍郎는 국한문 혼용체로 신문을 내야 한다고 고종에게 건의서를 올렸던 것이다.

(12) 한문은 해득이 어렵고 배우기 힘듭니다. 다행히도 諺文이 있어 일본의 가명假名과 태서泰西의 "A·B·C"와 같이 매우 편리한 것입니다. 섞어 씀으로써 오늘의 국가 영원의 기초를 닦고 세종대왕의 정음 제정의 성의에 보답하기를 바라옵니다.

위의 글은 일제가 두 가지 목적으로 국한문 혼용을 조작했다는 것을 보여 준다. 하나는 중국과 밀착되어 있던 우리나라를 이간시키기 위해 중국글(한문)만 사용하는 것을 버리게 하려는 것이요, 또 하나는 그들의 문자체계-국(일)한 혼용-에 걸맞은 문체를 심으려는 의도였던 것이다.

그럼 말글 침투의 핵심 일본인인 이노우에가 개화파와 결합되는 과정을 살펴보자. 개화파의 핵심인물인 박영효는 1882년 수신사의 자격으로 일본에 머물면서 신문 발간의 필요성을 크게 느껴 돌아오면서 기자와 인쇄공 등 몇몇의 일본인을 데려왔다. 이때 이노우에가 들어온 것이다. 이들은 1883년 신문 발간 허락을 고종으로부터 받게 되나 박영효의 좌천과 실무자였던 유길준 등의 병으로 인해 중지된다. 그러나 수구파의 신임을 얻고 있던 온건 개화론자들에 의해 신문이 발간되는데, 그래서 그런지 이 신문은 한문체로만 발간되었다. 이 신문은 1884년 갑신난이 실패함에 따라 1년 만에 종간되었다가 1886년 《한성주보》로 다시 복간되었다. 결국 《한성순보》부터 신문 발간에 깊숙이 관여한 이노우에는 개화기 최초의 이두식 국한문체를 《한성주보》를 통해 주도한 셈이었다. 이 신문은 한문체, 한글체도 사용하였으나 대부분이 국한문 혼용체였다.

이노우에는 《서양사정》이란 책을 썼고 유길준에게 많은 영향을 준 후쿠자와 유키치福澤諭吉, 1835~1901의 제자였다. 이노우에가 국한문 혼용체 보급에 큰 영향을 끼쳤다는 것은 《한성주보》에서의 행적 외에 본인의 회고를 참고할 수 있다.

(13) 먼저 여기서 발행되었던 것이 한자만으로 쓰였던 《한성순보》이고, 그것에 대해서는 조선인 또는 중국인 중에서도 이러니저러니 비난이 있었는데, 호를 거듭함에 따라서 세간에서도 차츰 그 필요를 인식하게 되었다. 그러나 한층 일반에 보급시키기 위해서는 한문체만이 아니라, 한문에 언문을 혼용하지 않으면 안 된다고 나는 깊이 느꼈다.

한글 혁명

언문은 예부터 내려온 조선 문자인데, 중국 숭배 사상에 사로잡혀 상류 계층은 한문만을 쓰고, 언문은 이른바 하층민들만이 썼었다. 일찍이 조선에서 쓰던 《동몽선집童蒙選集》은 한문만의 기술이고, 중국을 선진국으로 숭배하고 제 나라를 그 속국으로 여기고, 제 나라 글자인 언문을 천대하여 어디까지나 중국을 존중하지 않으면 안 된다고 썼다.

이와 같이 《동몽선집》이 조선 사람들에게 심한 잘못된 생각을 품게 했기 때문에 그 후 러일전쟁을 거쳐 우리나라가 한국에 통감부를 둔 지 얼마 안 될 무렵, 즉 한일합방 전에 한국 정부는 명령하여 이 《동몽선집》을 읽는 것을 금지했다. 그래서 귀족도 한문 외에 언문을 사용하게 되었던 것이다.

조선에는 이 언문 외에 이두吏文라고 하여 정부의 사무 취급에 주로 쓰이고 있었던 문자가 있었다. 그것은 중인이라고 일컫는 무리로, 즉 관리도 아니고, 노비라고도 할 수 없는 자가 중앙과 지방의 관청에 많이 있었다. 이 중인 계급이 관청의 사무에 이 이두를 언제나 썼다. 이와 같이 당시에 있어서는 한문, 이두, 언문이라는 세 갈래의 문자가 조선의 계급에 따라서 유통되고 있었다.

그래서 나는 조선의 언문으로써 우리나라의 가명(가나: 히라가나와 가다가나)과 비슷한 문체를 만들어 그것을 널리 조선 사람에게 사용하게 하여 우리나라(일본)와 한국을 같은 문체의 국가 상태로 만들고, 또 문명 지식을 주어, 일본에서 옛날의 고루한 사상을 바꾸고자 계획했던 후쿠자와福澤 선생 뜻을 받들어 한문에 언문을 섞은 문체에 의해 신문을 발행하기로 했다. 그것이 곧 《한성주보》이다.

_이노우에 가쿠고로上角伍郎(1938: 98)의 번역(169쪽) 인용

이런 맥락으로 보면, 국한문 혼용문 보급에 일본이 깊숙이 관여했음을 알 수 있다. 그 당시로서는 문체 보급에 가장 효율적인 신문 제작을 통해 적극적으로 개입하는 전략에 의해 이루어졌다.

한성주보에서 본격화된 국한문 혼용체는 공문서에까지 사용하게 된다. 1894년에 펴낸 〈종묘서고문〉이라는 공문은 순한문체로만 발표하던 관행을 깨고 한글체와 국한문 혼용체를 함께 발표했던 것이다. 또한 국한문 혼용체는 몇몇 지식인들의 책 출판으로 지지층을 넓혀 갔다. 그런 흐름 속에서 국한문 혼용체 보급에 커다란 구실을 하게 된 유길준의 《서유견문》1895이 나왔다. 이 문체는 앞에서도 얘기했듯이 한글체가 아니었음에도 한문체에 대한 상대적 진보로 인하여 개혁 문체로 각광을 받게 된 것이다. 우리나라 최초 일본 유학생으로 일본의 개화론자인 후쿠자와의 제자인 이노우에와 가까이 지냈던 것으로 보이는 유길준이 위와 같은 문체로 책을 쓴 것은 어쩌면 당연한 결과였는지 모른다.

둘째는 친일 내각 인사들이 주도하였다는 점이다. 개화파는 조선 사회 후기에 정권에서 소외되어 온 유학파를 중심으로 이른바 실학파가 형성되었는데 이들이 개화파로 발전되었다. 이들 개화파는 민씨 세력과의 대립 속에서 부르주아 개혁 운동이라 할 수 있는 갑신란(정변)을 일으키게 된다. 개화파는 이 정변을 통해 나름대로 근대화를 시도하였으나 민중을 정치적 기반으로 끌어들이지 못한 상황에서 일본 세력에 지나치게 기대는 잘못을 저질러 실패하고 만다. 이 사건으로 민씨 정권은 청나라 군대를 끌어들여 민중과 개화파를 무자비하게 탄압하였고 이런 흐름을 절묘하게 이용하여 일본은 조선 침략의 발판을 굳혀 갔다.

봉건주의 세력과 제국주의 세력에 의해 안팎으로 고통을 당하던 민중 세력은 동학 등의 사상에 힘입어 마침내 갑오농민전쟁을 일으키게 된다. 이 전쟁은 봉건주의 세력과 일본군의 침략으로 실패했지만 수구 세력인 민씨 정권을 위축시키면서 개화파의 입지를 넓혀 주는 계기가 되었다. 일본은 마침내 고종을 몰아내고 대원군을 이용 일본화의 개혁을 이루려 하였으나 대원군의 완강한 저항 때문에 이른바 갑오 정권을 탄생시킨다. 이들 세력에 의해 이른바 갑오개혁이 시도된다. 그러나 갑오개혁은 개화파의 의도와는 달리 일본에 너무 의지한 나머지 청일전쟁 후, 일본에게 본격적으로 침략의 길을 닦아 주게 된다.

이런 흐름 속에서 국한문 혼용체는 일본을 추종하는 개화파에 의해 지지를 받아 지식인들 사이에 보편적인 문체로 자리 잡게 된 것이다. 물론 앞에서도 언급했듯이 이러한 문체는 내적 요인도 크게 작용했다고 볼 수 있다. 실학파의 후예들인 개화파도 지식인으로서 한문, 한자에 익숙해 있었으므로 그런 문체를 그 시대에 맞는 절충적 문체로 일반화시키는 데 앞장섰다고 볼 수 있다. 국한문 혼용 문체에 대한 김진경의 견해는 이런 관점에서 핵심을 찌른 것이라 볼 수 있다.

(14) 국한문 혼용체는 개화기에 일본이 식민주의 이념의 전파자로 선택한 중인 계층 출신 지식인들의 문체였고, 일제 강점기에는 식민지 토지자본가 혹은 상업자본가로 재편성된 토착지주와 중인 계층 출신들의 문체이자 식민지 사회의 공용어였다. 즉 국한문 혼용체는 일본 문화 침략의 핵심적인 회로였으며 아서구화 혹은 아일본화된 친일 세력의 이념을 전파하는 매체인 것이다. 미래를 지향해야 할 국어교육의 한글 전용을 파기한 것은 따라서 친일 세력들이 학교교육을 자기 계층의 이념을 확대재생산해 내는 장치로서 독점하려는

의도를 드러낸 것으로 해석할 수 있다.

_김진경(1985), 〈일본 교과서 문제와 한국어 교과서(1)〉,《민족의 문학과 민중의 문학》, 이삭.

결국 언문체의 전통을 이어받은 다음과 같은 문체는 실효성을 거두지는 못했다.

  (15) 논설
    우리가 독닙신문을 오늘 처음으로 출판ㅎ는딕 조선속에 잇는 닉외국 인민의게 우리 쥬의를 미리 말ㅎ여 아시게 ㅎ노라. -가운데 줄임- 우리신문이 한문은 아니쓰고 다만 국문으로만 쓰는거슨 샹ㅎ 귀천이 다보게 홈이라 쏘국문을 이러케 귀절을 쎄여 쓴즉 아모라도 이신문 보기가 쉽고 신문속에 잇는말을 자세이 알어 보게 홈이라. 각국에서는 사룸들이 남녀 무론ㅎ고 본 국 국문을 몬저 비화 능통ㅎ 후에야 외국 글을 비오는 법인딕 죠션서는 죠션 국문은 아니 빅오드 릭도 한문만 공부ㅎ는 싸둙에 국문을 잘 아는 사룸이 드믈미라.

_《독닙신문》 창간호(1889) 논설 중에서

위와 같은 언문체 흐름은 일본의 힘과 친일 개화파의 득세 때문에 여론을 얻지 못했다. 오히려 국한문 혼용문이 보편적인 것이 되고 그것이 아래 이광수의 주장처럼 신지식 수입으로 합리화되게 된다.

  (16) 然則 엇던 文體를 使用홀까 純國文인가, 國漢文인가! 余의 마음딕로 홀진딘 純國文으로만 쓰고 십흐며, 또 ㅎ면 될 쥴 알되 … 今日의 我韓은 新知識을 輸入홈이 급급홀 찍라. 이에 해키 어렵게 純國文으로만 쓰고 보면 新知識의 輸入에 저해가 되깃슴으로 此意

見은 잠가 두엇다가 他日을 기다려 베풀기로 한고 只수 余가 주장하는 바 文體는 亦是 國漢文 竝用이라.

_이광수, 〈今日 我韓用文에 對하야〉,《황성신문》 1910년 7월 24일~27일

결국 위에서의 신지식 수입은 한자를 매개로 한 일본 문체를 염두에 둔 것이라 볼 수 있다. 이런 인식은 개량적 개혁주의자들에 의한 〈기미독립선언서〉(기초: 최남선)까지 이어져 지금까지도 고등학교 교과서에서 명문으로 소개되고 있다.

(17) 吾等은 茲에 我 朝鮮의 獨立國과 朝鮮人의 自主民임을 宣言하노라. 此로써 世界萬邦에 告하야 人類平等의 大義를 克明하며, 此로써 子孫萬代에 誥하야 民族自存의 政權을 永有케 하노라.

4. 마무리

이와 같은 맥락으로 볼 때 고종에 의한 국문 선포 칙령은 '국문'과 '국한문'의 맥락적 의미로 총체적으로 보아야 진정한 역사적 의미를 발견할 수 있다. 이상에서 논의된 바를 정리해 보면 다음과 같다.

(1) 1894년 고종 31년의 공문식 칙령은 친일 내각 친일 혁신 세력에 의해 제정되고 고종이 재가한 규정이다.

(2) 국문을 기본으로 삼는다고 하였으나 실제로는 국문체보다는 국한문체가 기본인 공용문서 규정이다.

(3) 국한문체는 한문체에 비해서는 상대적 진보를 국문체나 전통 주

류 국한문체에 비해서는 상대적 퇴보를 보여 주는 규정이다.

(4) 국한문체는 조사나 어미, 순우리말로 된 관형사 외는 모두 한자로 적는 '이두식 국한문체'이다.

(5) 이두식 국한문체는 경서 언해체의 전거가 있으나 실제로는 일본식 국한문체에 더 많은 영향을 받았다.

(6) 이 칙령은 국한문체가 공용문서의 주류 문체로 자리 잡게 한 주요 정치적 사건이다.

---

* 이 부분은 한글 발전 역사에서 매우 중요할뿐더러 학교 교과서에서 잘못 가르치고 있는 부분이라 학술서인 '김슬옹(2012), 《조선시대의 훈민정음 발달사》(역락)'의 11장을 좀 더 풀어 썼다. 다음 쪽의 이노우에의 글은 우리 말글살이 역사의 중요한 부분을 일본인 시각으로 보여 주는 매우 중요한 의미를 담고 있어 번역했다. 그는 조선의 상류층이 중국 숭배에 빠져 한문 번역 생활을 해 온 것을 점잖게(?) 조롱하고 있다. 왜 우리가 중요한 시기에 일본인으로부터 그런 조롱을 받게 되었는지 다시 성찰해 볼 일이다.

한글 혁명

국한문 혼용 역사의 진실[번역]*

협력하고 융합하여 복지를 도모하자

이노우에 가쿠고로(井上角伍郞)[1] 번역 지음, 김슬옹 옮김

내가 처음 조선에 간 것은 그 유명한 대원군 사변[2]이 있은 지 얼마 안 된 명치 15년(1882년) 12월이었다. 그 무렵 조선에서는 민씨閔氏 일파가 정권을 잡고, 나라 정책의 개혁을 도모하기 위하여, 우리 군인을 불러들이고, 또한 우리나라의 문물제도를 시찰하게 하고, 점차 혁신의 기운이 돌고 있었던 것이다. 그런데도 대원군 등의 수구파는 이것을 탐탁하게 여기지 않고, 오히려 크게 그 대책을 강구하게 되고, 마침내 명치 15년 7월, 폭도는 왕궁에 난입하여 중요한 직책의 사람들과 우리 사관을 죽이고, 게다가 우리 공사관을 불태우기에 이르렀다.[3] 그래서 당시의 공사인 하나부사 요시타다花房義質는 나가사키長崎로 돌아가

---

1. 역주: 1860년에 태어나 1938년에 죽은 일본의 언론인이다. 1883년(고종 20) 박영효의 건의로 내한하여 외무아문 고문이 되어《한성순보》창간에 참여했고, 갑신정변 이후 김옥균, 박영효가 일본으로 망명할 때 함께 귀국했다. 1885년《시사신보》통신원으로 다시 내한하여《한성순보》를 주간으로 발행하고 국한문 혼용으로 복간하는 데 공로를 세웠다.-VIP대백과사전 참고.
2. 역주: 1882년의 임오군란을 가리킨다. 직접 동기는 직업 군인들이 월급 문제로 난을 일으켰으나 점차 반일 투쟁으로 발전하여 일반 시민까지 가세하여 일본인 교관 호리모토를 처단하고 일본 공사관을 습격했다. 왕궁으로 쳐들어가 명성황후 일파와 정부 관료 처단을 시도하였다. 명성황후는 도망가 실패했다. 이들이 대원군을 찾아가 정치를 요청하여 대원군이 정권을 다시 잡게 된다.
3. 역주: 군인들과 시민들이 불을 지른 것이 아니라 공격을 받은 공사 하나부사가 제 손으로 공사관에 불을 지른 것이다.

변고를 정부에 보고했다. 이리하여 이 사변도 이른바 제물포 조약으로 결말을 보게 되었다.

그래서 새로 다케조에 신이치로竹添進一郎 씨가 조선 공사로서 부임하게 되고, 나는 이분과 같은 배로 그곳에 건너가게 되었다. 나는 경성(서울)에 도착한 후에 정부에서 준 저동의 집에 들었다. 당시의 일본 공사관은 진고개泥峴에 있고, 다케조에 공사를 우두머리로 공사 관원과 호위병 등을 포함하여 약 300명 정도의 일본인과 그 외 불과 십여 명의 일본 상인이 경성에 있었다. 실로 적적하고 쓸쓸한 상황이었다. 요전에 돌아가신 야마구치 다베에山口太兵衛 씨 등도 그 무렵부터 조선에서 터를 닦기 시작했던 분이다.

그리고 대원군은 그 난 때문에 중국 정부에 잡혀가 보정부保定府에 감금되었다. 한편 중국에서는 원세개袁世凱와 진수당陳樹棠, 그 밖의 참모와 함께 3,000명 정도의 군대를 거느리고 경성에 주둔하고 있었고 그들은 조선이 중국의 속국이 되었다고 말하고 있었다. 중국 상인은 크게 기뻐하여 속속 찾아와서 종로 부근에는 중국 상점이 줄지어 늘어설 정도였다. 그런데도 우리 쪽은 불과 12명이라는 거의 보잘것없는 상태였다.

나는 조선 정부 아래에서 새롭게 신문 발행의 계획을 세워, 경성 남부의 저동苧洞에 있던 어용저御用邸 자리를 신문 공장으로 정하고, 여기에 인쇄 기계와 그 밖의 것을 설치하고, 그 옆에 새로 지은 집에서 살았다. 그리하여 교육 사무를 관장하는 박문국이라는 관청을 설치하여 그 총재로는 외어문독변外衙門督辨 민영목閔泳穆 씨, 부총재는 한성판윤 김면식金冕植 씨 등이고, 나는 외어문外衙門 고문으로서 그것을 주재하고, 신문의 발행에 임하게 되었다.

먼저 여기서 발행되었던 것이 한자만으로 쓰인 《한성순보》이고, 그것에 대해서는 조선인 또는 중국인 중에서도 이러니저러니 비난이 있었는데, 호를 거듭함에 따라서 세간에서도 차츰 그 필요를 인식하게 되었다. 그러나 한층 일반에 보급시키기 위해서는 한문체만이 아니라, 한문에 언문을 혼용하지 않으면 안 된다고 나는 깊이 느꼈다.

언문은 예부터 내려온 조선 문자인대, 중국 숭배 사상에 사로잡혀 상류 계층은 한문만을 쓰고, 언문은 이른바 하층민들만이 썼었다. 일찍이 조선에서 쓰던《동몽선집童蒙選集》은 한문만의 기술이고, 중국을 선진국으로 숭배하고 제나라를 그 속국으로 여기고, 제나라 글자인 언문을 천대하여 어디까지나 중국을 존중하지 않으면 안 된다고 썼다.

이와 같이《동몽선집》이 조선 사람들에게 심한 잘못된 생각을 품게 했기 때문에 그 후 러일전쟁을 거쳐 우리나라가 한국에 통감부를 둔 지 얼마 안 될 무렵, 즉 한일합방 전에 한국 정부는 명령하여 이《동몽선집》을 읽는 것을 금지했다. 그래서 귀족도 한문 외에 언문을 사용하게 되었던 것이다.

조선에는 이 언문 외에 이두吏文라고 하여 정부의 사무 취급에 주로 쓰이고 있었던 문자가 있었다. 그것은 중인이라고 일컫는 무리로, 즉 관리도 아니고, 노비라고도 할 수 없는 자가 중앙과 지방의 관청에 많이 있었다. 이 중인 계급이 관청의 사무에 이 이두를 언제나 썼다. 이와 같이 당시에 있어서는 한문, 이두, 언문이라는 세 갈래의 문자가 조선의 계급에 따라서 유통되고 있었다.

그래서 나는 조선의 언문으로써 우리나라의 가명(가나: 히라가나와 가타카나)과 비슷한 문체를 만들어 그것을 널리 조선 사람에게 사용하게 하여 우리나라(일본)와 한국을 같은 문체의 국가 상태로 만들고, 또 문명 지식을 주어, 일본에서 옛날의 고루한 사상을 바꾸고자 계획했던 후쿠자와福澤 선생 뜻을 받들어 한문에 언문을 섞은 문체에 의해 신문을 발행하기로 했다. 그것이 곧《한성주보》이다.

조선에서 선조 이후의 정치사는 실질적으로는 당쟁사이고, 권력 투쟁사이다. 문관과 무관끼리 당을 만들고, 파를 이루어 서로 싸우고, 게다가 이것을 계속하며 또 스스로 여러 당파를 생기게 하여 격렬한 싸움이 반복되었던 것이다. 이러한 당파 싸움 때문에 또는 국왕파, 왕비파가 되어 서로 싸우며 밀어내고, 또 어떤 사람은 중국과 손잡고, 또는 일본에 의존하는 자도 있는가 하면, 그 외에 다른 곳에 매달리는 자도 있는 가지각색의 당파를 생기게 하고, 여기에도 누구인가의 당이 있고, 거기에도 누구인가의 파가 있는 상태에서 국왕은 그 거취에 어려움이 있는 상황이었다.

특히 내가 갔을 무렵의 궁정에서는 국왕은 온종일 주무시고, 오후 세 시 무렵이 되어 눈을 뜨시고, 네 시 무렵부터 입내入內라고 부르는 별입시別入侍란 자가 배알을 위해 들어오는 것이었다. 이 별입시는 국왕을 뵙고 다양한 의견을 말씀드리는 자이고, 이들 가운데는 상당한 식견을 갖고 있는 인물도 있는가 하면, 또 아첨만을 일삼는 아무런 포부도 없는 자도 있고, 여러 종류의 인물이 별입시로서의 자격 아래에 궁중에 출입하며 국왕에 대하여 각자가 생각하는 대로 말씀드렸었다.

아울러 당시의 국정은 국왕의 전제專制에 의해 행해졌던 관계상, 한 분의 생각에 따라서 제멋대로 방침이 정해졌던 것이다. 그러므로 여럿의 별입시를 대하기 때문에 앞 사람에게 한 이야기와 다음 사람에게 한 말이 앞뒤가 맞지 않을 때가 적지 않아서 그 말씀을 들은 별입시는 마침내 외부에서의 충돌을 초래하는 결과가 되어 싸움이 끊이질 않았었다.

이와 같이 마음에 드셔야만 궁중에 불러들이시고, 그것에 기초하여 정치를 행하시기 때문에, 각종의 병폐를 낳게 되고, 점점 그것이 심해

지기 때문에, 우리 공사도 이것을 국왕에게 간하고, 원세개도 또 별입시 제도가 불가한 까닭을 말씀드렸다. 즉 국왕의 측근인 자가 여러 가지를 말씀드린다는 것이 이미 나라를 어지럽히는 바탕이고, 이 별입시인 자가 조선을 그르쳤다고 할 수 있을 것이다.

조선의 귀족을 양반이라고 하는데, 이 양반 가운데는 '사대부'라는 계급이 있었다. 이들은 어떤 나이에 이르면 관찰사라든가 군수라든가 하는 중요한 관직에 오르게 된다. 이 '사대부' 가문 이외의 자도 양반이라고는 일컫지만, 좋은 지위에 오를 수 있는 자는 아니더라도 '기인其人'이라고 부르는 계급이 아니면 영달은 불가능했다.

앞에 언급한 '중인'은 지방청에서의 회계를 담당, 조세의 징수를 맡았던 자이고, 현재에 상당한 사람들은 이 중인 출신인 자가 다수이다. 그런데도 당시는 '기인', '중인'은 뛰어난 기술을 가진 자가 많았지만, 그들이 관직을 얻는 일은 극히 곤란했다. 그러므로 이러한 사람들은 당시의 정치를 구가謳歌하지 않을뿐더러, 이것에 대하여 반항적 기분을 품고 있었다. 여기에도 또 조선의 혼란이 잦은 원인이 숨어 있었던 것이다. 예컨대 송병준 씨와 같은 이는 뛰어난 중인 출신이었다.

한편, 귀족은 좋은 관직에 나가기 위한 등용문인 과거에 응시해야 하는데, 무인은 활, 창, 검弓矢劍槍에 의해, 문인은 문장에 의해 이를 시험했다. 급제하면 진사進士가 되어 크게 세력을 떨쳤다. 그리고 과거를 실시하기 위한 위원을 국왕이 선임하여 그들이 문제를 결정했다. 이 시험에도 여러 가지 폐해가 따라 미리 문제를 숙지하고 있는 사대부는 용이하게 진사가 될 수 있었다.

또는 무관의 가문이 좋은 자의 자제가 활을 쏘는 경우는 과녁이 자연히 따라다니며 맞는 일도 있었다는 것이다. 그러므로 과거제도가 있어도 그것에 급제하는 일은 보통으로는 곤란했다. 또 실제로 과거의 문장 등은 상당히 어려웠다. 그것도 특수 계급 이외의 일반 사람은 이 과거에 응할 수가 없었기 때문에 불평불만을 품고 정치를 저주하고 당시의 정부를 저주하는 결과에 빠지는 것이었다.

내가 박문국博文局에 있을 때, 주사主事, 사사司事로서 수십 명의 조선 사람을 썼는데, 이 중에는 중인 계급 출신 다수를 차지하고 있었다. 사실 이 중인 계급 사람들은 다른 사람들과 비교하여 모든 점에서 뛰어났다. 그러므로 조선의 정치도 그것을 선도하고, 개혁하여 그 고루한 병폐를 없애고, 그것에 참신한 기를 살려 가면, 또는 그 혁신의 열매를 거둘 수 있었을지도 모를 텐데, 결국 당파 싸움으로 일관하여 그 전도를 그르치기에 이르렀던 것이다.

나는 조선에서 민중의 생활 상태를 시찰하고, 행정, 세제의 실제를 살피고, 또한 토지가 많고 적은가 또는 교통이 편리한가 아닌가를 보기 위해, 명치 19년(1886년)의 11월 15일에 경성을 출발하여 경기, 충청, 전라, 경상의 각도 조선 말을 타고 시찰 여행을 다녀왔다.

험한 길과 눈보라에 시달리면서 지방 관청地方官衙의 상황을 조사하고, 게다가 끊임없이 신변의 위험을 무릅쓰고 마침내 그 목적을 달성할 수 있었다.

이 조사 서류는 그것을 두 갈래로 나누고, 하나를 행정세제조사서行政稅制調査書라 하고, 하나를 지방산업개발조사서地方産業開發調査書라고 하여 그것을 국왕 전하께 올리고, 다시 이 행정세제조사서에는 애초의 내 견해를 추가하여 그것을 "조선개혁의견서朝鮮改革意見書"라고 제목을 붙여, 이노우에 가오루井上馨 씨[4]가 조선 정부 고문으로서 부

---

4. 역주: 1835~1915. 일본의 정치가로 1876년 전권대사로서 강화조약을 맺고, 1884년 임오군란 때는 한성조약을 체결한 사람이다.

한글 혁명

임할 때에 그에게 보냈던 것인데, 이 내 의견은 대개 이 이노우에 씨가 인용하였다.

그리고 또 지방산업개발조사서 가운데의 수리관개水利灌漑에 관한 것만을 정리하여 이토 히로부미伊藤博文공이 한국 총감으로서 한국에 부임할 때에도 마찬가지로 이것을 보냈던 것이다. 경성을 출발한 이래 바야흐로 해도 저물어 가는 12월 말일까지 약 40일간의 추운 겨울 여행은, 여전히 도저히 믿기지 않는 추억거리이다.

그로부터 50년이 되는 지금, 그때를 돌이켜 보면, 정말 꿈만 같다. 그 무렵의 조선에 대한 감상으로서는 그저 변변치 못했을 따름이다. 길도 다리도 거의 없고, 물론 교통 기관도 없고, 전보 한 번 치고 싶어도 나가사키까지 오지 않으면 안 되었다. 경성, 인천에도 그러한 설비는 없었다. 동경과 경성 간의 여행에도 반달을 필요로 하는 상태이고, 우선 요코하마橫濱로 와서 고베神戶까지 배로 가서, 여기서 또 갈아타고 세토나이카이瀨戶內海를 지나 나가사키에 가서, 거기서 또 배를 갈아타고 이즈하라嚴ヶ原[5]에 기항寄港하고, 그러고 나서 부산을 거쳐 인천에 도착하게 되는 것이다.

인천에서 경성으로는 물론 기차는 없고, 가마를 타고 하루 걸려 가는 형편이었다. 게다가 고베와 나가사키, 나가사키와 조선 사이의 배는 일주일에 한 번 정도밖에 오지 않기 때문에, 이러한 체재에 여러 날을 필요로 하는 셈이었다. 당시는 그러한 불편을 견디지 않으면 안 될 뿐만 아니라, 일본이라는 나라가 조선에게 이해되지 않기 때문에, 까딱하면 사대주의로부터 중국에게만 억눌리기 쉬워서 상당한 고심을 거듭하고 있었던 것이다.

---

5. 역주: 쓰시마에 있는 항구.

그런데 그 후 청일, 러일의 두 전쟁에 이겨 통감부가 설치되고, 명치 43년(1910년)에는 드디어 한일합방이 되어 조선 사람들도 한결같이 우리 천황의 은혜를 받아 문명의 혜택을 입게 되었던 것은 조선 민중에게 있어서 한없는 행복이다. 그때부터 역대 총감이 열심히 이룬 시설에 의해 더 한층 조선을 문명으로 이끌고, 그 복지를 증진시킨 일, 참으로 위대한 것이다. 나는 옛날의 눈으로 조선의 진보 상황을 보고, 상당히 경탄했다. 바라건대 그들 동포를 위해 융합 협력하고, 그 바탕 위에 더욱더 행복의 증진을 도모하게 되기를 바란다.

---

* 원 출처는 참고 문헌의 井上角伍郞(1938) 참조.

1월 15일은 북한의 조선글날,
《훈민정음》 해례본 복간본을 북한에 기증하자

1월 15일은 북한의 한글날인 조선글날로 훈민정음기념일이라고도 한다. 북한이 이 날짜로 삼은 것은 《세종실록》 1443년 12월 30일 자에 "이달에 세종이 친히 한글(훈민정음)을 창제했다"라는 기록에 따른 것이다. 12월에 창제되었지만 정확한 날짜를 알 수 없어 12월 가운데인 15일을 양력으로 환산한 날짜가 1월 15일이다. 남한은 훈민정음 해설서인 《훈민정음》 해례본을 펴낸 1446년 음력 9월 상순의 마지막인 9월 10일을 양력으로 환산하여 10월 9일이 된 것이다. 이렇게 서로 다른 기념일을 기리는 것이 분단의 상처일 수는 있지만 훈민정음 창제일, 반포일 모두 소중하니 남북이 서로의 기념일을 존중해 준다면 오히려 통일의 씨앗이 될 수 있다.

창제일을 언제로 잡아야 하느냐는 논란이 될 수 있지만 창제일이 소중한 것만은 분명하다. 창제가 있었기에 반포가 가능했기 때문이다. 또한 훈민정음 창제는 인류 문화사에서 가장 큰 혁명이며 기적이었고 세종이 비밀리에 한글을 창제하는 과정에 담긴 역사적 진실을 아는 것이 중요하다.

아직도 많은 국민들은 한글은 세종과 집현전 학사들이 함께 창제했다고 알고 있고 일부 교과서에조차 그렇게 가르치고 있다. 심지어 외국인들이 많이 보는 서울대 한국어 교재는 한글을 세종의 명령으로 집현전 학사들이 창제한 것으로 잘못 기술하고 있지만 한글은 세종이 단독 창제한 것이다. 세종 시대를 비롯해 조선시대는 사대부들이 한자 이외의 문자 창제를 상상하는 것 자체가 불가능한 시대였다. 그들에게 한자는 절대 권력이었고 학문과 사유의 절대 도구였기에 새로운 문자는 상상조차 어려운 것이었다. 그래서 사대부들은 한글 반포 이후 조선이 망할 때까지도 학문과 공적 문서를 철저히 한문 번역으로 유지해 갔고 일부 문학과 여성들에게 보내는 편지 정도에서나 겨우 한글을 사용하였다.

세종은 무려 17년 전부터 법률문을 백성들한테 가르치고 전달하는 문제로 고민했다. 세종은 한문과 이두의 절대 모순에 눈을 뜨고 1434년에는 만화를 곁들인 한문책《삼강행실(도)》을 펴내지만 그조차도 문제가 많아 아예 서당조차 갈 수 없는 백성들이 쉽게 배울 수 있는 문자를 창제한 것이다. 한글은 문자 권력을 통해 지식과 정보를 독점할 수 있는 틀을 깸으로써 신분 해방의 불씨를 안고 있는 혁명의 글자였다. 그리하여 양반 사대부들은 한글을 철저히 이류 문자로 묶어 불씨를 예방했지만 그것이 결국 지식과 정보의 독점으로 이어져 조선 패망의 빌미가 된 것이다.

사대부들의 한자에 대한 신화를 잘 알고 있었던 세종은 어쩔 수 없이 비밀리에 창제 연구를 진행할 수밖에 없었으며 완벽하게 28자를 창제한 뒤 서서히 세상에 알려 나간 것이다. 다행스럽게도 한글은 한자음을 적을 수 없는 중국의 천 년 이상의 모순을 해결하여 양반들 한문 공부에 도움이 되었기에 반대 상소는 최만리 외 6인의 한글 반포 반대 상소 단 한 건에 그쳤다.

세종의 한글을 통한 원대한 꿈을 이해한 7명의 집현전 학사들(정인지, 최항, 박팽년, 신숙주, 성삼문, 이개, 이선로)과 돈녕부 주부였던 강희안 등 8명은 세종을 도와 훈민정음 창제 배경과 원리 등을 당대 최고의 음양오행의 자연 철학과 음악 사상, 현대 언어학 수준을 뛰어넘는 최고의 학문을 동원해 해설서인 《훈민정음》 해례본을 펴냈고 그 초간본인 간송본이 2015년에 복간되었다.

이런 맥락으로 보면 한글 창제일이 얼마나 중요한지 알 수 있을 것이다. 물론 그런 창제일은 반포가 있었기에 빛이 난다. 그렇기에 함께 기리자는 것이며 기념일에 전문가만이라도 상호 방문이 이루어졌으면 좋겠다. 우리가 직접 창제 기념식은 못할망정 북한의 기념일에 복간본을 기증하여 창제와 반포의 참뜻을 함께 기렸으면 한다.

아래아한글은 왜 제2의 한글 창제였나?

한컴, 아래아한글의 역사적 의미

주로 국어 교사가 될 국어교육과 학생들을 가르친다. 그러다 보니 학기 초에 꼭 하는 얘기가 있다.

"여러분은 보고서를 아래아한글로 내야 한다. 엠에스워드 문서는 외국에서 유학 온 학생들에게만 허용한다."

내가 이렇게 하는 것은 결코 국수주의가 아니다. 전 세계 문서 작성기는 다국적 기업인 엠에스워드가 거의 장악하고 있다. 그들이 아래아한글도 삼키려 하였으나 실패하였다. 그것은 아래아한글 만든 사람들이 잘 만든 탓도 있으나 근본적으로는 한글의 과학성과 우수성의 힘이었고 한글의 자부심 때문이다.

다국적 기업의 막강한 힘 앞에 토종 소프트웨어가 살아남는 것 자체가 기적이고 그 기적의 의미를 국어 교사가 지켜 가지 않는다면 누가 지키겠는가. 이제는 지키는 것이 아니라 디지털 시대의 한글을 가꾸는 것이다. 그리고 정품 사용의 중요성을 강조한다. 나 또한 1989년 아래아한글 1.0부터 정품을 사용하고 있다. 그것만이 디지털 시대의 한글을 지키는 또 다른 길이 될 것이다. 주머니 사정이 안 좋은 학생들한테는 아르바이트를 소개해 주면서까지 정품 사용을 도왔다.

필자가 특정 회사의 홍보맨이라는 오해를 가끔 받아 가면서까지 이렇게 교육하는 핵심 이유는 단 한 가지다. 아래아한글이야말로 디지털 시대 제2의 한글 창제이고 국어 선생님이라면 그런 정신과 가치를 지키고 가꿔 나갈 의무가 있기 때문이다. 디지털 시대에 편리하게 글을 쓰고 정보와 지식을 소통하고 나누게 된 것이 제2의 혁명이 아니라면 무엇이 혁명이란 말인가.

한글 혁명은 6단계로 진행되어 왔다. 1단계 혁명은 세종이 1443년에 창제하고 1446년에 반포한 것이다. 2단계 혁명은 1896년에 《독립신문》이 한글 전용 띄어쓰기(세로쓰기)로 창간된 것이다. 한글 편지와 한글 전용체 전통은 이미 있었으나 근대적 공공 매체로서는 《독립신문》이 획기적인 것이었다.

3단계 혁명은 1933년 일제 강점기 때 조선어학회가 한글 맞춤법을 제정한 것이다. 우리 손으로 한글 맞춤법을 제정함으로써 한글을 좀 더 합리적으로 편리하게 부려 쓰게 되었고 한글을 통한 독립운동의 힘을 더 키울 수 있었다. 4단계는 1988년 《한겨레신문》이 가로쓰기 한글 전용 신문을 온 국민의 힘으로 창간한 것이다. 5단계가 1989년에 컴퓨터 문서작성기 아래아한글 1.0이 나오면서 본격적으로 디지털 한글 시대를 연 것이다. 6단계가 모바일에서의 한글 자판 개발이다.

그렇다면 5단계 혁명이 왜 제2의 한글 혁명인지를 따져 보자. 한글 창제와 반포는 한자와 한문으로 인한 문자생활의 절대 모순을 근본적으로 해결하였기에 혁명이었다. 지배층은 그런 절대 모순에 안주하여 한자와 한문을 그들만의 특권으로 만들었다. 문자(한자)의 독점은 지식의 독점이었으며 권력의 독점이었다.

사람다운 삶은 문자를 통한 소통이 가능해야 이뤄질 수 있는 것이다. 그러나 한자와 한문으로는 근본적으로 그런 소통이 불가능했다. 굳이 신분제가 아니더라도 한자가 가지고 있는 뜻글자로서의 어려움과 우리말과 구조가 다른 한문 쓰기가 자유로운 소통의 절대 장벽이 되기 때문이다.

흔히 한글은 컴퓨터와 찰떡궁합이라고 얘기한다. 컴퓨터 자체가 서양에서 개발되어 마치 컴퓨터와 잘 어울리는 문자는 영어 알파벳이라고 생각하기 쉽지만 컴퓨터의 단순 과학 원리와 일치되거나 어울리는 문자는 한글이 더 적합하다.

컴퓨터가 0과 1의 숫자만으로 무궁무진한 세계를 연출해 내듯이 한글의 과학적 원리 또한 소수의 문자와 규칙적인 결합으로 무궁무진하게 조합된 글자를 만들어 낸다. 이러한 한글의 과학 원리를 제대로 된 컴퓨터용 문서 작성기로 탄생된 것이 아래아한글 1.0이니 이를 어찌 제2의 혁명이라 하지 않겠는가.

아래아한글 상호를 '흔글'이라 하여 아래아(·)를 넣은 것도 꽤 의미 있는 일이었다. 비록 아래아를 지금은 쓰고 있지 않지만 그 글자야말로 세종과 훈민정음의 정신을 가장 상징적으로 담고 있기 때문이다. 아래아는 '하늘아'로 하늘을 본뜬 글자이다. 하늘은 우주의 중심이며 자연의 중심이다('··'의 명칭을 '하늘아'로 고치자는 주장에 대해서는 〈옛 한글 아래아(·) 명칭을 '하늘아'로 고치자〉3부 참조).

하늘을 중심으로 땅과 사람과 어울리니 'ㅗ, ㅏ'가 되고 아래와 왼쪽으로 어울리니 'ㅜ, ㅓ'가 되고, 하늘이 두 번씩 어울리니 각각 'ㅛ, ㅑ, ㅠ, ㅕ' 이렇게 기본자 11자가 완성된다.

여기에도 세종의 독창적인 생각이 담겨 있다. 보통 전통 동양 사상에서는 음양 이분법의 조화를 얘기하지만 여기서는 중성(양음)까지 삼조화로 나아갔다. 이러한 사상 체계가 비과학이라고 생각하는 사람들이 있다. 그러나 그렇지 않다.

"호호/하하, 후후/허허"와 같이 사방으로 뻗어 나가는 우리의 말소

한글 혁명

모음의 기본자와 합용자 분류

구분	양성모음	음성모음	양음모음
기본자 (基本字)	· 하늘의 둥근 모양	― 땅의 평평한 모양	ㅣ 사람의 서 있는 모양
초출자 (初出字)	ㅗ ㅏ	ㅜ ㅓ	
재출자 (再出字)	ㅛ ㅑ	ㅠ ㅕ	

리의 특징을 정확히 잡아내 문자로 만들기 위한 전략으로 보아야 한
다. 다시 말해 우리 말소리를 가장 정확하면서도 자연스럽게 과학적
으로 적기 위한 전략으로 보아야 한다. 이런 전략이 있었기에 기본자
11자 이외에 무려 18자의 모음의 복합 낱글자를 만들어 냈다. 그래서
모음을 가장 정확히 적을 수 있는 모음 짜임새가 되었다.

모음의 복합 낱글자

갈래	ㅣ와 한 글자 어울리기	ㅣ와 두 글자 어울리기	두 글자 합친 글자
양성모음	ㅐ ㅐ ㅒ ㅚ ㅙ	ㅙ ㅙ	ㅘ ㅙ
음성모음	ㅓ ㅔ ㅖ ㅟ ㅖ	ㅞ ㅞ	ㅝ ㅞ

하나 예를 들어 보자. 영어의 'strike[straik]'는 문자로 보면 모음이
두 개 들어가 있고 발음으로는 이중모음 하나가 들어 있어 1음절 낱
말이다. 그러다 보니 s와 t는 모음 없이 발음해야 하므로 혀를 필요 이
상으로 굴리게 된다. 또한 이때의 자음 발음이 자음 단독 발음인지 약
간의 모음이 들어가 있는 건지 논란이 된다.

그런데 한글에서는 '스트라이크'와 같이 자음과 모음이 균형 있게
결합이 된다. 모음이 체계 있게 발달되어 있는 가능한 음의 조합이다.

물론 strike를 우리 식대로 '스트라이크'라고 발음하면 콩글리시가 될 것이다. 다만 여기서 분명히 하고 싶은 것은 우리말이 자음과 모음이 조화롭게 발달되어 있고 세종은 그런 우리말의 특성을 실제 문자로 구현하여 천지자연의 문자로 만들었다는 것이다.

이렇게 보면 한글은 과학의 글자이기 이전에 자연의 글자이다. 자연의 소리, 자연스러운 사람의 말소리를 가장 잘 적을 수 있는 문자가 한글이기 때문이다. 실제로 세종은 사람을 작은 우주라 생각했고 그러한 사람과 천지자연의 우주가 잘 어울려야 진정한 천명에 의한 사람의 길이라 생각했다. 문자를 통해 그러한 생태주의 천명사상을 그대로 구현한 것이 한글이다.

한컴의 아래아한글을 '흔글'로 적으면 현대 맞춤법에는 어긋나지만 상품의 브랜드로서의 상징성은 뛰어나다고 할 수 있다. 한 가지 안타까운 것은 아래아한글에서 위에서 보기를 든 아래아가 결합된 모음들이 기본 자판이나 전각자로 구현이 안 된다는 사실이다. 국제 코드와 글꼴 개발의 복잡한 문제 때문이겠지만 한컴이 극복해야 할 과제이다. 문체부의 훈민정음체로 변환하면 글자로는 구현이 되지만 가능하면 아래아한글의 기본 글꼴로 구현이 되어야 한다.

남북(북남) 연합
이극로 학술제를 열자

1월 15일은 북녘의 조선글날(훈민정음 기념일)이다. 실제 그곳에서 어떤 기념식이 있었는지는 모르지만 공식 기념일인 것만은 분명하다. 북녘은 '한글'이란 말 자체를 쓰지 않으므로 이렇게 부른다. 남녘과 같은 한글날은 없지만 이에 준하는 기념일이 있는 셈이다. 북녘은 한글(훈민정음) 창제를 기념일로 삼고 남녘은 한글 반포를 기준으로 삼다 보니 이런 차이가 생겼다. 한글 창제는 1443년 음력 12월에 이루어져 특정 날짜는 모른다. 그래서 음력 12월 15일을 기준으로 그것을 양력으로 바꿔 기리는 것이 북녘의 조선글날이다.[19]

북쪽은 양력을 기준으로 삼다 보니 훈민정음 창제 연도를 아예 1444년으로 못 박았다. "이미 삼국 시기부터 리두문자를 사용하여 오던 우리 인민은 1444년에 가장 발전된 문자인 훈민정음을 창제함으로써 문화 발전에 크게 기여하였습니다."《김일성 저작집》 1권, 232~233쪽. 렴종률·김영황 (1982), 〈훈민정음에 대하여〉, 평양:김일성종합대학출판사, 5쪽에서 재인용

창제와 반포 모두 소중하니 한민족 전체로 보면 두 기념일 모두 나름의 가치와 의미를 지닌다. 창제한 날과 반포한 날 모두를 기리는 것이 바람직하기 때문이다. 이번 기회에 '남북 연합 이극로 학술제'를 제의한다. 한 해는 한글날에 남녘에서 하고 그다음 해에는 조선글날에

북녘에서 비슷한 행사를 하는 식으로 한다면 한글 발전뿐 아니라 통일을 위해서도 매우 값진 일이 될 것이다. 이극로는 남북 모두 긍정적으로 평가하는 유일한 국어학자이자 한글운동가로 우리 말글 연구와 발전에 빛나는 업적을 남긴 분이다.

이극로는 1893년에 태어나 1978년, 86세의 나이로 북녘에서 운명하였다. 이극로의 호는 물불, 고루, 동정 등으로 알려져 있다. '물불'이란 호는 그가 한글 관련된 일이라면 물불을 가리지 않고 열심히 일한다는 뜻에서 붙여진 호로 실제로 조선어학회와 한글 발전을 위해 물불을 가리지 않고 일했다. 이극로와 함께 한글운동을 하다 조선어학회 사건으로 옥사한 이윤재의 제자이며 사위인 김병제는 "이극로 선생은 사전 편찬이 시작된 그때로부터 오늘까지 십칠팔 년 동안 일체의 사생활을 돌보지 않고 어두컴컴한 회관을 지켜 왔으며 사전 편찬을 위한 최소한도의 경비를 얻기 위하여 이 사람 저 사람에게 구걸하러 돌아다니기도 한두 차례가 아니었다. … 일제는 조선말을 없애려고 갖은 혹독한 정치를 베풀고 있던 때에 조선어의 연구와 사전을 편찬한다는 것은 일본으로서는 분명한 반역이었기로 구검당한 이들은 모진 고문을 당했던 것이니"^{김병제, 〈조선어사전 편찬 경과〉, 《자유신문》 1946년 10월 9일, 2쪽}라고 평가하였다.

일제는 1940년 창씨개명까지 단행하더니 1942년 조선어학회 사건을 일으켜 10월 1일에서 1943년 4월 1일까지 조선어학회 사전편찬위원과 재정 보조자 33명을 치안유지법의 내란죄(제1조 국체변혁의 죄)를 적용, 체포하였다. 이극로는 일제로부터 조선어학회 33인 가운데 가장 무거운 징역 6년형을 받아 함흥 감옥에서 복역하다가 1945년 8월 17일에 석방되었다.

그는 일제 강점기 때 독일에서 경제학 연구로 박사학위를 받고 1929

년에 귀국하여 조선어학회를 앞장서 이끌었다. 조선어학회를 이끈 대표적인 인물이기도 하지만 가장 중요한 것은 우리말 사전 편찬을 역설하고 실제 편찬 사업에 핵심 구실을 하였다. 1948년 4월에 남북조선 정당 사회단체 대표자 연석회의 초청장을 받고 평양에 갔다가 홍명희 등과 함께 북녘에 정착하게 된 것이다. 그는 초청을 받고 김구 선생과 같이 평양에 갔다가 그곳에 잔류하는 바람에 한글학회에서 1957년에 완성한 《우리말 큰사전》을 보지 못했지만 대신 북녘에서 우리 말글 관련 업적을 많이 남겼다. 결국 남북을 잇는 주요한 우리 말글 공로를 남긴 셈이다.

남북 연합 학술제 첫 번째 주제로 이극로 선생을 기리고자 하는 것은 해방 전후 한결같이 겨레 말글을 위해 애쓴 한글학자이자 한글운동가였다는 점이다. 사실 통일을 위한 남북 동질 요소 가운데 한글만한 것이 어디 있는가? '한글'의 상징성을 살리기 위해서 이극로 선생의 한글 사랑을 기리자는 것이다.

둘째 그의 사전 편찬 업적이 지금 남북통일의 초석이 될 겨레말 큰사전 편찬 사업의 토대가 되고 있기 때문이다. 2004년에 남측의 통일 맞이와 북측의 민족화해협의회가 주축이 되어 '겨레말 큰사전' 사업이 시작되어 2019년 상반기에 완성될 예정이라 한다.

셋째 이극로는 훈민정음과 우리말 연구에서도 남다른 업적을 남겼다. 그는 경제학 박사이기도 하지만 언어학 연구 쪽으로 더 값진 업적을 남겼다. 해방 전에도 〈훈민정음의 독특한 음성 관찰〉[1932], 〈'·'의 음가에 대하여〉[1937]와 주옥같은 논문을 남겼고, 해방 이후에도 〈실험도해 조선어 음성학〉[1949], 〈조선말 조調 연구〉[1966] 등을 남겼다.

연합 학술제를 통해 해방 후 이극로가 작사한 한글 노래(채동선 작곡)가 남북 모두에서 울려 퍼지길 바란다.

한글 노래

1. 세종 임금 한글 펴니 스물여덟 글자
   사람마다 쉬 배워서 쓰기도 편하다.

2. 온 세상에 모든 글씨 견주어 보아라
   조리 있고 아름답기 으뜸이 되도다

3. 오랫동안 묻힌 옥돌 갈고닦아서
   새빛 나는 하늘 아래 골고루 뿌리세.

(후렴)
슬기에 주된 무리 이 한글나라로
모든 문화 그 근본을 밝히러 갈거나.

한글과 문학의 위대한 만남과
알파고 시대의 한글 문학

1. 한글과 문학의 만남

문학의 감동을 극대화한 것이 한글이고 보면 한글은 문학의 감성을 이미 내포하고 있는 거나 다름이 없다. 그렇다면 한글의 보편적 가치와 문학의 보편 가치를 나누는 길은 무엇일까.

첫째, 한글 문학은 감성을 해방시켜 온 한글의 역사적 가치를 나누는 것이다. 문학의 최대 가치는 문학은 사람의 감성과 상상을 풍성하게 풀어놓는 매체이며 욕망의 해방구라는 점이다. 사람다움의 가치를 존중받는다는 것은 이성의 주체로 존중받는 것도 중요하지만 감성과 욕망을 맘껏 표현할 수 있다는 것이 바탕이 되어야 한다. 보카치오의 《데카메론》[1349~1351]이 100가지 이야기를 통해 인간의 사랑의 감정을 솔직하게 그려 사람다움을 지향하는 르네상스 시대를 열었다는 데서도 잘 알 수 있다.

이런 점은 몇 년 전 공개되어 화제가 되었던 정조의 비밀 편지에서도 찾을 수 있다. 정조의 한문 편지에 느닷없이 '뒤죽박죽'이라는 한글이 등장한다. 조선시대 대부분의 지배층과 지식인들은 번역 글말로 문자생활을 했다. 어휘로만 본다면 일상생활에서 말로 하거나 생각을 할 때 '뒤죽박죽'이라고 하면서 실제 글을 쓸 때는 "混淆(혼효)'나 '錯綜(착종)'이라는 한자로 번역해서 글을 썼다.

정조가 심환지에게 1797년 4월 11일에 보낸 한문 편지. 일명 '어찰 뒤죽박죽'이라 부른다(안대회, 《정조의 비밀편지》, 문학동네, 2012, 118쪽).

이러한 점은 한문 문학과의 대비를 통해 극명하게 드러난다. 박지원의 《열하일기》18세기 후반나 《양반전》은 당대 최고의 한문 문학으로 평가받고 있다. 그런데 한문책을 읽고 연구하는 전문가인 나도 박지원의 《열하일기》 한문본을 아무리 읽어도 문학 감동을 받지 못한다. 필자가 《열하일기》의 문학 감동에 흠뻑 빠진 것은 북녘의 리상호가 옮긴 《열하일기》상·중·하, 보리, 2004를 통해서였다. 박지원이 아무리 문학의 대천재였다 하더라도 《열하일기》는 일종의 번역 문학이다. 거꾸로 추적해 보면 리상호가 번역한 것처럼 느끼고 생각하고는 그것을 현란한 한문 문체로 바꿔 놓은 것이다.

필사본과 이본의 차이를 보면 한글 문학의 대중적, 보편적 가치를 알 수 있다. 《열하일기》도 한문 문학치고는 여러 편의 필사본과 이본이 있지만 《춘향전》이나 《홍길동전》과 같은 한글 소설의 필사본이나 이본 수와는 비교가 되지 않는다. 소수만이 즐기고 독점하는 것은 진정한 문학이 아니다. 한글은 한문으로 표현할 수 없는 우리의 감수성을 해방시켜 누구나 자신의 감정과 욕망을 맘껏 표현할 수 있는 길을 열었기에 위대한 것이다. '뒤죽박죽'을 '錯綜'이라고 표현하는 순간 '뒤죽박죽'의 감정과 섬세한 마음은 사라지게 되어 있다. 한문으로 주로 언어생활을 한 이황 같은 대학자도 한글 시조로 자신의 섬세한 감성과 생각을 풀어냈다.

이러한 한글 문학 표현의 보편성은 섬세한 생각을 말로 담아낼 수 있는 한글의 보편적 가치 때문에 가능한 것이었다. 한글은 전 세계 문자 가운데 유일하게 소리와 문자가 조화롭게 규칙적으로 대응될 뿐 아니라 쉽게 말소리를 적을 수 있는 문자이다. 1446년에 세종이 펴낸 《훈민정음》 해례본에서 정인지가 "비록 바람 소리, 학의 울음소리, 닭 소리, 개 짖는 소리라도 모두 적을 수 있다"라는 말이 허튼소리가 아니었던 것이다. 더욱이 우리말에서 발달되어 있는 의성어, 의태어를 맘껏 적을 수 있는 문자이다. "졸랑졸랑, 잘랑잘랑, 줄렁줄렁, 절렁절렁, 쫄랑쫄랑, 짤랑짤랑, 쭐렁쭐렁, 쩔렁쩔렁, 촐랑촐랑, 찰랑찰랑, 출렁출렁, 철렁철렁"와 같은 섬세한 감성의 파도, 그것을 그대로 표현해 내는 한글의 힘을 보라. 이것이 한글 문학의 뿌리요 원천이다.

자연스럽게 한글 문학의 두 번째 가치를 이끌어 낼 수 있다. 바로 나눔의 가치이고 소외받아 온 이들을 역사 주체로 서게 한 사람다움의 가치이다. 하층민들은 한자를 모른다는 이유로 사람다운 대접을 받지 못했다. 양반이라도 여성들은 여자라는 이유로 역사의 주체가 될 수 없었다. 이런 이들이 한글과 한글 문학을 통해 다른 이들의 감성과 생각을 읽고 나누며 자신들의 감성과 생각을 표현해 냈다. 그렇다고 해서 이들이 당대의 주체가 된 것은 아니지만 그 흔적이 남아 역사의 주체가 될 수 있었다. 양반가의 여성들은 한글 편지와 규방 가사 등을 통해 그들의 서러운 삶을 이겨 내 당당한 표현 주체가 되었고, 그러한 한글 문학이 마침내 주류 문자로서 한글이 되어 인간 해방의 길을 열었던 것이다.

작가대회에서 이러한 한글 문학의 위대한 여정을 전시나 학술 조명으로나 다각적으로 보여 주었으면 한다. 한글의 보편적 가치는 바로 이러한 감성의 해방, 인간 해방의 역사에 담겨 있고, 그것이 바탕이 되어야 한글과 한글 문학이 진정 세계화로 나아갈 수 있을 것이다.

2. 한글 혁명의 시작과 완성, 문학: 한글 혁명과 알파고 시대의 문학

BBC 방송의 세종과 한글 극찬의 의미

얼마 전 영국 BBC 방송이 한강의 맨부커 상 수상 보도에서 데보라 스미스 번역자는 물론 한글을 창제한 세종대왕도 수상 자격이 있다고 세종대왕과 한글을 극찬했다. 세종대왕 덕에 간결한 글자로 쉽게 읽고 표현할 수 있게 되었다고 하면서 번역자 또한 한글(훈민정음) 덕에 한국어를 쉽게 배울 수 있었다고 함께 소개했다.

BBC의 관점으로 보면 한강 작가의 뛰어난 문학성의 90%는 한글 덕일 것이다. 섬세한 감성과 깊은 성찰을 맘껏 풀어낼 수 있는 한글이 한강 작가의 위대한 문학을 낳았다. 이 방송 기사를 보면서 더없이 기뻤던 것은 번역을 통해서 한글과 한국어의 가치가 더욱 드러났다는 점이다. '세계화'는 어느새 영어 광풍으로 바뀌어 우리의 모국어를 얼마나 옥죄고 있는가. 이미 대학교수들은 영어 논문을 써야 살아남다 보니 한글을 학문 언어로서 거부하는 시대에 살고 있다. 이런 처지에 한강 작가가 영어로 소설을 쓰지 않아도 되는 희망을 맨부커 상과 BBC가 증명해 준 셈이니 어찌 감격스럽지 않겠는가.

이제 한글은 한국어를 적는 한국인만의 문자가 아니다. 한글은 인류가 꿈꾸는 문자의 이상을 담고 있기 때문이다. 한글은 누구나 쉽고 평등하게 쓸 수 있는 아름다운 문자이며 함께 더불어 나누는 문자이다. 그런데도 우리는 한글이 로마자에 치여 얼마나 버틸 수 있을까 우려하는 우울한 시대에 살고 있다.

사실 한글 혁명은 문학을 통해 시작되었다. 한글 표기 최초 문헌인 《용비어천가》와 《월인천강지곡》에서 한글이 쓰였다. 세종대왕은 문학의 힘을 알고 있었다. 문학을 통해 한글을 더 빨리 더 많이 보급하고 싶어 했을 것이다. 특히나 세종대왕이 직접 쓴 《월인천강지곡》은 찬불가로서 한글이 한자보다 세 배 가까이 크게 인쇄되어 초기 한글 보급에 기여했다. 한글 혁명론을 통해 이러한 문학과 한글의 미래를 생각해 본다.

알파고 시대의 한글 문학 혁명

사실 세종의 한글 혁명은 1446년에 일어났으되 세상을 쉽게 바꾸지는 못했다. 세종은 한글 반포 4년 후에 운명하였고 한글은 사대부 지배층의 차별을 받아야 했기 때문이다. 그러나 그 와중에 한글이 서서히 발전해 갈 수 있었던 것은 수많은 여성들과 김만중, 이황, 이이와 같은 일부 사대부의 한글 문학, 허균의 《홍길동전》 같은 빼어난 문학 작품 때문이었다.

이제는 인공지능이 사람을 대신하는 알파고 시대가 턱 앞에 오고 보니 모두들 기대 반 두려움 반인 듯하다. 역설적으로 놀랍고도 편리한 세상이 올수록 두려움이 더 커지는 것은 감출 수 없는 사실이다. 그것은 사람답게 살기 위한 일자리부터 자신의 정체성과 존재감을 발휘하기 힘든 그야말로 사람다움에 대한 그리움 때문일 것이다.

우리가 알파고와 이세돌의 싸움에서 알파고의 승리에 두려워하면서도 희망을 느낀 것은 이세돌과 같은 패배와 승리에 따른 감성이 알파고에는 없었기 때문이다. 우리는 이세돌의 승리를 응원하면서도 이세돌과 함께 울고 웃으며 바둑 싸움의 긴 여정을 즐기고 때로는 몰입했던 것이다. 알파고가 한글로 무장한다면 분명 한글 문학을 흉내는 낼 수 있을 것이다. 그것이 인공지능이기 때문이다. 그러나 그 어떤 알파고도 한강 작가와 조정래, 고은, 김진명 등의 아바타가 되어 그들의 섬세한 작품을 대신하지는 못할 것이다. 이제는 한글 문학을 더욱 발전시키는 것이 한글의 미래 혁명이 될 것이다.

간송 전형필과 《훈민정음》 해례본

-2015년 복간본 간행에 부쳐

1446년 9월(음력)에 간행된 《훈민정음》 해례본은 단순한 문자 해설서가 아니다. 이 책은 인류의 문자가 지향해야 할 보편적 가치와 원리가 담겨 있다. 또한 신분에 관계없이 모든 백성들이 배우고 쓰기 쉬운 문자를 사용해 제대로 소통하고 편안한 사회를 이룩하고자 했던 세종대왕의 아름다운 큰 꿈을 담고 있다. 즉 《훈민정음》 해례본은 뛰어난 언어학 저술인 동시에 문자에 '정음' 사상을 담은 사상서이며, 동아시아의 공용문자인 한자의 권위에 도전한 정치에 관한 책이기도 하다. '훈민정음'이라는 문자의 효용성과 그것을 창제한 목적이 어우러져 우리 인류의 찬란한 문자 문명을 이끌어 낸 역사이자 예술, 철학, 문화, 과학 등 다양한 가치가 융합된 우리나라 최고의 고전이자 세계가 인정한 기록유산이다.

이렇게 위대한 책도 세상에 알려지게 된 경위는 결코 순탄치만은 않았다. 세종의 명을 받아 1446년 9월 상한(음력)에 펴낸 초간본, 곧 원본이 언젠가부터 역사의 표면에서 사라졌기 때문이다. 다행히도 세종이 직접 지으신 '서문과 예의'의 정음편(예의편)을 우리말로 번역한 《훈민정음》 언해본이 유통되어 왔지만, 해례본은 오랜 세월 세상에서 자취를 감추었다. 원본이 다시 발견된 것은 우리의 말과 글의 주권을 빼앗겨 나라의 운명이 처참한 나락으로 떨어졌던 1940년이었다. 조선 시대 내내 비주류 문자로 무시당해 온 문자의 역사를 반영하듯 어느 집안 서재 한구석에서 그 서러운 역사를 견디어 냈던 것이다. 그 흔한 복제, 복각, 필사조차 되지 못하고 494년 동안이나 알려지지 않았던 《훈민정음》 해례본! 우리는 이 책을 값을 매길 수 없을 정도로 귀하다는 뜻으로 '무가지보'라고 부른다. 책의 내용만으로도 이미 위대하지만, 험난한 역사를 견디어 낸 가치 또한 세상의 도량형으로는 그 값을 매길 수 없을 만큼 엄청나기 때문이다.

훈민정음 문자와 《훈민정음》 해례본의 험난한 역사는 창제자 세종과, 세종의 명을 받아 《훈민정음》 해례본을 완성한 '정인지·최항·박팽년·신숙주·성삼문·이개·이선로·강희안' 여덟 명 학자와, 소장자 전형필 모두 열 사람의 이름을 더욱 빛나게 하였다. 이 책 속에는 세종이 훈민정음을 만든 이유와 배경이 분명하게 담겨 있고, 간송 전형필은 이 책과 동체가 되어 이 책을 지키고 간직해 이 세상에 빛을 보게 하였다.

이 책은 소장자인 간송 전형필의 호를 따서 흔히 '간송본'이라 부른다. 일제 말기와 6·25 전쟁 등 민족의 온갖 시련 속에서 책을 지켜 온 숭고한 역사와 그 뜻이 이름과 더불어 빛나고 있다. 문자의 탄생과 보급도 기적이지만, 이 책을 지켜 온 것도 기적이었다.

이 책뿐만 아니라 수많은 문화재를 침략과 전쟁의 처참함 속에서 지켜 온 '간송미술문화재단'은 그동안 해례본을 대상으로 하여 한 차례의 모사본, 두 차례나 영인본 형식으로 그 의미와 내용을 온 국민과 함께 공유해 왔다. 그러나 그러한 간접적인 공유 방식은 여러 가지 한계가 있을 수밖에 없고 원본을 보고자 하는 국민들의 갈증은 날로 더해 갔다. 이제 한글 창제 572주년, 한글 반포 569주년, 간송본 소장

75주년, 세계기록유산 등재 18주년인 2015년에 이르러 '간송미술문화재단'에서는 직접 완전한 복제본을 펴냄으로써 이 책의 가치와 의미를 더 크고 널리 전 인류와 함께 나누기로 결정하였다.

돌이켜 보건대 필자가 《훈민정음》 해례본 원본을 직접 보는 행운을 얻은 것은 두 차례였다. 첫 번째는 1996년 〈세계로 한글로〉라는 한글날 방영 기록 영화를 찍을 때 국어정보학회 제작, 이봉원 감독 고 서정수, 안병희 교수님과 함께 보았다. 그 두 번째는 금년 2015년. 이번에는 해례본을 다시 보게 되었을 뿐만 아니라 실사는 물론이고 감히 해례본의 해제를 작성하는 분에 넘치는 영예를 안게 되었다.

이 책은 온 국민이 볼 수 있도록 하기 위해 전문 학술서처럼 주석을 달지는 않았다. 그러나 기존의 전문 학술 저서에서 다루지 않은 여러 사실들과 소중한 전문 자료(부록)를 담고 있다. 중요한 것은, 《훈민정음》 해례본의 실체를 지금까지 나온 그 어느 것보다도 가장 정확하게 세상에 드러냈다는 점이다. 세종을 도운 여덟 명의 신하들은 해례본을 펴내면서 훈민정음이 신묘하고 그로 인해 하늘의 지혜가 비로소 열린다고 했고, 우리말을 제대로 적을 수 없었던 오랜 어둠을 가시게 한 큰 빛이 비쳤다고도 했다. 어찌 그때의 감동을 오늘 다시 누리지 않을 수 있으리오.

삼가 옷깃을 여미고 머리를 조아려 이 해제를 세종대왕과 간송 전형필 선생의 영전에 올린다. 아울러 훈민정음과 해례본의 가치와 의미를 세상의 모든 이들에게 바친다.

---

* 이 글은 《훈민정음 해례본》 복간본(2015)의 해제서인 "김슬옹(2015), 《훈민정음 해례본: 한글의 탄생과 역사》(교보문고)"의 서문이다.

한글, 주류 문자로서의 역사

1. 한글, 494년 만에 주류 문자로 선언되다

1876년 조선 개국 485년, 일제 강점기의 서막이라 할 수 있는 운요호 사건으로 인해 강화도조약이 체결된다. 훗날 일본인이 편찬 책임자가 되어 펴내는 《고종실록》 2월 3일 자 기록에 조약문 전문이 한문으로 실린다. 그중 계약서 내용에 표기 언어에 관한 주목할 만한 내용이 있다. 편의상 현대 번역문과 함께 적어 보면 다음과 같다.

> 第三款, 嗣後兩國往來公文, 日本用其國文, 自今十年間, 別具譯漢文一本, 朝鮮用眞文.
>
> 제3관 이후 양국 간에 오가는 공문(公文)은, 일본은 자기 나라 글을 쓰되 지금부터 10년 동안은 한문으로 번역한 것 1본(本)을 별도로 구비한다. 조선은 한문을 쓴다.

중요한 국가 간 계약서를 일본은 자기 나라 문자인 가나 문자를 쓰는데 우리는 한문으로만 쓴다는 것이다. 일본은 음운 문자보다 못한 불완전한 문자를 가졌어도 당당히 공용문서로 사용하지만 우리는 세

한글 혁명

계에서 가장 뛰어난 문자임에도 사용조차 못 했다. 과연 우리가 독립
국가인 것이 맞는가 의심이 들 정도의 역사였다.

이로부터 18년 뒤인 1894년 고종은 내각에 내려보낸 공문서에서 다
음과 같이 선언한다. 현대문 번역을 덧붙이면 다음과 같다.

> 고종 31년(1894) 11월 21일
> 第十四條. 法律勅令. 總以國文爲本. 漢文附譯, 或混用國漢文.[1]
> 제14조 법률 칙령을 다 국문으로서 본을 삼고 한문 번역 또는
> 국한문 혼용문을 쓸 수 있다.

한글이 1446년 공식 문자로 반포되었지만 실제로는 조선시대 내내
공식 문자 구실을 제대로 못하고 비주류 문자로 쓰였다. 한글이 주류
문자로 선언된 것은 한글 반포 494년 만인 1894년 고종이 내각에 지
시한 국문 칙령에서였다. 그 칙령이 한문으로 쓰였을 만큼 한글이 제
구실을 하기까지는 많은 세월이 필요했다.

이로부터 한 달도 안 된 1894년 12월 12일 《관보》에서 최초의 헌법
이라는 〈홍범 14조〉가 순한문체, 국한혼용체, 순국문체 셋으로 함께
실린다.

한글을 주류 문자로 선언해 놓고도 이렇게 세 가지 문체로 공표한

---

1. 정식 반포된 것은 고종 32년(1895) 5월 8일 자 법령에서였다.
第九條. 法律命令은 다 國文으로써 本을삼고 漢譯을 附ᄒ며 或國漢文을 混用홈.[현대
말: 법률 칙령은 국문(한글)으로써 바탕을 삼고 한문 번역을 붙이고 또는 국한문 혼용
문을 함께 사용함]
第十條. 凡法律命令은 官報로써 頒布ᄒ니 其頒布日로붓터 滿三十日을 經過ᄒᄂ 時ᄂ
遵守홈이 可ᄒ 者로홈. 各部大臣의 發ᄒᄂ 部令은 官報로써 頒布ᄒᄂ 同時에 舊慣을 從
ᄒ야 適當ᄒ 處所에 揭示홈이 亦可홈.(…뒤줄임…)

〈홍범 14조〉 세 가지 문체

것 자체가 한글의 험난한 역사를 반증해 준다. 국문 칙령은 현실로 보면 한글의 영광을 보여 주지만 실상은 부끄러운 역사를 되비쳐 주고 이러한 선언이 관념적으로 이루어졌음을 보여 주는 것이다.

공식 문서에서 이렇게 한글이 쓰이게 된 것은 기적이었다. 그러나 그 기적은 제대로 지속되지 못했다. 기적은 이미 1446년에 반포되었으나 이 땅의 지식인과 관리들은 464년이나 철저히 그 기적을 가볍게 여겨 제대로 된 기적으로 발전시키지 못했다.

한글을 주류 문자로 규정한 국문 칙령이 선언되었지만 조사와 어미만 한글인 국한문체가 주류 문체로 자리 잡게 되고 학문과 지식 소통의 주된 문체로 자리를 잡는다. 이러한 문체는 한문 번역문체를 벗어나는 획기적인 문체였지만 여전히 지식 소통에서 한자가 주요 문자 표기 방식으로 지속되었음을 보여 준다.

그러나 주류 문자로 선언하기 전과 후의 역사를 짚어 보면 혹독한 역사 속에서 한글이 어떻게 발전해 왔는가를 알 수 있다.

실제로 주류 문자로 자리 잡아 온 역사를 연표식으로 정리하면 다음과 같다.

- 1443년(세종 25년) 12월(음력) 세종(이도), 훈민정음(언문) 28자를 창제하다.
- 1446년(세종 28년) 9월 상순(음력) 세종, '훈민정음' 해설서인《훈민정음》해례본을 펴내다.
- 1449년(세종 31년) 세종, 직접 지은 찬불가인《월인천강지곡》을 펴내다. 다른 책들과는 달리 한글을 크게, 한자를 작게 인쇄하다.
- 1459년(세조 5년) 세조,《훈민정음》해례본 가운데 세종대왕이 직접 지은 서문과 예의 부분만을《월인석보》제1·2권 머리 부분에 실어 펴내다.
- 1527년(중종 22년) 최세진이 지은《훈몽자회》에 한글 자모 이름이 최초로 기록되다.
- 1687-1692(?)년 김만중,《서포만필》에서 한글을 '국서(나라 글)'라 부르고,《구운몽》등의 한글소설을 쓰다.
- 1890년 헐버트, 우리나라 최초의 한글 전용 인문지리 교과서《사민필지》를 출간하다.
- 1895년 고종, '국문'을 기본으로 하고 국한문 혼용을 허용하는 국문 칙령을 5월 1일에 반포하다(내각에는 1894년 11월 21일에 지시).
- 1896년 서재필, 최초의 한글 신문《독립신문》을 창간하다(창간호는《독닙신문》).
- 1896년 주시경, 국문동식회를 창립하여 오늘날 한글 맞춤법의 기초를 세우다.
- 1897년 이봉운,《국문정리》를 펴내다.
- 1907년 국문 연구 기관인 국문연구소를 7월 8일에 학부에 설립하

여 한글 맞춤법을 연구하다(1909년 12월 28일 연구보고서인 〈국
문연구의정안〉을 제출).

- 1908년 주시경이 힘써 8월 31일에 국어연구학회(회장: 김정진)를
창립하다.
- 1910년 주시경 한나라말 발표하다(보중친목회보 1호): 말이 오르
면 나라도 오르고 말이 내리면 나라도 내리나니라.
- 1921년 조선어연구회 발기 대회를 열다.
- 1926년 11월 4일(음력 9월 29일) 조선어연구회와 신민사가 함께
'가갸날'을 선포(한글 반포 8회갑=480돌)하다.
- 1929년 이극로, 신명균, 이윤재, 이중건, 최현배 등의 주도로 조선
어사전편찬회가 결성되어 《우리말 사전》(조선말 큰사전) 편찬 사
업을 시작하다(이후 《큰사전》으로 발간)
- 1932년 조선어학회에서 우리나라 최초의 국어학-언어학 학술지
《한글》을 창간하다(1927년 2월 10일, 조선어연구회 동인지 《한글》
발간).
- 1933년 '한글 맞춤법 통일안'을 책으로 펴내 10월 29일에 공포
하다.
- 1936년 표준어사정안인 〈조선어 표준말 모음〉을 발표하다.
- 1940년 경상북도 안동에서 세종이 1446년에 펴낸 《훈민정음》 해
례본 원본이 발견되다(간송미술관 소장).
- 1945년 해방 이후 최초의 대한민국 공식 국어 교과서인 《한글 첫
걸음》이 9월에 발행되다.
- 1945년 10월 9일 조선어학회에서는 《훈민정음》 해례본에 따라 음
력 9월 10일을 훈민정음 반포일로 잡았고, 이를 양력으로 환산하
여 1446년 10월 9일이 한글 반포의 날임을 확정하다.

- 1948년 국회에서 〈한글 전용법〉이 통과되다.[2]
- 1957년 한글학회, 《큰사전》 6권을 모두 펴내다(1947년 첫째 권 출간).
- 1968년 한글 전용 5개년 계획(국무회의)이 5월 2일에 의결되다.
- 1988년 한글 전용 신문인 《한겨레신문》이 국민 모금으로 5월 15일에 창간되다.
- 1991년 국립국어연구원(초대 원장 안병희)이 1월 23일에 설립되다 (2004년 '국립국어원'으로 명칭이 바뀜).
- 2005년 국어 발전과 진흥에 관한 기본 법령으로 〈국어기본법〉을 1월 27일에 제정하다.
- 2006년 한글날을 국경일로 지정하다(공휴일은 아님).
- 2012년 한글날을 공휴일로 다시 지정하는 법령을 공포하다.
- 2014년 국립한글박물관을 열다.

_김슬옹 글, 강수현 그림(2015),

《누구나 알아야 할 훈민정음·한글 이야기 28》, 글누림, 133~137쪽.

2. 위대한 두 문자, 한자와 한글의 공존과 갈등

한글 발전 연표는 이 책 곳곳에서 기술된 것이므로 따로 설명하지

---

2. 북한은 주시경의 수제자인 김두봉과 김일성에 의해 1948년부터 한글 전용이 단행된다. 김두봉은 1948년 9월 북한 정권이 수립되면서 최고인민회의 상임위원장이 된다. 1947년 8월 김일성대학 안에 조선어문연구회(위원장 신구현)가 설치되었는데 김일성 종합대학 총장으로 영향을 미쳤다. 1948년 1월 조선어 신철자법이 제정되었는데 이는 김일성의 노선에 따라 김두봉이 '지도'한 것으로 한글로만 말글 생활을 해야 하고 그것도 가로쓰기를 해야 한다는 큰 바탕 위에 제정되었다.

는 않는다. 다만 최근에 한자조차도 우리가 만들었다는 설이 제기되고 있어 이에 대한 부연 설명을 덧붙이고자 한다.

한자는 중국의 문자이자 오랜 세월 동아시아 공용문자로서 구실을 해 왔다. 한겨레 역시 이러한 공용문자를 받아들여 거대한 문화와 지식과 정보를 담아 왔다. 문자는 그 문자로 담아낸 내용(콘텐츠)에 따라 의미와 가치는 달라진다. 우리의 문화와 지식을 담아 온 한문과 한자는 한국적 의미가 부여되어 온 것이고 한국식 한자, 한문이 되었다. 문제는 그러한 한자, 한문은 보편 문자로서도 그 자체가 누구나 배우기 힘든 절대적 모순을 가지고 있는 데다 중요한 것은 우리말을 온전하게 적을 수 없는 문자라는 것이다.

한자를 우리의 조상인 동이족이 만들었다는 담론이 널리 퍼지고 있다. 한자의 시조라고 추앙받는 복희씨가 동이족이라는 것이다. 설령 그 모든 사실을 인정한다 하더라도 만일 오늘날의 한자로 표상되는 한자를 우리말을 적는 기호로 만들었다면 잘못 만든 것이다. 한자는 우리말과 전혀 맞지 않기 때문이다.

(1) 東京明期月良 / 夜入伊遊行如可(현대 역: 서울 밝은 달에 밤 들이 노니다)

_신라 〈처용가〉 앞부분

(2) 假中國之字以通其用, 是猶枘鑿之鉏鋙也, 豈能達而無礙乎. (중국의 글자를 빌려 소통하도록 쓰고 있는데, 이것은 마치 모난 자루를 둥근 구멍에 끼우는 것과 같으니, 어찌 제대로 소통하는 데 막힘이 없겠는가?) 昔新羅薛聰, 始作吏讀, 官府民間, 至今行之, 然皆假字而用, 或澁或窒. 非但鄙陋無稽而已, 至於言語之間, 則不能達其萬一焉. (현대

역: 옛날 신라의 설총이 이두를 처음 만들어서 관청과 민간에서 지금도 쓰고 있으나, 모두 한자를 빌려 쓰는 것이어서 매끄럽지도 못하고 막혀서 답답하다. 이두를 사용하는 것은 몹시 속되고 근거가 일정하지 않을 뿐만 아니라 실제 언어 사용에서는 그 만분의 일도 소통하지 못한다.)

_《훈민정음》 해례본 정인지 서문

(3) 上曰: "人法並用, 今不如古, 故不得已以律文比附施行, 而律文雜以漢吏之文, 雖文臣, 難以悉知, 況律學生徒乎? 自今擇文臣之精通者, 別置訓導官, 如《唐律疏義》, 《至正條格》, 《大明律》 等書, 講習可也. 其令吏曹議諸政府(현대 역: 임금이 말하기를, "사람의 법은 함께 써야 하는 것인데, 지금은 옛날과 같지 않기 때문에 부득이 가까운 법률문을 준용하여 시행하는 것이다. 그러나 법률문이란 것이 한문과 이두로 복잡하게 쓰여 있어서 비록 문신이라 하더라도 모두 알기가 어려운데, 하물며 법률을 배우는 생도이겠는가. 이제부터는 문신 중에 정통한 자를 가려서 따로 훈도관을 두어 《당률소의唐律疏義》·《지정조격至正條格》·《대명률大明律》 등의 글을 강습시키는 것이 옳을 것이니, 이조로 하여금 정부에 의논하도록 하라." 하였다.)

_《세종실록》, 세종 8년(1426) 10월 27일

(4) 我韓의 學術思想이 泥古不變ᄒ야 碩儒巨擘은 芻狗에 已屬ᄒ 批風抹月의 詩句를 口頭에 尙吟ᄒ며 經士策客은 雕虫에 不過ᄒ 少技虛文을 胷中에 尙儲ᄒ야 凡百學術이 此에 過치못ᄒᆯ 줄노 思惟ᄒ고 新學問을 鼻笑ᄒ며 新教育을 腹非ᄒ야 夏禹의 神斧로도 鑿키 難ᄒ고 朱亥의 大椎로도 碎키 難ᄒ, 一種特性을 拘有ᄒ야 子弟를 教導ᄒᄂ 方法인즉 史略通鑑의 蒼古陳跡으로 窮年呫唔ᄒ나 其學術의 効

果를 何處에 求得ᄒ리오 前日에 科學時代로 論ᄒ면 門戶의 計와 發
軔의 路를 爲ᄒ야 虛文에 從事ᄒᄂ것이 容或無恠타ᄒ려니와 新風潮
新世界를 當ᄒ야 先天의 夢을 尙屬ᄒ엿스니 郭李의 望과 杜蘇의 名
이 有ᄒᆯ지라도 容身ᄒᆯ 處가 無ᄒ리로다_뒤줄임

_《대한매일신보》 1910년 8월 28일

(1)은 우리말을 한자를 변형해 적은 향찰문이다. (2)는《훈민정음》
해례본의 정인지 서문으로 말소리가 섬세하게 발달되어 있고 조사와
어미 사용이 매우 다양한 우리말을 한자로 적는 불편과 모순을 둥근
구멍에 네모난 막대를 끼우려는 것에 비유한 글이다. (3)은 세종이 백
성들한테 책을 통한 교화를 하기 위해 문자에 대한 고민을 담은 글이
다. (4)는 1910년에 잡지에 발표된 논설로 조선이 망할 때까지도 한문
의 굴레에서 온전히 벗어나지 못한 것을 보여 준다.

이렇게 오랫동안 겪어 온 한자와
한글의 갈등 관계는 단순히 문자만의
갈등이 아니라 우리의 생각과 지식을
어떤 문장과 표현으로 엮어 내느냐의
절박한 문제였다. 이런 맥락에서 한자
를 우리가 만들었다는 주장이 어떤
의미가 있는지 모르겠다. 중요한 것은
이제야 평범한 노동자들도 한글로 맘
껏 자신의 생각과 느낌을 펼칠 수 있
는 세상이 열렸다는 것이다. 그들이
엮어 내는《작은책》이라는 잡지가 매
우 커 보이는 이유가 거기에 있다.

한글을 거부한 실학자들

1. 역사의 상상

18세기 후기 정조(재위 ^{1776~1800}) 시절. 박지원(1737~1805), 박제가 (1750~1815), 정약용(1762~1836) 등 많은 실학자들이 세검정에서 회합을 갖고 몇 가지 정부에 건의할 강령을 채택하고 정조에게 상소문을 올렸다. 정조의 개혁 정치가 더욱 힘을 받지 못하고 오히려 서인의 보수 정치에 주춤하자 이래서는 안 되겠다 싶어 행동에 나선 것이다. 실학의 진정한 학문적 가치를 실천하기 위한 거대한 역사의 발걸음이었다. 일부 평민들도 동참했다. 상소문의 주요 내용은 다음과 같았다.

하나, 중종 때 어숙권이 건의했다가 실패한 책방 설치를 전국 주요 도마다 최소 하나씩 설치한다.

둘, 지식과 정보를 쉬운 문자와 책으로 보급하고 나누고자 했던 세 종 정신을 시대정신으로 삼는다.

셋, 한글을 주류 문자로 채택하고 단계적으로 실록도 한글로 적고 모든 공문서도 단계적으로 한글로 적는다.

넷, 공공 교육 기관에서 다루지 않는 한글 교육을 서당과 향교부터 단계적으로 정규 교과로 다룬다.

다섯, 한글 문학을 장려하고 기존 한문 문학을 한글로 번역한다.

정조도 익히 마음에 둔 정책들이라 이를 채택하기에 이른다. 책방이 설치되니 다양한 책 유통이 활성화되고 양반의 지식 독점이 깨지면서 나라 전체가 서서히 바뀌어 간다. 어느 정도 이러한 정책이 자리잡을 무렵 정조가 갑자가 서거한다.

정조가 붕어하자 모든 개혁 정책이 원점으로 돌아오고 오히려 세도정치로 과거로 더 회귀한다. 그러나 이미 널리 보급된 한글 소설을 비롯한 많은 책을 통한 지식 유통의 봇물은 막을 수 없었다. 세도정치의 모순이 심화될수록 각 계층의 개혁 세력은 더욱 힘을 모으고 조선 왕조는 막을 내리고 새로운 세상이 열려 서구의 근대 못지않은 자생적 근대화가 이루어진다. 서구와 일본의 침탈이 본격화되지만 이미 세종 시대의 과학과 문명을 재현한 조선의 힘이 오히려 제국주의 침탈을 막고 제국주의 세력들은 조선의 역사 주도에 휩쓸리게 된다.

이렇게 되었으면 얼마나 좋았을까? 하지만 백 퍼센트 상상이다. 실제는 정반대였다. 세종을 늘 존경했다는 정조는 문자 정책만큼은 세종을 따르지 않는다. 쉬운 문자로 백성을 가르치고 지식과 정보를 나누라는 거대한 뜻을 적극적으로 실천하지 않는다. 정조가 직접 남긴 《홍재전서》는 백 퍼센트 한문이다.

물론 영조 때부터 백성에게 내리는 글인 윤음을 한글로 펴내는 횟수는 훨씬 늘었지만 그렇다고 한문 중심의 국가 정책이나 사회 분위기가 바뀐 건 아니었다. 당대 최고의 실학자였던 정약용, 박지원, 박제가 등도 한글 사용을 거부하고 한문으로만 저술을 남긴다. '거부'라는 말을 쓴 것은 보통 다른 사대부 양반들은 학문이나 공적 상황에서는 한문을 쓰고 사적으로 부인에게 편지를 보낼 때는 한글을 쓰는데 그조차도 안 하니 '거부'라는 말을 쓴 것이다. '거부' 수준이 아니고서야 그렇게까지 한글 사용을 기피할 리 없기 때문이다.

시대 논리로 이해할 수 있지만 안타깝게도 이때는 1800년 기준, 한글이 반포된 지 354년이 되던 때였고 임진왜란이 끝난 지 200년이 지난 해였으며 서학이 거세게 몰려 들어오는 시점이었다. 지식의 실용화와 대중화에서 책과 문자가 절대적임은 누구나 공감할 터, 실학자들의 문자 사용 퇴보 결과는 참혹했다. 세도정치에 모든 것이 무너지고 일제 36년이란 결과로 이어지기 때문이다.

이런 나의 추론이 결코 과잉이 아님은 일본과 비교하면 금방 알 수 있다. 일본은 8세기 무렵 자신들의 문자를 만들었다. 우리가 한자를 우대하여 '진서眞書'라고 불렀듯이 한자를 진짜 문자라는 뜻으로 '진자眞字(mana, 진짜 문자)'라 하고, 그러한 진짜 문자를 빌려서 사용한 '가짜 문자'라는 뜻으로 자신들의 문자를 '가나假字(karina)'라고 불렀다. 이러한 명칭에도 헤이안平安 시대(794~1192)에는 귀족이나 승려 등을 중심으로 가타카나片假名와 히라가나平假名라는 일본 고유의 문자를 사용하면서 한자와 대등한 자격을 부여했고 실제 한문 지식을 풀어 쓰는 데 적극적으로 사용한다. 당연히 왕실도 가나가 섞인 책자로 왕세자 교육을 시켰다. 조선이 망할 때까지 적극적인 지식의 실용화를 거부한 우리가 지식의 실용화에 성공하고 그것을 무기로 삼은 일본을 막아 낼 수는 없었을 것이다.

2. 다산의 위대한 학문과 소통

필자는 수원에서 30년을 살았다. 정확히 수원성(화성) 옆에서 자랐다. 수원성은 정조 개혁의 상징이자 실학 정신의 최대 성과물이다. 수원성을 건설하는 데 정약용이 발명한 거중기가 매우 중요한 역할

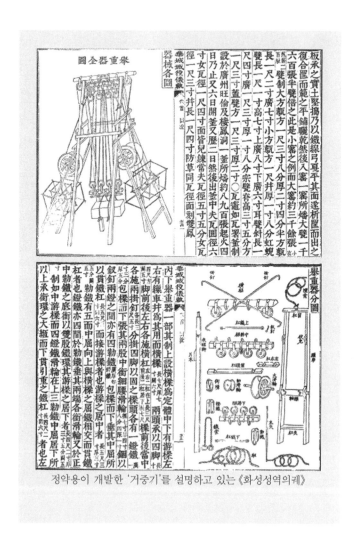

정약용이 개발한 '거중기'를 설명하고 있는 《화성성역의궤》

을 했음은 두루 아는 사실이다. 수원성 건설 백서인 《화성성역의궤》
에 기록되어 있기도 하다. 수원성에서 자란 나는 거중기를 발명한 정
약용을 흠모할 수밖에 없었다. 지금도 그 마음은 변함이 없다. 정약용
을 통해 실학과 실학자를 경외하기까지 했다.

다산학의 권위자이신 정민 교수는 이런 글을 남겼다.

> 다산은 18년간의 강진 유배생활 동안 수백 권의 저술을 남겼다.
> 한 사람이 베껴 쓰는 데만도 10년은 좋이 걸릴 작업을, 그는 처절한
> 좌절과 척박한 작업환경 속에서 마음먹고 해냈다. 도저히 믿기지 않
> 는 이 엄청나고 방대한 작업을 다산은 어떻게 소화해 냈을까?
>
> _정민(2006), 《다산 선생 지식 경영법》, 김영사, 6쪽.

정약용이 남긴 저술은 경서류 232권, 문집류 260여 권에 이른다. 지
금 책 개념으로는 118권 정도 된다고 한다. 정약용의 이러한 방대한
저술의 실체를 알게 되면서 그 많은 저술이 100% 한문이라는 사실에

다산 실학박물관의 다산 저서 모형물

깜짝 놀랐다. 더욱이 가족과 주고받은 편지까지도 철저히 한문으로 쓰여 있다는 사실에 의문을 품게 되었다.

이런 사실을 통해 도대체 실학이란 무엇인가? 거중기에서 보여 준 실용성과 합리성의 실체는 무엇이고 소통의 실용성과 합리성은 별개의 문제인가? 정약용의 약자에 대한 따뜻한 시선은 왜 지식과 문자(언어)에 대한 시선으로는 옮겨 가지 않았을까? 정약용 사상의 위대함은 왜 표현과 소통의 위대함으로 이어지지 못했나?

물론 이런 비판은 다산의 위대함에 대한 아쉬움이다. 정약용은 위대한 사상가이며 통섭 학자이자 실학의 대가이다. 역경을 위대한 사상과 학문으로 승화한 사람이고 정조 개혁의 주체였다. 정약용은 당대의 최고 학자로서 빼어난 한문 구사 능력을 갖고 있었다.

이 글은 정약용 개인에 대한 비판이라기보다는 성리학과 실학의 한계를 벗어나지 못한 양반 사대부 전체에 대한 비판이다.

실학은 성리학의 요소가 남아 있으나 탈성리학의 흐름이 강하다. 현실 지향 논리인 '실사구시', '경세치용' 등을 핵심 이념으로 삼고 있기 때문이다. 일종의 비판적 사상운동이다. 그런데 문자와 지식 소통에서는 철저히 실용성을 무시한 셈이다.

실학은 성리학의 이념 중심의 교조주의를 극복하고자 했다. 그런데 한문 경전에 가둔 교조주의는 더욱 깊게 답습을 했다. 다음은 양반 사회의 모순을 꼬집은 박지원의 《양반전》과 현대 번역문이다.

於是 通引掤印錯落 聲中嚴鼓 斗縱參橫 戶長讀旣畢 富人悵然
久之曰 兩班只此而已耶 吾聞兩班如神仙 審如是太乾沒 願改爲可利
於是 乃更作券曰 維天生民 其民四維 四民之中 最貴者士 稱以兩班
利莫大矣 不耕不商 粗涉文史 大決文科 小成進士 文科紅牌 不過二

尺 百物具備 維錢之橐 進士三十 乃筮初仕 猶爲名蔭 善事雄南 耳白
傘風 腹皤鈴諾 室珥冶妓 庭穀鳴鶴 窮士居鄕猶能武斷 先耕隣牛 借
耘里氓 孰敢慢我 灰灌汝鼻 暈髻汰鬢 無敢怨咨 富人中其券而吐舌
曰 已之已之 孟浪哉 將使我爲盜耶 掉頭而去 終身不復言兩班之事

이에 통인通引이 탁탁 인印을 찍어 그 소리가 엄고嚴鼓 소리와
마주치매 북두성北斗星이 종으로, 삼성參星이 횡으로 찍혀졌다. 부자
는 호장戶長이 증서를 읽는 것을 쭉 듣고 한참 멍하니 있다가 말했다.
"양반이라는 게 이것뿐입니까? 나는 양반이 신선 같다고 들었는데
정말 이렇다면 너무 재미가 없는걸요. 원하옵건대 무어 이익이 있도
록 문서를 바꾸어 주옵소서." 그래서 다시 문서를 작성했다. "하늘이
민民을 낳을 때 민을 넷으로 구분했다. 사민四民 가운데 가장 높은 것
이 사士이니 이것이 곧 양반이다. 양반의 이익은 막대하니 농사도 안
짓고 장사도 않고 약간 문사文史를 섭렵해 가지고 크게는 문과文科 급
제요, 작게는 진사進士가 되는 것이다. 문과의 홍패紅牌는 길이 2자 남
짓한 것이지만 백물이 구비되어 있어 그야말로 돈 자루인 것이다. 진
사가 나이 서른에 처음 관직에 나가더라도 오히려 이름 있는 음관蔭官
이 되고, 잘되면 남행南行으로 큰 고을을 맡게 되어, 귀밑이 일산日傘
의 바람에 희어지고, 배가 요령 소리에 커지며 방에서 기생이 귀고리
로 단장하고, 뜰에는 학鶴을 기른다. 궁한 양반이 시골에 묻혀 있어
도 능히 무단武斷을 하여 이웃의 소를 끌어다 먼저 자기 땅을 갈고
마을의 일꾼을 잡아다 자기 논의 김을 맨들 누가 감히 나를 괄시하
랴, 너희들 코에 잿물을 디리붓고 머리끄뎅이를 회회 돌리고 수염을
낚아채더라도 누가 가히 원망하지 못할 것이다." 부자는 증서를 중지

시키고 혀를 내두르며 "그만두시오, 그만두어. 맹랑하구면. 장차 나를 도둑놈으로 만들 작정인가." 하고 머리를 흔들고 가 버렸다. 부자는 평생 다시 양반 말을 입에 올리지 않았다 한다.

_《연암집》

실학은 인간 주체에 대한 새로운 발견이다. 그런데 표현 주체로서의 인간 문제는 외면했다. 실학은 고전 탐구에서 관념론적 선험론을 극복하고 실증주의 방법론을 추구했다. 탐구 과정과 결과에서 쉽게 풀기 위한 언어 노력은 소홀히 했다. 퇴계 이황은 한글 주석을 통해 성리학 경전을 더 쉽게 풀어낼 수 있다고 《논어집주》에서 고백한 바 있다.

실학은 양반 사회 모순을 질타했다. 양반들은 가마 타는 즐거움만 알 뿐, 가마 메는 괴로움은 모른다고 비판했다. 그러나 표현과 의사소통 독점과 배타적 양반 지식 문화는 외면했다.

실학은 문학에서의 자주적인 성향을 드러냈다. 조선 시, 조선다운 한문, 감성 등을 강조했다. 그러나 가장 조선다운 세종 정신과 훈민정음은 외면했다.

실학은 경세치용經世致用이라 하여 학문은 실질적인 이익으로 연결되어야 한다고 주장했다. 그러나 학문 분야에서는 한문으로 표현된 학문의 한계를 드러냈다. 실학은 이용후생利用厚生이라 하여 편리와 복지 생활을 추구했다. 그러나 편리와 복지를 위한 소통과 지식 나눔은 외면했다.

정약용은 실사구시를 적용한 아동용 문자 교육서 《아학편》을 펴냈다. 그러나 실사구시 그 자체인 한글 교육은 고려하지 않았다.

실학은 애민, 존민 사상에 투철했다. 그러나 표현과 소통 주체로서의 애민, 존민은 살피지 못했다. 실학은 서구의 과학, 종교 등의 일부 지식을 수용했으나 정약전과 같이 소통과 나눔으로 이어지지 못했다. 다음은 정약용의 형인 정약전이 남긴 한글 문헌으로 1779년 무렵 천주교인들 사이에 소통했다.

> 십계명가
> 세승스름 션비님네 이아니 우수운가
> 스룸ᄂᆞ줏 흔평성의 므슨귀신 그리믄노
> 아침저녁 종일토록 흡즁비례 쥬문외고
> 잇ᄂᆞᆫ돈 귀흔재물 던져주고 바태주고
> ᄌᆞ구씨쟈 힌신언동 각긔귀신 모셔봐도
> 허망ᄒ다 마귀미신 우미흔고 스룸드라
> 허위허레 마귀미신 밋지말고 텬쥬밋세.

3. 역사는 현실이요 미래다

한문은 학문의 주요 도구로서 성리학 학습과 계승의 주요 도구이자 표상이다. 조선은 한문이라는 동아시아 보편 문자를 통해 성리학의 시야는 넓혔으나 그것은 특권 문자(한자)를 중심으로 한 시야였다. 실학 시대조차 그런 특권 문자를 통해 실용적·통섭적 문학과 실학을 추구했고 그것이 박지원과 정약용의 한계였으며 그런 한계가 고종 때 개화파에게까지 이어지게 된다.

세종의 르네상스가 제대로 이어지지 않은 것이 조선의 최대 비극이었다. 임진왜란, 일제 강점기로 인한 피해가 너무도 참혹하고 지금까지 이어지고 있다. 실학자들의 한글 무시는 실학자로서의 직무유기였다.

정약용이 많은 사대부들이 남긴 언문 편지조차 쓰지 않은 것은 그의 사상과 실학자로서의 위대함으로 볼 때 설명이 불가능하다. 개인 취향의 문제로 보기에는 정약용의 사회적, 역사적 위치는 매우 크다.

한글은 단지 민족주의 차원의 문자 문제가 아닌 지식과 소통과 나눔과 사람의 문제이다. 정약용이 한글을 쓰지 않은 것은 신분제 모순과 인간 차별에 대한 인식을 문자와 소통의 문제로는 보지 못했기 때문이다.

> "만일 내가 간절히 바라는 대로 된다면, 우리나라 모든 사람들을 다 양반으로 만들고 싶다. 만약 모든 사람들이 다 존귀한 사람으로 된다면, 이는 곧 (지금의) 어떤 존귀한 사람도 없어지게 되기 때문이다."
>
> _정약용, 《여유당전서》 1집 권 12 현대 번역문

외솔의 한글운동은 정음운동이다

1. 머리말

글쓴이가 외솔 최현배의 한글운동에 대해 어느 정도 알게 된 것은 외솔이 1953년에 펴낸 《우리말 존중의 근본 뜻》을 읽고 나서였다. 1977년 철도고등학교 1학년 때 한글학회 부설 동아리인 고교 한글나무(그 당시는 '고교 국어운동 학생회', 지도교사: 오동춘/현 짚신문학회 회장)에 들어가 한글운동을 하면서 이 책을 읽게 되었다.^{김슬옹, 2003} 그 당시 우리들은 서울시 중구 충무로에 있던 외솔 회관 7층의 작은 방에서 토요일마다 만나 열띤 토론과 계몽운동을 벌였던 기억이 생생하다.

이런 계기로 감히 외람되게도 외솔의 학맥과 정신을 잇기 위해 외솔의 숨결이 가장 많이 남아 있는 연세대 국문학과에 1982년에 입학하였다. 덕분에 직접 간접으로 외솔의 학풍과 숨결을 배우며 한글운동에 젊은 시절을 바칠 수 있었다. 올해는 글쓴이가 한글운동에 뛰어든 지 36년, 훈민정음이 창제된 지 571돌, 외솔 서거 40주기가 된다. 이런 뜻깊은 해를 맞아 《세종대왕과 훈민정음학》^{지식산업사, 2010}이라는 졸저를 낸 것도 외솔 선생 덕이다.[1] 더욱 무거운 짐을 절감하지만 그 짐은 외솔의 뜻을 더욱 널리 펴기 위한 희망찬 다짐으로 다시 한 번

다잡아 본다. 이제 외솔의 한글운동이 세종의 훈민정음 정책, 정음사
상에 맞닿아 있음을 밝히는 것으로 추모의 마음을 다하고자 한다.

글쓴이는 다음과 같은 외솔 저서를 우리말 연구와 한글운동의 4대
저서로 자리매김한다.[2]

- 최현배(1937), 《우리말본》, 연희전문학교출판부.[3]
- 최현배(1937), 《한글의 바른길》, 조선어학회, 159쪽. 재간행: 1945
  년, 《한글의 바른길》, 정음사.
- 최현배(1942), 《한글갈正音攷》, 경성: 정음사, 829쪽.
- 최현배(1953), 《우리말 존중의 근본 뜻》, 정음문화사.[4]

군이 외솔의 2대 저서로 한정한다면 현대 문법의 이론서인 《우리
말본》과 한글 역사를 집대성한 《한글갈》을 뽑는 것은 누구나 공감하
는 바이다. 여기다 2대 저서를 덧붙인다면 한글운동 책을 넣어야 한

---

1. 글쓴이가 '훈민정음학'을 주창하게 된 것은 외솔이 '한글갈'을 '정음학'으로 명명한 데서
   비롯된 것이다.
2. 외솔 저서에 대한 역사적 자리매김에 대해서는 김석득(1985) 참조.
3. 첫째 매는 1929년에 나옴.
4. 외솔회가 수집한 자료에 의하면 초판 발행 연도는 단기 4286년, 곧 1953년으로 되어 있
   다. 이 책 머리말에는 4284(1951년)으로 되어 있다. 이 책은 머리말의 내용으로 보아 전
   쟁 중에 집필한 것으로 머리말 간기는 집필 시기이고 실제 간행은 1953년으로 보인다.
   머리말에 집필 동기가 아래와 같이 기술되어 있다(그 당시 표기법임).

   내가, 일찌기 우리말, 우리글을 사랑함에 관한 글을 쓴 것이 더러 있기는 하지마는, 아직
   껏 그 근본 뜻을 체계적으로 이론적으로 베풀어 보지 못하였으므로, 항상 끄림직한 생
   각을 마지 못하였더니, 금번 중국 공산군의 침입의 화란을 피하여 부산으로 오게 되매,
   나는 이것을 나에게 허여된 최후의 기회로 하여, 수십 년래의 나의 품어 온 생각과 이
   론을 베풀은 것이 이 책이다. -가운데 줄임- 내가 먼저는 중일 전쟁의 화란에서 한글을
   구해내고자 하여 지은 것이 "한글갈"이요; 다음에는, 옥중에서 저승문이 가까운 위험에
   서, 한글을 사랑하여 지은 것이 "글자의 혁명"이요; 이제 또, 현해탄 머리에 사뭇 위태해
   진 조국에 부친 이 몸의 생명의 어찌 될 것을 예측할 수 없는 위험에 처하여, 우리말, 우
   리글을 사랑하고 존중하는 근본 뜻을 뒷세상에 일러 주고자 하여 지은 것이 곧 이 책이
   다.(4284년 4월 20일 부산 구덕산 아래에서 지은이 적음)

다. 그렇다면 한글운동의 근본적인 필요성과 성격을 밝힌 해방 후 저서《우리말 존중의 근본 뜻》을 가려야 하고, 이런 책의 토대가 된 일제 강점기 때의 저서로는《한글의 바른길》을 가려 뽑아야 한다. 1937년《우리말본》이 완성된 해에《한글의 바른길》이 조선어학회에서 나온 사실도 주목할 만하다. 또한 이해는 1936년 표준어 사정이 끝난 다음 해이기도 하다.[5] 그동안《한글의 바른길》은 별로 주목을 받지 못했다. 새롭게 더욱 조명해야 하는 까닭이기도 하다.

1. 한글운동의 유래
2. 문자와 문화
3. 한글운동의 본질과 그 발전
4. 새 받침의 제 문제의 해결
5. 조선 말본의 갈말(술어) 문제
6. '한글 난해'의 심리 분석
7. 조선어와 조선 문학

_《한글의 바른길》(조선어학회) 차례[6]

그러나 이 책은 한글운동에 대한 핵심 사상을 담은 최초의 단행본으로 문법 이론과 한글운동의 상호 연관성을 다뤄 한글운동의 고전서로 큰 가치를 보여 주고 있다. 다음과 같은 머리말에서 알 수 있듯이 이 책은《우리말본》과 한글 맞춤법이 마무리된 시점에서 '한글운동론'을 종합 정리한 가치도 있다.

---

5. 1933년에 조선어학회의 조선어 철자법 통일안이 제정되었지만, 표준말 정하기가 끝난 것은 1936년, 외래어 표기법 통일안이 제정된 해는 1941년이다.
6. 이 글에서의 외솔 저서 인용은 초판 중심의 원문을 그대로 옮겨 적었다.

《한글의 바른길》　　　《우리말 존중의 근본 뜻》　　　외솔 옛 묘소에서
　　초판 표지　　　　　　　초판 표지　　　　　　　　（2009）

머리말

　조선 사람의 보배요 자랑인 한글의 정리, 통일 및 보급의 운동은 오늘날 조선 사회의 시대의식이 되어 있다. 남녀 노유(老幼)를 물론(勿論)하고 이 일에 관심을 가지지 않는 이가 없으며, 더구나 청년 학도들은 더욱 많은 흥미로써 연구와 보급에 유의하고 있다.

　이 책은 한글운동의 의의와 내용의 어떠한 것임을 알려고 하는 사람들에게 그 상식적 인간이 되며, 또 모든 오해를 일소하며 미혹을 계발하며 곡론(曲論)을 시정하는 파사현정(破邪顯正)의 구(具)가 되게 하기 위하여 이제까지 신문 잡지에 발표한 논문 가운데서 몇몇의 적당한 것을 뽑아 모으고 또 발표하지 않은 것을 보태고 다시 새것(한글운동의 유래)을 더하여서 만든 것이니 이것이 혹 한글의 나아가는 바른길을 보이는 지표가 되어 문화운동의 한 방향을 인도하는 편익을 줌이 있게 되면 다행으로 생각하는 바이다.

_1937년 2월 8일 지은이(최현배) 적음.

이제 네 저서를 통해 외솔의 한글운동이 세종의 정음정책 또는 정음운동에 맞닿아 있음을 밝히고자 한다.

2. 세종의 정음사상

세종이 훈민정음 글자 명칭을 글자임에도 '-음' 자를 붙인 맥락에 대해서 김슬옹[2006]에서 자세히 논한 바 있다. 여기서 더 주목할 점은 '정-'이 주는 의미다. 이를 '바른 소리글', '바른 누리', '바른 사람', '바른 이론' 네 가지 측면에서 조명할 수 있다. 곧 바른 이론을 바탕으로 바른 소리글을 만들어 냈으며, 이는 바른 누리와 바른 사람을 이루고자 하는 고도의 전략이요 정책이었다.

'바른 소리글'의 특성은 네 가지로 정리할 수 있다. 가장 중요한 점은 소통성이다. 문자의 근본은 소통을 위한 것이다. 훈민정음은 바로 신분이나 계급에 관계없이 기본적인 소통이 가능한 문자이다. 물론 문자가 소통의 평등성을 보장해 줄 수 있는 필요충분조건은 아니다. 문자는 단순한 기호가 아니라 사회적 권력이 작용하는 힘의 기호이기 때문이다. 그러나 소통이 가능한 문자와 한자처럼 아예 자유로운 소통이 근본적으로 어려운 문자와는 차원이 다르다. 이러한 소통성은 뛰어난 실용성과 연결된다. 쉽게 익힐 수 있는 실용성은 소통성의 바탕이기도 하고 결과이기도 하고 과정이기도 하다. 실용적이어서 소통이 되고 소통이 되니까 실용적이다.

이러한 특성 때문에 훈민정음은 두루두루 통하는 두루성을 띠게 되었다. 찌아찌아족의 한글 채택은 바로 이런 훈민정음의 두루성에 힘입은 것이다. 또한 이러한 훈민정음의 소리글 특성은 훈민정음이 음악을 바탕으로 창제되었기 때문에 가능했다.

　이러한 바른 소리글은 바른 이론을 바탕으로 하였기에 가능했다. 《훈민정음》해례본에 나타난 언어학 이론은 소쉬르의 근대 언어학과 탈근대 언어학 이론 수준을 앞서 이룬 것이다. 따라서 훈민정음 창제 배경 이론은 과학성과 생성성, 보편성, 실천성을 띤다. 이때의 과학성은 물리적 실체로서의 과학이 아니라 역동적인 변화에 따라 새로운 요소들이 생성이 가능한 생성성으로서의 과학이다. 따라서 이 이론은 공통성을 지향하면서도 차이성을 아우르는 보편성을 띤다. 또한 언제든지 실천될 수 있는 역동적인 이론을 구성한다.

　이러한 정음사상은 바른 누리와 바른 사람을 지향한다. '바른 누리'란 자연계의 자연스러운 흐름을 자연스럽게 싸안는 생태성을 말한다. 그러다 보니 자연과 인간의 조화, 인간과 인간의 조화를 나타내고 지향한다(조화성). 또한 시간의 흐름에 따른 역사성을 띤다. 역사성은 단지 긍정적인 과거의 역사를 잘 계승하는 것뿐만 아니라 과거와 현재를 미래 지향적으로 이끌어 가는 힘이 더 중요하다.

　세종은 과거의 역사를 끊임없이 참고하고 탐구하면서도 천 년 미래까지도 이어 갈 샘물 같고 강물 같은 문자와 문화를 일궈 냈다. 계층을 고려하되 이를 넘어서는 횡단성, 사회와 국가의 제도적 틀을 존중하되 그 틀을 넘어서는 횡단성, 시대적 특수성을 고려하되 그런 시대적 한계를 넘어서는 횡단성을 이뤄 냈다.

　정음사상은 바른 사람을 지향한다. 사람다운 사람은 언어 능력이 좌우한다. 세종 당시에는 문자와 독서는 지배층의 전유물이었다. 세종은 그 틀을 깨고 누구나 문자생활이 가능한 세계를 열어 놓았다. 민본주의를 철저히 추구한 것은 바로 그 당시로서는 가장 이상적인 '사람됨'의 정치를 실현한 것이다. 사람됨은 다양한 층위의 사람들이 소통에 따른 '어울림'이 가능해야 한다. 물론 세종이 신분제 자체를 혁파한 것은 아니지만 그 당시로는 혁명적인 어울림의 세계를 열어 놓은 것이다. 또한 하늘의 이치를 따르는 참된 사람(참됨), 나름대로의 길을 가는 개성된 바른 사람의 길이 정음사상에 담겨 있다(개성됨).

세종의 정음사상

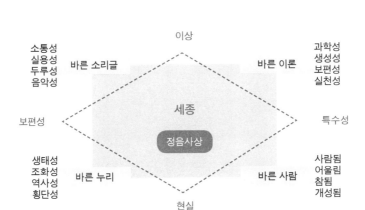

3. 세종의 정음사상에 비추어 본 외솔의 한글운동

외솔 또한 세종과 마찬가지로 바른 말글을 통한 바른 누리와 바른 사람됨을 추구하는 한글운동을 폈다. 이런 운동의 확실성과 실천을 위해 바른 이론을 정립하였다.

먼저 '바른 말글'을 어떻게 설정하였는지 살펴보고 한글운동을 통해 이루고자 했던 '바른 누리'와 '바른 사람'이 무엇인지를 따져 보기로 한다.

바른 말글

외솔은 1937년에 펴낸 《한글의 바른길》 제1장에서 한글운동의 유래를 다음과 같이 '훈민정음'에서 찾고 있다.

> 한글의 '한'은 '一'이요, '大'이요, 또 '正'이며, '글'은 곧 소리글이니 한글은 곧 훈민정음을 뜻하는 것이다. 그리하여 '한글'로써 종래에 나즈리 보고서 부르던 이름 '언문'을 대신하는 순 조선말이다.
>
> 첫째, 한글은 바른 글(정음)이니, 모든 것이 법에 맞도록 정리되어야 할 것이요, 다음에 한글은 큰 글이니, 늙은이나 젊은이나 사내나 계집이나 어른이나 어린이나 귀한 사람이나 천한 사람이나 다 마찬가지로 이 글을 알아야 할 것이요, 끝으로 한글은 하나 된 글이니 세계에서 첫째가는 글이요, 또 조선에서는 한가지로 쓰여야 할 것이다. 이러하여 정리와 보급과 통일의 세 가지는 실로 한글의 근본의가 되는 것이니, 한글운동은 실로 이 한글의 근본의로 실현하게 하는 운동이다.
>
> _최현배(1937), 《한글의 바른길》, 1-2쪽.

한글을 바른 글과 큰 글, 하나 된 글로 자리매김하고 있다. 바른 글에서는 체계성을 강조하고, 큰 글에서는 소통성을, 하나 된 글에서는 통일성을 주창했다. 이런 바른 말글 정신을 제대로 실현하기 위한 노력으로 말본의 체계화, 맞춤법 제정, 표준말 제정이 필요했던 것이고 그 틀을 완성함으로써 바른 말글의 기본 방향을 제시하였다. 이런 노력이 어느 정도 실현되었기에 혹독한 일제 강점기에 한글과 우리말 바로 쓰기는 우리의 문화와 정신을 지키는 실질적 힘이 되었다. 그런 실질적 힘 때문에 일제는 조선어학회 사건을 일으키게 된 것이라 볼 수 있다. 무장투쟁 못지않게 이런 말글얼의 체계화와 통일성은 독립정신의 바탕이 되었다고 볼 수 있다.

여기다가 외솔은 한힌샘 주시경의 뜻을 이어받으면서 자연스럽고 겨레스럽고 쉬운 말글을 추구하였다. 최현배[1953/1984],《우리말 존중의 근본 뜻》에서는 국어운동의 다섯 가지 목표를 "깨끗하게, 쉽게, 바르게, 풍부하게, 너르게"로 잡았다.[7] 이때의 '쉽게'가 바로 그런 특성인데 이는 최현배[1937],《한글의 바른길》에서 술어의 토박이말 삼기를 통해 이미 밝혀 놓았다.[8]

> 술어 문제의 형식적 방면을 고찰하기 위하여 먼저 나의 이에 대한 결론을 말하면, 이러하다―조선 말본의 술어(갈말)는 될 수 있는 대로 순 조선말로 하자. 이러한 주장을 하는 근거는 대략 다음과 같다.
>
> 1. 조선말의 본(법)을 풀이함에는 무엇보다도 첫째 조선말로써 함이 자연스러우며, 또 마땅하다. 조선말이 현재에 살아 있는 말인즉, 그 스스로가 제(자기)를 풀이할 만한 기능을 가져야 할 것이다.

---

7. 동서 고금을 막론하고, 국어운동의 목표에는, 다섯 가지가 있으니: 첫째는 깨끗하게 하기, 두째는 쉽게 하기, 세째는 바르게 하기, 네째는 풍부하게 하기, 다섯째는 너르게 번지도록 하기가 곧 그것이다. _최현배(1953/1984: 123)

8. 최현배(1953/1984: 138-139)에서는 다음과 같이 '쉬움'을 밝혔다.
말을 쉽게 함에는, 옛말, 죽은 말을 쓰지 말고, 현재말, 산말을 쓰도록 하여야 하며, 외국말을 안 쓰고, 제 나라말을 쓰도록 하여야 하며, 제 나라의 현대말 가운데에서도, 될 수 있는 대로 쉬운 말을 쓰도록 힘써야 한다. 우리나라 백성들이 고래로 쉬운 제 어미말을 천시하여 버려 두고서, 구태여 남의 나라말, 한자말을 써 온 것은, 온 국민으로 하여금, 낮은 지식의 수준에서 헤매도록 만든 결과를 가져왔다. 우리는 어려운 말일수록 가치가 있으며, 그것을 쓰는 사람도 훌륭한 사람이 된다는 그릇된 심리를 가지고 있기 때문에, 한자말 가운데에서도 특히 더 어려운 한자말을 일부러 가려 쓰는 버릇이 있음은 지울 수 없는 사실이다. "아비, 아버지, 아버님, ……"보다 "부, 부친"을, 그보다 "가친, 엄친, 엄부, 춘부장, ……"을 쓴다. 이러한 버릇은 다 소수 특권 계급의 오만심과 이기심에서 울어나온 반민중적, 반시대적인 봉건주의의 여폐이다.

2. 특히 말본을 풀이하는 갈말(술어)만은 될 수 있는 대로 순 조선말로 함이 합리적이다. 원래 말이란 것은 그 어족의 다름을 따라, 또 국어의 다름을 따라 그 스스로에 독특한 법이 있으며, 그 말본이 다른 나라의 말본의 갈말(술어)을 무조건으로 마구 삼키어서 제 말본을 설명하려 듦은 확실히 자타를 불변하여 본말을 전도한 무모한 몰비평의 짓이니 그것은 식자우환의 비방을 면하지 못할 것이다.

_최현배(1937), 《한글의 바른길》, 86-87쪽.

어려운 학술 용어를 자연스럽고 쉬운 순우리말로 하는 것이 합리적이라고 보았다. 이는 이민족 지배 아래서 이질적인 외국어 사유가 당연시되는 시점에서 정통 순우리말을 더욱 내세워 실천했다는 데 더욱 큰 의의가 있다. 지금 초중고 학교 현장에서 용어의 어려움 때문에 교육이 쉽지 않다는 것은 공공연한 사실이다. 주시경, 최현배로 이어지는 쉬운 말 쓰기 운동이 실현되었다면 겨레 문화의 정통성과 대중적 소통성, 교육의 편의성을 모두 살릴 수 있는 길이었던 것이다. 그렇지 못한 현실을 보면 더욱 세종, 주시경, 외솔로 이어지는 우리말다움의 정신이 뜻하는 바가 더욱 절실해진다.

바른 누리

외솔의 바른 말글을 위한 운동은 당연히 평등 사회를 향한 운동이었다. 누구나가 쉽고 과학적인 말글살이로 서로 소통을 잘하는 것은 바로 평등 사회를 위한 바탕 조건이기 때문이다. 외솔은 《우리말 존중의 근본 뜻》에서 다음과 같은 호칭 문화를 제안한 바 있다.

한글 혁명

(1) 선(남자), (2) 씨(여자), (3) 님(남녀 공통).

　남자를 높혀 부를 적에, 우리나라에서 고래로 여러 가지 용어가 있다. "김서방, 박생원, 정주사, 최교리, 이참판"과 같이, 그 사람의 벼슬 이름으로 하기도 하고; 또 "장공, 신공"과 같이, "공"을 쓰는 것, "오형, 노형"과 같이 "형"을 쓰는 것 들이 있다. 그러나, 이 따위는 다 쓰힘이 좁게 국한되어 있어, 오늘날 사람들이 평등적으로 횟두루 쓰고자 하는 높힘의 말씨로는, 적당하지 못하다. 다시 말하건대, 오늘날 우리들이 요구하는 이름의 높힘말은 관직의 유무 고하를 물론하고, 또 나이의 다소를 불문하고, 그저 그 사람의 인격을 높히는 의미에서, 그 이름 밑에 붙여서 두루 부르기에 알맞은 말이어야 한다. 이러한 요구에 들어맞는 것으로, 나는 위의 말씨를 제안하는 바이다.

_최현배(1953/1984),《우리말 존중의 근본 뜻》, 164쪽.

　이는 평등한 사회를 위한 실질적인 의사소통 문화를 제안한 것으로 매우 의미 있는 제안이다. 이 가운데 '선'과 '씨'는 제안한 대로 되지 않았지만, '님'은 디지털 공간에서 더욱 활발하게 쓰임으로써 더욱 넓게 실현된 셈이다. '님'이라는 명칭으로 인해 온라인, 오프라인에 걸쳐 상호 존중의 언어문화가 형성된 셈이다.

　또한 외솔은 말을 정신의 표현이요, 언어 표현에 의해 정신이 만들어진다고 보았다.

　사람은 본래 정신스런 존재(精神的 存在)이요, 정신의 발표는 본질적으로 제힘스런(能動的) 것이다. 말은 정신의 발표인즉, 그것은 단순히 입유(受動)으로만 될 수가 없다. 정신은 ㄱ 발표의 형식으로서 "말"을 만들어 낸다. 말은 정신의 창조적 활동으로 말미암아 이루어진 결과이다.

_최현배(1953/1984), 《우리말 존중의 근본 뜻》, 81쪽.

곧 정신과 말글의 떼려야 뗄 수 없는 상호작용을 주목함으로써 언어의 창조성을 통한 한글운동의 필요성을 제시했다.

다음은 겨레성과 문화성이다.

> 겨레란 피와 문화를 함께하는 단체이라 하였다. 피는 그 겨레가 함께 탄 것이요, 문화는 그 겨레가 함께 애지은(창조한) 것이다. 그런데, 겨레의 말씨는, 곧 그 겨레가 함께 애지은 문화의 한 가지로서, 모든 문화의 기초가 되는 것이다. 모든 겨레 문화는 다 각각 특색이 있음과 같이, 모든 겨레의 말씨도 각각 특색이 있다. 나는 앞에서 사람이 말을 만들었음이 사실인 동시에, 말이 도로 사람을 만듦도, 또한 사실이라 하였다.

_최현배(1953/1984), 《우리말 존중의 근본 뜻》, 55쪽.

외솔은 겨레를 자연스러운 역사성과 문화 특징을 지닌 것으로 보았다. 그러한 역사성과 문화의 바탕이 말이므로 말이야말로 겨레성과 문화의 정체성을 만들어 내는 근본으로 보았다. 따라서 말은 겨레의 상징이므로 말이 다르면 그 겨레가 또한 다르며, 겨레가 다르면 그 말이 또한 다르다고 보아 이러한 한글의 공동체성과 문화적 동질성을 한글운동의 굳건한 토대로 삼았다.

바른 사람

외솔은 네 가지의 바른 사람의 틀(성격)을 제시했다. 외솔은 "말은 사람의 생각을 담는 그릇인 동시에, 또 생각을 만들어 내는 연장"이라고 했다. 곧 제대로 된 말을 통해 제대로 된 생각을 할 줄 아는 이가 바른 사람이다.

또한 외솔은 어미말을 제대로 부려 쓸 수 있는 이가 진정한 정체성을 갖춘 사람으로 보았다.

> 사랑의 감정은 서로 자주 접촉함에서 생기고, 서로 친함에서 더해 가고, 서로 이해함에서 깊어져 가는 것이다. 그런데, 사람이 가장 자주 접촉하고, 가장 많이 친하고, 가장 이해가 깊은 말씨(言語)는 제 나라의 말—어미말(mother tongue, 母語)이다. 따라, 사람이 가장 사랑하는 말은 제 나라의 말—어미말이요, 그다음에 사랑하는 말은 제 나라의 문화와 관계가 깊은 나라의 말씨이다. 어미말은 사람이 나면서부터 듣기 시작하고, 첫돐부터 쓰기 비롯하고, 여섯 살부터 읽고 쓰기를 배워, 팔십을 살든지 백 살을 살든지, 언제든지 친하고, 따라 가장 이해가 빠르고 깊은 것이기 때문에, 그 사랑의 정이 첫째로 이 말에 쏠리게 됨은 자연스러운 현상이다.
>
> _최현배(1953/1984),《우리말 존중의 근본 뜻》, 35쪽.

다음으로 말의 창조성을 바탕으로 바람직한 사회생활을 할 수 있는 주체성을 갖춘 이가 진정한 바른 사람이라고 보았다. 곧 우리말에 대한 사랑을 지속적으로 일관되게 실천해 나갈 수 있는 이가 진정한 바른 사람인 것이다.

> 배달말은 배달겨레의 애짓는 활동의 열매인 동시에, 또 영원한 애지음의 밑천인 것이다. 이러한 근본 원리에 터잡아, 우리는 우리말

을 사랑하며 존중하여, 이를 많이 부리고, 이를 크게 기르고자 하는 바이다. 더구나, 오늘날 우리 겨레가 능히 지니고 있는 순수한 우리말은, 과거 오백 년간의 한자의 위압과, 36년간의 일어의 전횡에 대항하여, 우리의 겨레 정신이 용감스럽게, 근기 있게 투쟁하여, 능히 자기 보존을 하여 온 결과이다. 이제, 우리는 자유 국민으로서, 이 소중한 우리말을 널리 써서, 일상의 생활을 차릴 뿐 아니라, 모든 학문의 갈말(술어)까지 될 수 있는 대로 이로써 새로 마련하여야 한다.

_최현배(1953/1984), 《우리말 존중의 근본 뜻》, 122쪽.

바른 이론

외솔은 《우리말본》 머리말에서 다음과 같이 밝히고 있다.

한 겨레의 문화 창조의 활동은 그 말로써 들어가며, 그 말로써 하여 가며, 그 말로써 남기나니: 이제 조선말은, 줄잡아도 반만 년 동안 역사의 흐름에서, 조선 사람의 창조적 활동의 말미암던 길이요, 연장이요, 또 그 성과의 축적의 끼침이다.

그러므로 조선말의 말본을 닦아서, 그 이치를 밝히며, 그 법칙을 들어내며, 그 온전한 체계를 세우는 것은 앞사람의 끼친 업적을 받아 이음이 될 뿐 아니라, 나아가 계계승승할 뒷사람의 영원한 창조 활동의 바른길을 닦음이 되며, 찬란한 문화 건설의 터전을 마련함이 되는 것이다.

_최현배(1937), 《우리말본》, 머리말.

곧 우리말본의 체계(이론화)를 세우는 일의 가치를 밝히고 있다. 체계를 세움으로써(이론화) 영원한 창조 활동(창조성)의 바탕이 된다는 것이다. 또한 외솔은 "오늘의 성과로서 보면, 다 만인이 두루 아는 언어 사실에 대한 평범한 이론의 심상한 설명에 지나지 아니한 것《우리말본》, 머리말"이라고 하여 우리말본의 보편적 이론화의 기본 맥락을 밝히고 있다.

이러한 이론 토대가 있었기에 외솔은 한글운동의 변치 않는 실천성을 확보할 수 있었던 것이다.

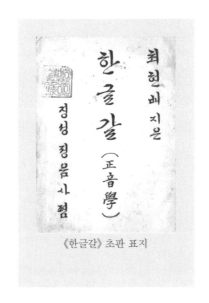

《한글갈》 초판 표지

《한글갈》의 초판 머리말에서 외솔 스스로 그 의의를 다음과 같이 밝히고 있다.

> 이 책은 "訓民正音"에 관한 일체의 역사적 문제와 한글에 관한 일체의 이론적 문제를 크고 작고 망라하여, 이를 체계적으로 논구하여, 그 숨은 것을 들이대며, 그 어두운 것을 밝히며, 그 어지러운 것을 간추려 써 정연한 체계의 한글갈(正音學)을 세워, 우로는 신경준, 유희의 유업을 잇고, 아래론 주시경 스승의 가르침의 유지를 이루고자 하였다.
>
> _최현배(1942),《한글갈》, 초판 머리말.

이렇게 외솔은 한글의 역사성 또는 한글 연구의 정통성을 계승하여 《한글갈》을 집대성하였으므로 이는 진정한 '정음학'의 바로 세움인 것이다.

4. 마무리

이상의 논의를 그림으로 집약해 보면 다음과 같다.

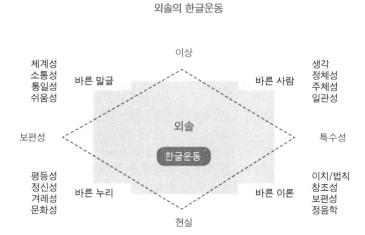

외솔의 한글운동

이상

체계성
소통성   바른 말글   바른 사람   생각
통일성   정체성
쉬움성   주체성
                                              일관성

보편성   외솔   특수성

                      한글운동

평등성   이치/법칙
정신성   바른 누리   바른 이론   창조성
겨레성   보편성
문화성   정음학

현실

이제 세종, 주시경, 최현배로 이어지는 정음사상은 미래 지향적인 한글운동을 위한 또는 한말글 운동을 위한 생성의 틀이 되어야 한다. 그런 의미에서 이 땅의 젊은이들에게 샘물 같은 열정을 호소했던 외솔의 목소리를 다시 되새기며 마무리하려 한다.

나의 사랑하는 배달겨레의 젊은이들이여! 그대들은 각각 안으로 양심의 불을 밝히고, 밖으론 촛대의 불을 밝히고서, 작으나마 뜨겁게 타면서 용감히 나아가라. 그리하여, 앞에 닥치는 모든 불의를 꺾고, 온갖 유혹을 이겨 내라. 불은 어두움을 쫓고, 소금은 썩음을 막노니, 그대들은 불과 소금이 되어, 암흑한 이 나라를 밝히고, 썩어 가는 이 사회를 깨끗이 하라. 오늘의 한배나라는 촛불로 타는 청년을 부르며, 소금으로 짠 젊은이를 기다린다.

　이 한배나라의 부름에 응답하고 나선 젊은이들이여, 그대들은 한바다를 외배로 건너는 뱃사공과도 같으며, 막막하고 거친 광야에 괭이를 메고 선 농부와도 같다. 그대들의 앞에는 하고 많은 할 일이 기다리고 있다. 이 많은 일을 해내려면, 땀도 많이 흘려야 하겠고, 애도 무척 써야 할 것이다. 그러나 그대들은 이로써 고생이라 하지 말고, 불행이라 하지 말지니: 흘리는 땀이 많으면 많을수록, 사람으로서 영광이 거기에서 더욱 빛나게 나타나는 것이다.

　이것이 실로 오늘날 대한 청년의 귀한 사명이며 참된 행복이니, 그대들은 이 사명을 자각하고 이 행복을 달성하지 않으면 안 된다.

　_최현배(1958/1971: 둘째판),《나라사랑의 길》, 정음사, 550쪽.

〈누구나 알아야 할 한글 이야기〉
탄생 뒷이야기

한글날은 2013년 공휴일로 지정된 뒤 그야말로 큰잔치로 자리 잡았다. 주요 행사가 열리는 광화문 광장은 하루 종일 북새통을 이룬다. 서울뿐만 아니라 여주시, 세종시, 울산시 등 전국 주요 도시에서도 관련 행사가 꼬리를 문다. 2013년부터 이러한 한글날을 기리면서 온 국민이 한글날의 의미와 가치를 알게 하는 소책자(14.9×20.9cm)가 문화체육관광부 국어정책과에서 발간되어 매해 인기를 끌고 있다. 매해 다른 방식으로 발간되어 2016년까지 다음과 같이 네 번 발행되었다. 주요 특징과 더불어 필자가 대표 집필하게 된 배경을 밝혀 보고자 한다. 이 책자가 발간되기에는 이제는 고인이 된 김혜선 전 문화체육관광부 국어정책과장이 한글을 위해 몸 바쳐 일한 눈물겨운 사연이 담겨 있어 고인을 기리는 마음으로 이 글을 쓴다.

- 국어단체연합 국어문화원(2013), 〈누구나 알아야 할 한글 이야기 10+9〉, 문화체육관광부, 66쪽.
- 국어단체연합 국어문화원(2014), 〈누구나 알아야 할 한글 이야기 3+5(12단 접이형)〉, 문화체육관광부.
- 국어단체연합 국어문화원(2015), 〈누구나 알아야 할 한글 이야기

(8단 접이형)〉, 문화체육관광부.

- 국어단체연합 국어문화원(2016), 〈누구나 알아야 할 한글 이야기
  (ㄴ-폴더형)〉, 문화체육관광부.

〈누구나 알아야 할 한글 이야기〉 시리즈(왼쪽부터 2013, 2014, 2015, 2016년)
*이 자료들은 pdf 파일로 국어문화운동본부(www.barunmal.com)에서 내려받을 수 있다.

2013년 필자는 5월부터 한글날 행사 추진위원으로 활동하게 되었다. 6월 어느 날 자문회의가 끝나자 그 당시 국어정책과장이었던 고 김혜선 님이 따로 불렀다. 얘기인즉슨 이제 온 국민이 즐기는 한글날이 되었는데 한글에 대해 제대로 알아야 하지 않느냐는 것이다. 한글운동가면서 한글학 학자이기도 한 필자가 추진해 주어야 한다는 것이다. 어떻게든 2,000만 원을 마련해 볼 테니 그 이상의 작품을 만들어 달라고 했다. 이런 일은 입찰로 해결할 문제가 아니고 30년 이상을 한글만을 위해 살아온 필자 같은 사람이 맡아 해야 할 일이라서 특별 수의 계약으로 추진한다고 했다. 이 일을 위해 몇 달간 관련 책들을 탐독하며 고민에 고민을 거듭해 얻은 결론이라고 했다. 순간 눈물이 핑 돌았다. 주류 대학교수도 아니고 재야 한글운동가로 살아온 나에게 이런 중책을 맡겨 주는 것에 한없이 감동이 일었다.

필자는 곧 필자가 소속되어 있는 국어단체연합 국어문화원(남영신 원장)에서 추진하기로 하고 다양한 분야의 전문가로 자문단을 꾸리고 훈민정음 연구의 대가이신 동국대학교의 정우영 교수님을 자문위원장 으로 모셨다. 2016년까지 참여한 편집진은 다음 표와 같다.

하층민의 문자 소통 문제에 대한 기록 모음

집필 책임자	남영신(국어단체연합 국어문화원 원장
대표 집필	김슬옹(인하대 초빙교수)
자문위원단	정우영(동국대학교 국어국문·문예창작학부 교수, 자문위원장), 성기지(한글학회 학술부장), 우경숙(영문초등학교 교사), 이건범(한글문화연대 대표), 이대로(국어운동실천협의회 회장), 이승재, 정호성(국립국어원 어문연구과장), 이창덕(경인교육대학교 국어교육과 교수, 외솔회 이사), 이창수(배달말누리 운영자), 장미경(세종학당 부장), 조상민(선정중학교 교사), 차재경(한글문화단체모두모임 회장), 한재준(서울여자대학교 시각디자인학과 교수), 홍현보(세종대왕기념사업회 연구원)
디자인	구슬기, 황일선, 강수현, 양효정
편집	최경봉(책임교열), 김수정, 김성진, 김유진, 노유다, 나낮잠, 서현정
감수	국립국어원

일단 국민들이 무엇을 궁금해하는지 객관적 자료가 필요했다. 전문 업체를 통해 학생 및 성인 2,000명(초·중·고등학생 500명, 대학(원)생 500 명, 직장인·주부 1,000명)을 대상으로 '한글, 한글날'에 대한 설문 조사 를 실시했다. 그 결과 83.6%의 사람들이 '한글날의 의미'에 대해 알아 야 한다고 응답했다. 그리고 한글 창제 당시의 시대적 배경에도 관심 이 많았다.

'한글을 만든 사람은 누구인가'라는 질문에 세종과 집현전 학사들 이라는 응답이 월등히 많았다. 이는 교과서의 영향으로 대부분 세종 과 집현전 학사들의 공동 창제로 알고 있기 때문이다. 하지만 한글은 세종이 단독 창제했으며, 집현전 학사 중 8인(정인지, 최항, 박팽년, 강희안, 신숙주, 이현로, 성삼문, 이개)은 세종을 도와 훈민정음 해설서인 《훈민정음》 해례본을 만들었다.

자음과 모음의 생성 원리를 묻는 질문에 "자음은 혀, 입, 이, 목구멍 등의 모양, 모음은 하늘, 땅, 사람의 모양을 본떠 만들었다"라고 답해 비교적 다른 질문에 비해 정답률이 높았다.

한글에 대해 더 알고 싶은 점은 대부분의 연령층에서 훈민정음 창제 원리, 시대적 배경, 창제 연도, 정확한 창제자, 없어진 옛 글자, 한글의 과학성, 세계 속에서 한글의 의미 등을 꼽았다. 몇 번의 '한글 맞춤법' 개정을 지켜본 성인들은 특히 한글 맞춤법에 대해 정확한 지식을 알고 싶어 했다. 이런 맥락으로 최종 19항목이 선정되었다. 10월 9일을 기리기 위해 10+9＝19항목을 설정한 것이다. 이 책자는 5,000부를 발행하여 서울 광화문 한글날 행사장을 찾는 이들에게 나눠 주었다.

첫째 마당. 한글(훈민정음) 창제 이야기

　1. 한글은 언제 만들었나?

　2. 한글을 왜 만들었나?

　3. 일부 신하들은 왜 한글 반대 상소를 올렸나?

　4. 한글을 반포할 때 도움을 준 신하는 누구인가?

둘째 마당. 15세기 훈민정음 이야기

　5. '훈민정음', '언문', '한글' 등의 용어는 어떻게 쓰였나?

　6. 훈민정음 28자를 만든 원리는 무엇인가?

　7. 한글(훈민정음)을 왜 과학적인 글자라고 하나?

　8. 《훈민정음》 해례본은 무엇인가?

　9. 《훈민정음》 언해본은 무엇인가?

　2014년에는 '18×27cm' 크기 12단의 접이식 책자로 전환하여 1만 부를 발행했다. 소책자는 정보는 많지만 휴대용으로는 적합하지 않았기 때문이다. 따라서 항목도 '3+5＝8'개의 항목으로 내용을 줄였다. 8은 훈민정음 제자 기본자인 모음 세 자(·, ㅡ, ㅣ)와 자음 다섯 자(ㅇ, ㄱ, ㄴ, ㅅ, ㅁ)의 숫자를 합친 훈민정음의 과학성을 상징해 주는 숫자로 특별 의미를 부여하게 된 것이다.

1. 한글날은 왜 10월 9일인가요?

2. 세종대왕은 왜 훈민정음을 만들었나요?

3. 《훈민정음》 해례본은 무엇인가요?

4. 《훈민정음》 언해본은 무엇인가요?

5. 한글, 공용문자로서의 주요 역사를 알려 주세요.

6. 세종학당은 어떤 곳인가요?

7. 안녕! 우리말: 언어문화 개선 운동은 왜 필요한가요?

이렇게 항목을 줄이는 대신 디자인을 크게 개선하였다. 디자인은 한글 디자이너이자 책 편집 전문가이기도 한 황일선 님이 애써 주었다.

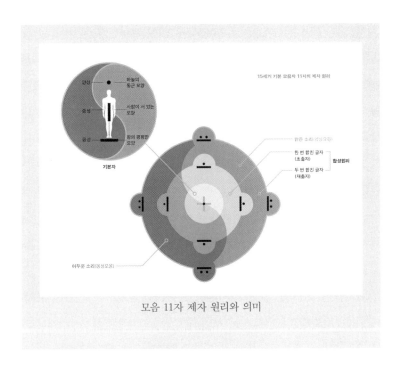

모음 11자 제자 원리와 의미

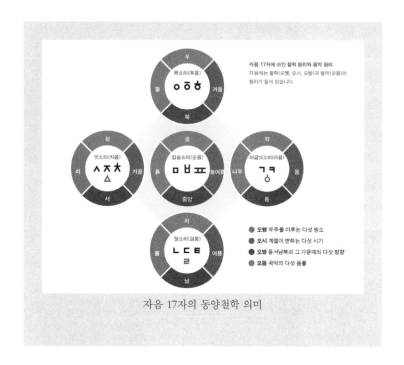

자음 17자의 동양철학 의미

2015년도에는 크기와 항목을 줄이고 10.9×20.4cm 크기의 10단 접이식으로 축소하여 1만 부를 발행했다.

1. '한글'은 무엇인가요?
2. 한글날의 기원이 된 《훈민정음》 해례본은 무엇인가요?
3. 한글에 대한 세계의 평가는 어떠한가요?
4. 한글은 왜 특별하고 우수한가요?

1, 2, 4번은 2014년 홍보지를 다듬거나 축소한 것이지만 3번의 세계의 평가는 덧붙인 것이다.

- 펄벅Pearl Buck(소설가, 미국)

  한글은 24개의 알파벳으로 이루어진 세계에서 가장 단순한 문자
  체계이지만 한글 자모음자를 조합하면 어떤 언어 음성이라도 표
  기할 수 있다. 세종대왕은 한국의 레오나르도 다빈치이다.

  _1963년《*The Living Reed*》에서

- 르 클레지오Le Clezio(노벨문학상 작가, 프랑스)

  말만 있고 문자가 없는 소수 언어를 보존하려면 기록으로 남겨야
  한다. 모든 소수 언어는 한글로 쓸 수 있기에 한글 교육은 분명
  세계적 의의가 있다.   _2015년 '세계한글작가대회' 강연에서

- 헐버트Homer Hulbert(독립운동가, 미국)

  한글은 대중 의사소통의 매개체로서 영어 알파벳보다 우수하다.

  _1902년《*The Korean Review*》에서

- 제프리 샘슨Geoffrey Sampson(문자학자, 영국)

  한글은 음성 기관의 소리 내는 모습을 따라 체계적으로 창제된
  과학적인 문자일 뿐만 아니라 더 나아가 문자 자체가 소리의 특질
  을 반영하고 있다.   _1985년《*Writing Systems*》에서

- 스티븐스Kathleen Stephens(전 주한 미국대사)

  한국인들은 한글의 아름다움과 창의성을 전 세계인들과 나눠야
  합니다. 그것은 한국 문화의 힘에 대해 더 깊은 공감을 불러일으
  킬 것입니다.   _2010년 MBC 한글날 특집 다큐〈한글 날아오르다〉에서

• 타이펑우(북경중앙민족대학 교수, 중국)

한국의 문자는 우수합니다. 한글은 나중에 한국의 문화와 경제 발전에 촉진제 역할을 할 것이라고 봅니다.

_2010년 MBC 한글날 특집 다큐 〈한글 날아오르다〉에서

• 존맨John Man(작가, 영국)

한글은 모든 문자의 꿈이다.   _2001년 《ALPHA BETA》에서

　2016년도에는 대중들에게 좀 더 다가가기 위해 A4 크기의 폴더를 따로 제작하고 두꺼운 종이 4단 형식의 홍보지를 그 안에 넣어 행사장에서 나눠 주었다. 이 홍보지는 예산 부족으로 2,000부를 발간하였다.

ㄴ폴더 표지와 〈누구나 알아야 할 이야기〉 일부

한글 혁명

찌아찌아어 한글 사용의 진실 [번역]*

바우바우시 찌아찌아 라포로 소라월리오 공동체에서
한글을 적용한 찌아찌아 문자 사용에 대한 기대와 도전

아비딘(Abidin)_바우바우 지역 초등 6학년 담당 교사

1. 찌아찌아어의 고유문자를 갖기 위한 욕구

찌아찌아어는 오스트레일리아 어족에 속한다. 이 말은 오랫동안 지속되어 왔고 지금도 많은 사람들의 의사소통 수단으로 사용되고 있다. 찌아찌아어의 기원에 대한 명확한 역사 연구는 아직 진행 단계에 있다.

찌아찌아어가 형성된 이래로 많은 시민들의 의사소통 수단으로 사용되어 왔지만 말을 적는 문자 제정에 대해서는 결코 동의한 적이 없다. 찌아찌아어의 전승은 세대를 거듭하면서 오직 입말로만 이뤄져 왔다. 어린아이들이 이해와 기억의 힘에 의존해서 말을 배우는 이와 같은 말의 전승 과정은 모든 공동체에서 일어나고 있다. 그러한 전승은 어린아이들이 이루어 내기에는 매우 짧다. 왜냐하면 그들의 모든 행위

---

* 역자 주: 그동안 찌아찌아 한글 사용에 대한 숱한 보도와 소문이 있어 왔다. 한때 언론들은 정치, 경제 문제로 한글 사용 실험과 정책이 중단되었다고 보도하기도 했다. 잘못된 보도였다. 바우바우시 한글 실험은 2009년 도입 이래 단 한 번도 멈춘 적이 없다. 필자는 찌아찌아 최초의 한글 교사(현지 영어 교사)인 아비딘 선생을 2016년 세계한글작가대회(경주)에 직접 초청해 논문 발표를 들었다. 섭외를 도와주신 전태현 교수님과 모든 초청 비용을 지원해 주신 세계한글작가대회 집행부에 감사드린다. 인터뷰도 했지만, 직접 발표한 논문 번역을 싣는다.

는 가족 단위의 모어 말소리로 이루어지기 때문이다. 그렇지만 어린이들이 제2언어를 경험하기 시작할 때나 외국어를 문자언어로 체계적으로 학습할 때 모어나 지역말은 그 영향으로 큰 곤란을 겪게 된다.

언어 전승의 또 다른 약점은 입말로만 이루어지고 체계적인 문자로 이루어지지 않는다는 점이다. 1) 어린이들은 나중에 제2언어를 배울 때 때때로 고유 어휘들을 잊는다. 그들은 제2언어를 더 나은 언어로 여기고, 그래서 아이들은 더 이상 그들의 모어를 더 깊이 배우기를 원하지 않게 된다. 이런 현상으로 지역말 정체성을 상실할 수 있고 이렇게 다음 세대까지 이어진다면 그 말은 소멸될 것이다. 2) 지역말 사용자들은 글말과 많은 공동체 문자언어로 소통할 수 없고, 그래서 동화, 역사, 문화가 기록될 수 없어 어느 날 모든 것이 사라질 수도 있다. 3) 이러한 언어 사용자들은 자신들의 언어 규칙이나 문법을 판별할 수 없다. 왜냐하면 제대로 되돌려 볼 수 없기 때문이다.

2. 바우바우시 소라월리오의
찌아찌아 문자와 찌아찌아어 사용자

찌아찌아어 음운 연구에 따르면 모음 21자와 자음 19자로 구성된 한글이 전부 찌아찌아 문자로 차용되는 것은 아니다. 최근 분석에서 찌아찌아어는 10개의 모음과 17개의 자음으로 구성된 오직 27개 문자로만 이루어져 있다.

이로써 한글에서 가져온 찌아찌아 알파벳이 차용이 아니고 적용이라는 것 또한 분명해진다. 한글 문자는 40자이지만 찌아찌아 문자는 27자로 구성된다. 실제 발음이나 사투리에서는 다른 경우도 있다. 똑

같은 문자라도 한국 사람들 발음과 정확히 같지 않은 것도 있지만 찌아찌아어의 방언에서는 발음되기도 한다.

찌아찌아어를 위한 문자는 다음과 같다.

모음

문자 형식	문자 이름	음가
ㅏ	[a]	/a/
ㅣ	[i]	/i/
ㅜ	[u]	/u/
ㅔ	[e]	/e/
ㅗ	[o]	/o/
ㅡ	[ɨ]	/ɨ/
ㅑ	[ya]	(ya)
ㅠ	[yu]	(yu)
ㅖ	[ye]	(ye)
ㅛ	[yo]	(yo)

자음

문자 형식	문자 이름	음가
ㅂ	[b]	/b/
ㅉ	[c]	/c/
ㄷ	[d]	/d/
ㄱ	[g]	/g/
ㅎ	[h]	/h/
ㅈ	[j]	/j/
ㄲ	[k]	/k/
ㄹ	[r/l]	/r/l/
ㅁ	[m]	/m/
ㄴ	[n]	/n/
ㅇ	[ng]	/ng/
ㅃ	[p]	/p/
ㅍ	[ph]	/ph/
ㅅ	[s]	/s/
ㄸ	[t]	/t/
ㅌ	[th]	/th/
ㅸ	[w]	/w/

자음 "ㅇ"이 모음과 결합될 때 자음 "ㅇ"은 단지 모음 소리를 도와주는 묶음 글자가 된다. 그러나 음절말에 쓰일 때는 아래에 놓여 /ng/ 발음이 난다.

일반적으로 한글을 적용한 27개 글자는 찌아찌아어와 같거나 비슷한 음가를 가진다. 그러나 "ㄹ" 글자는 찌아찌아어에서 [gha] 소리를 나타낸다. 한편 찌아찌아의 다른 방언에서는 혀굴림소리 [r]은 한국어 [ㄹ] 소리와 비슷하다.

더욱이 한글은 찌아찌아어의 알파벳으로 적용되는 데 더 적합하다고 말할 수 있는 분명한 이점이 있다. 찌아찌아에서는 한글 [ㅍ]와 [ㅌ]과 각각 대응될 수 있는 /ㅍ=ph/, /ㅌ=th/ 두 개의 음운이 있다. 두 음운을 다 표현할 수 있는 두 개의 다른 문자를 가지고 있는 언어는 찾기 어렵다.

예시

- 타오아 = market
- 빠타이 = until
- 따테 = stand up
- 삐파호 = to take a bath
- 파에 = rice
- 팡우 = wake up

소라월리오 지역 라포로Laporo의 찌아찌아 화자들은 5,750여 명의 전체 인구로 구성된 같은 공동체로부터 갈라져 나온 네 개 마을로 퍼져 있다. 방언은 같고 마을은 행정적으로 분리되어 있다.

그런데 다른 라포로Laporo의 찌아찌아족 인구 총계는 소라월리오 지역의 바우바우시에 사는 찌아찌아족들보다 훨씬 크다. 총계는 십만 명 이상에 도달할 것으로 추정된다. 그들은 부톤Buton 인구의 대부분이 있는 부톤 지역에 살며 몇몇은 동칼리만탄East Kalimantan, 암본Ambon, 그리고 파푸아Papua와 같은 다른 섬에 산다.

3. 찌아찌아 교육의 현재 상황

한글을 적용한 찌아찌아어 교육은 2009년 7월부터 지금까지 소라월리오 지역 찌아찌아 라포로CiaCia Laporo 공립 초등학교에서 지역 내용을 주제로 지속되고 있다. 카야바루Kaya Baru 초등학교, Bugi 1 초등학교, 그리고 Bugi 2 초등학교라고 불리는 세 개의 초등학교에서 배우고 있다. 학습과정은 4학년에서 시작되고 일주일에 한 번이며 70분 동안 이루어진다.

2009년 7월에 시작되었으므로 400명 이상의 학생들이 찌아찌아어를 배우고 세 개의 초등학교를 졸업했다.

다음 자료는 찌아찌아어를 배우고 있는 소라월리오 초등학생의 현황을 보여 준다.

학교 이름	학급			학생 수
	4학년	5학년	6학년	
카야바루 초등학교	70	63	53	186
Bugi 1 초등학교	55	31	30	116
Bugi 2 초등학교	32	25	40	97

자료 출처: 라 알리 & 모하마드 라쉬드-찌아찌아어 교사들

4. 찌아찌아 라포로에서
   찌아찌아 문자를 사용하는 것에 대한 기대와 도전

공동체의 전망과 한글을 적용한 찌아찌아 문자 사용은 점점 더 넓어질 것이다. 이것은 두 가지 경우로 증명될 수 있다.

1) 찌아찌아어가 2009년부터 지금까지 초등학교에서 주요 주제로 소개되고 적용된 이래로 소라월리오 주민들로부터 그 어떤 거부도 없었다. 이는 한글이 적용된 소라월리오의 찌아찌아 문자 사용이 더 이상 의심할 여지가 없음을 의미한다. 게다가 찌아찌아 라포로Cia Cia Laporo 사람들이 인구의 대부분인 부톤 지역Buton Regency에서 일부 사람들과 대화를 하는 기회가 생길 때 사람들은 내게 마을에 찌아찌아 문자를 소개할 것을 요청했다.

2) 소라월리오 초등학교에서 지역 내용 주제 과목으로서 찌아찌아어 교육을 지원하는 지방자치단체의 후원은 월리오Wolio어를 대체하기 위해 합의되었다.

이 두 가지 경우는 학교에서 찌아찌아어를 계속 가르치고 사회에서 일반 대중을 위해 계속될 것이라 기대가 크다. 그렇지만 아직은 다음과 같은 어려움이 있으며 많은 노력이 이뤄져야 한다.

1) 찌아찌아어 교사가 부족한데 학생 수는 매년 증가하는 경향을 보인다.

2) 찌아찌아 문자 자체의 완성이 필요하다. 이를테면 한글에서는 "ㄹ"로 표현되는 "r" 문자가 찌아찌아어에서는 /gha/ 소리로 난다. 반면에 다른 단어들이 명백히 /a : r/ 로 발음된다. 이것은 가장 시급하게 해결해야 할 사항이다.

3) 찌아찌아어 교사들을 위한 지방 정부의 재정 지원, 교과서 공급, 그리고 사회 일반인들에게 찌아찌아 알파벳 소개하기와 같은 또 다른 개선된 프로그램들과 전단지나 다른 매체가 필요하다.

4) "w"에 해당되는 글자 [ᄫ]를 나타내기 위한 컴퓨터 문자 입력의 어려움을 해결해야 한다.

5) 찌아찌아어 교육이 6년 이상 지속되었지만 그것은 학생들한테만 인지되었을 뿐 일반 주민들을 위한 것은 아니었다. 그러므로 지역 일반인들에게 직접 찌아찌아 글자를 소개하는 다른 프로그램이 있어야 한다. 찌아찌아 글자가 소라월리오의 찌아찌아 라포로 사람들에게 인정을 받아야 소라월리오 외부의 찌아찌아족들을 위한 찌아찌아 글자 전파의 가능성이 더 커지기 때문에 이 프로그램은 꼭 필요하다.

결론

1. 찌아찌아 라포로 말을 멸종되지 않게 보존하고 그것의 전통을 지키기 위해 찌아찌아 라포로 소라월리오CiaCia Laporo Sorawolio 공동체는 이미 한글을 적용한 찌아찌아 글자를 보유하고 있다.

2. 매년 학생 수가 증가하는 소라월리오의 초등학교 세 곳에서는 찌아찌아어 교육이 계속적으로 진행되고 있다.

3. 찌아찌아 라포로 솔라월리오 공동체에서 찌아찌아 글자 교육을 받고 이를 지속할 수 있는 기회는 점점 나아지고 있지만 여전히 더 많은 노력이 필요하고 외부로 전파되도록 해야 한다.

3부

한글 혁명은
함께 이뤄야 할 혁명이다

세계가 인정하는 한글의 '정음'과 '훈민'의 꿈

세계적으로 우수성을 인정받은 한글, 그러나 많은 사람들이 어떤 면에서 한글이 우수한지 잘 모르고 있다. '과학적이다. 애민정신이 담겨 있다. 세계 유일의 창조된 문자이다.' 등등의 이야기는 많이 들었지만 실제로 어떤 부분에서 한글이 더 우수하다고 평가되는지를 파악하지 못하고 있다. 과연 한글에는 어떤 원리가 적용되어 있어 우수하다는 평가를 받는 것일까. 그리고 그 안에 담긴 인문학적 가치는 무엇일까. 한글 안에 담긴 인류 보편의 꿈은 무엇인지 파헤쳐 본다.

한글의 보편적 우수성

《만인보》시집으로 유명한 고은 시인은 어느 강연에서 한글날이 있는 10월이 되면 한글과 하늘 때문에 미친다고 했다. 한글이야말로 세계에서 가장 우수한 문자라고 한글을 극찬하는 시인의 마음을 그렇게 표현한 것이다. 2015년 9월 15일부터 18일까지 경주에서 열린 세계한글작가대회에서 2008년 노벨문학상을 받은 르 클레지오는 점점 사라져 가는 전 세계의 소수 언어를 걱정하면서 한글이 그런 소수 언어를 적는 문자로서 매우 우수함을 역설했다

이제는 많은 곳에서 한글의 우수성이 주목받고 있지만 정작 우리는

시큰둥하며 심지어 어떤 이는 한글의 우수성 논의를 국수주의로 몰아간다. 한 예로 페이스북의 어떤 이의 견해를 옮겨 본다.

> "프랑스어가 세계에서 가장 아름다운 언어라고 하는 말을 들으면 실소를 금치 못합니다. 아름다움에 순위를 매겨서 프랑스어 1등, 독일어 2등, 이탈리아어 3등 하는 식으로 말하는 것은 난센스라 봅니다. 마찬가지로 한글이 세계에서 가장 우수하다고 하는 것도 난센스입니다."

이와 같은 견해는 두 가지를 혼동하고 있다. 하나는 말과 글의 혼동이다. 말은 자연스럽게 생겼고 그 지역 문화를 나타내는 특수성 때문에 비교하는 것 자체가 옳지 않다. 그러나 문자는 대부분 표기와 학습의 체계성 때문에 비교가 가능하다. 결국 문화상대주의와 보편적 평가를 혼동하고 있는 것이다. 문화상대주의 관점에서는 문화의 특수성을 존중해야 하므로 비교 자체가 어렵다. 그러나 객관적·보편적 관점에서 우수한 것을 인정하고 존중하는 것은 당연하다.

문화상대주의 관점에서도 기준을 합리적으로 세운다면 상대주의 비교는 가능하다. 우수하다는 것에는 보편적 우수성과 상대적 우수성이 있다. 보편적으로 우수한 것은 누가 봐도 뛰어난 것을 말하며 상대적 우수성은 특정 대상보다 더 나은 것을 말한다. 한글은 두 가지 측면 모두 우수하다. 이러한 우수성을 누군가에게 강요하면 폭력이요 억압이 되지만 나눌 수 있다면 그것은 미덕이 된다.

바른 소리를 표현하다, 정음

한글이 우수하다는 가장 중요한 근거는 한글이 문자로서의 기능이

뛰어나다는 점이다. 문자 기능의 으뜸은 당연히 말소리를 적는 기능
이다. 한자는 고대 문화와 문명을 담아 온 위대한 문자이지만, 말소리
를 적는 것 자체가 불가능해 발음을 똑같은 한자로 설명하듯이 적는
다. 그래서 중국의 초등학생들은 초등학교에 들어가 로마자를 먼저 배
워 발음기호를 읽고 쓰는 것부터 배운다. 일본의 가나와 같은 음절 문
자는 일본말을 적는 데는 효율적이고 뛰어나지만 자음과 모음을 따로
적지 못해 다른 나라 말을 제대로 적는 것은 거의 불가능에 가깝다.
영어의 자모 문자가 그런대로 말소리를 적을 수 있으나 소리와 문자가
제대로 일치를 하지 않아 정확히 적을 수 없다.

　반면에 한글은 '아'라는 소리는 / ㅏ /라는 글자로만 적는다. 거꾸로
'ㅏ'라는 글자는 / ㅏ /라는 소리로만 난다. 이른바 일자일음주의가 가
능하다. 그러나 영어는 'a'라는 글자가 무려 여덟 가지 소리로 실현된
다. /e/라는 소리는 13가지 문자로 표기가 가능하다.

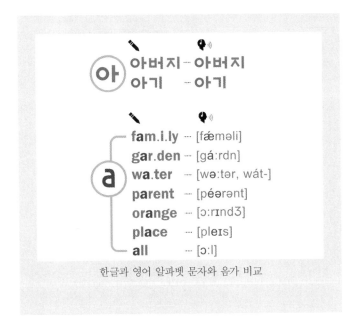

한글과 영어 알파벳 문자와 음가 비교

이렇게 일자일음주의가 가능하다 보니 소리의 성질과 문자 모양이 규칙적으로 대응되는 소리문자 한글이 빛이 난다. 그래서 영국의 유명한 문자학자인 샘슨은 한글을 소리성질문자라는 의미에서 영어 알파벳보다 한 차원 높은 자질문자라고 평가했다.

이러한 문자의 우수성이 일상 언어의 실용성으로 이어지지 않는다면 의미가 없다. '공-콩-꽁, 불-풀-뿔'과 같이 섬세한 어휘 표현이 가능하고 우리말에서 발달되어 있는 모음조화를 결합하면 다음 표처럼 다채로우면서 규칙적인 어휘를 만들어 낸다.

세종은 이렇게 소리를 정확히 적을 수 있는 문자라 하여 '정음'이라 부른 것이다.

이렇듯 한글의 우수한 표음 능력은 한글 자체가 매우 과학적인 문

소리짝
김슬옹 글, 강수현 그림(2015), 《누구나 알아야 할 훈민정음, 한글 이야기》, 글누림.

갈래	양성모음끼리	음성모음끼리
예사소리	졸랑졸랑	줄렁줄렁
	잘랑잘랑	절렁절렁
된소리	쫄랑쫄랑	쭐렁쭐렁
	짤랑짤랑	쩔렁쩔렁

소리와 문자의 대응

자이기에 가능하다. 우리는 보통 수학처럼 규칙적이면서 바둑판처럼 체계적이고 수학 공식처럼 간결한 것을 과학이라 부른다. 바로 한글은 이러한 과학의 특성을 고스란히 갖고 있다.

기본 자음 다섯 자를 보면 발음 나는 모양을 정확히 관찰하여 직선, 사선, 동그라미만으로 간결한 문자를 만들었음을 알 수 있다. 또한 획 더하기의 규칙성을 통해 기본자 17자라는 짜임새 있는 문자를 만들어 냈다. 모음 또한 기본 세 자(ㆍ, ㅡ, ㅣ)로 규칙적인 합성을 통해 8자를 만들어 기본 모음자 11자를 만들었다. 이렇게 하여 발음기호와 같은 문자 한글이 탄생한 것이다.

이 밖에도 한글은 초성자·중성자·종성자를 모아쓰는 장점 때문에 가로세로 종횡무진으로 쓸 수 있는 실용적인 문자가 되었다. 더욱이 자음과 모음의 도형 원리가 달라 배우기 쉽고 읽기 쉽다. 미국의 고 김석연 교수는 10년 넘게 미국 대학생들에게 실험한 결과 50분이면 미국 대학생들이 자신의 이름을 쓸 수 있었다고 한다.

인간의 보편적 가치를 실현하다, 훈민

　이러한 문자의 과학성과 실용성만으로 한글의 우수성을 다 말했다
고 하면 안 된다. 문자가 소리를 적는 것은 1차적인 기능일 뿐 정작 중
요한 것은 사람들 사이의 지식과 정보, 생각을 주고받는 문자로서의
구실이다. 한글은 과학적이므로 누구나 쉽게 배울 수 있는 평등의 문
자이다. 거기다가 한글 반포 자체가 한자와 같이 어려운 문자로 인해
사람 사이의 억압과 차별을 극복하고자 만들어진 문자라는 사실이다.
전 인류 역사에서 그 어떤 문자가 이렇게 사람다운 세상을 향한 간절
한 울림을 담고 있을까. 한글만이 유일하다. 그래서 미국 시카고대학
고 맥콜리 교수는 이런 한글이 갖고 있는 보편적 사람다움의 가치를
전 세계인들이 함께 기려야 한다고 했고, 이분은 실제로 20년도 넘게

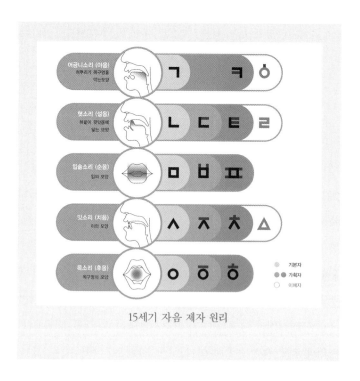

15세기 자음 제자 원리

몇 해 전 운명하기 전까지 미국에서 한글날을 기려 왔다.

그러나 이렇게 뛰어난 한글도 우리 역사에서 주류 문자가 되기까지는 많은 세월이 필요했다. 한글은 1895년에 와서야 겨우 주류 문자로 인정되었다. 조선의 사대부들이 한글을 비주류 문자로 여기기는 했으나 배척하지는 않아 더디게나마 발달할 수 있었다. 더욱이 임금들은 《용비어천가》와 같이 한글로 쓴 책이나 《삼강행실도언해》와 같은 한글로 번역한 책들을 꾸준히 보급시켰다. 결정적인 것은 왕실 여성들이 공문서에 한글을 꾸준히 써 한글 보급의 기폭제가 되었다는 점이다. 또 김만중같이 한글을 사랑한 사대부 문학가들이 재미있는 소설을 한글로 써 널리 퍼지게 했다. 게다가 양반가의 여성들이 한글 편지를 주고받으며 한글이 주류 문자로 자리 잡게 되는 근간을 마련했다. 이러한 한글 덕에 대한민국은 문맹을 빨리 탈피할 수 있었고, 디지털에 잘 어울리는 과학성 때문에 정보화 시대의 주도국이 되었다. 2013년도에 한국을 방문한 구글의 슈미츠 회장이 한국은 한글 덕에 디지털 강국이 되었다며 손수 '한글사랑'이란 글을 쓰고 갔다.

2015년 세계한글작가대회에 참가한 인도네시아 찌아찌아 부족 아비딘 한글 교사도 한글이 발음기호로서의 우수성 때문에 자신들의 말을 효율적으로 적을 수 있어 꾸준히 교육과 보급이 이루어진다고 했다. 이러한 진정한 소리문자로서의 보편적 가치를 다 함께 전 세계인들과 나눠야 한다. "한국인들은 한글의 아름다움과 창의성을 전 세계인들과 나눠야 합니다. 그것은 한국 문화의 힘에 대해 더 깊은 공감을 불러일으킬 것입니다." 전 미국대사 스티븐스Kathleen Stephens가 2010년 MBC 한글날 특집 다큐 〈한글 날아오르다〉에서 말한 것을 귀담아들어야 하다

찌아찌아족 최초 한글 교사 아비딘과 함께
(2015 세계한글작가대회에서)

한글 이름 짓기 혁명

　전 세계에서 제 나라 말과 글로 이름을 짓지 않는 나라는 우리나라가 유일하다. 역사적으로 보면 한국식 한자는 분명 우리 것이지만 지금 국어기본법에서 정한 우리글은 아니다. 한자 없이는 언어생활을 할 수 없는 일본도 일본말을 중심으로 이름을 짓되 한자를 빌리는 방식이다. 그러나 우리는 아예 한자 옥편에서 '무슨 자' '무슨 자' 따다가 짓는다. 이런 방식을 비판하면 사람들은 나를 국수주의자라고 욕을 할 것이다. 그래서 한글 이름 짓기 혁명이라 한 것이다. 그렇다고 필자가 주장하는 한글 이름 짓기는 기존의 순우리말로만 짓는 것을 의미하지는 않는다.

　결국 지금 우리나라 이름 짓기 방식은 한자 옥편에서 따다 짓는 방식과 순우리말로 짓는 한글 이름 방식 두 가지가 있는 셈이다. 당연히 두 방식을 따르되 한자 옥편에서 따온 이름도 한글로만 표기하자는 것이다. 더 나아가 일상어로 짓거나 한자어, 고유어 가리지 말고 융합식으로도 짓되 한글로만 표기하자는 것이 한글 이름 혁명의 주요 내용이다.

　이와 같이 다양한 방식을 수용하여 이름 짓기 방식을 다시 분류해 보면 다음과 같다.

[분류] 어원과 글말 표기로 본 한국의 사람 이름 짓기 분류

(1) 한자 이름

① 옥편식: 金哲洙(哲+洙)

② 일상한자어식: 金正民(←正意+民族)

③ 혼합식(옥편+일상한자어): 朴渼正(渼+正意)

(2) 한글 이름

① 고유어식: 이슬기(슬기롭다)

② 옥편식: 김철수(哲+洙)

③ 일상한자어식: 김정민(←정의+민족)

④ 혼합식

　　④-1: 옥편식과 한자어 혼합: 박미정(渼+정의)

　　④-2: 옥편식과 고유어 혼합: 박미슬(渼+슬기)

　　④-3: 한자어와 고유어 혼합식: 박지슬(지혜知慧+슬기)

일상한자어식은 옥편식과 비슷하면서도 차원이 다른 방식이다. 옥편식은 당연히 한자가 필수 요소가 되지만 일상한자어식은 어원이 한자에서 왔다는 것이지 완전히 우리말로 보는 것이다. 다만 그런 한자어를 한글로 적을 때만 그런 가치가 부여된다.

결국 똑같은 옥편식이라 하더라도 한자로 표기하느냐 한글로 표기하느냐에 따라 격이 달라지고 사회적·문화적 의미도 달라진다. 아직도 꽤 많은 고등학교에서 학생들 이름표를 한자로 적고 있다. 옆 친구들이 읽을 수 없는 한자로 이름표를 달고 다닐 정도로 한자에 대한 집착은 뿌리가 깊고 무섭다.

여기서 또 주목할 점은 낱말에서 한 글자만 따오는 방식이다. 마치 약자와 같은 방식인데 이러한 방식을 수용해야만 다양한 이름을 지을 수 있다. 우리말 조어법 자체에도 그런 방식이 원래 있었다. 이를테면 '늦잠, 먹거리' 와 같은 낱말에서 '늦-, 먹-'은 한 글자만 따온 것이다.

이런 방식을 확대하면 "용감하다+슬기롭다: 용슬, 슬용, 용롭, 감슬, ……"과 같이 두 어휘만으로 최소 네 개 이상의 이름을 지을 수 있다.

이렇게 전통 방식도 수용하면서 다양한 방식으로 이름을 짓는다면 독창적인 풍부한 이름을 지을 수 있는 장점이 있다. 또한 한자식으로 짓는다 하더라도 일상 표기는 당연히 한글로 해야 하며, 호적의 경우도 한글 표기를 주로 하되 한자 표기는 원하는 사람에 한해 하면 된다. 한자로 짓더라도 표기를 한글로만 하면 한글 이름이 된다.

지금까지의 주장 내용을 정리하면서 강조해 보면 다음과 같다.

(1) 한글 표기의 한자식 이름도 한글 이름에 포함시켜야 한다.
(2) 한자식 이름도 이름용 한자(옥편식 한자) 외에 한자어에서 따오는 방식을 확대해야 한다.
(3) 순우리말과 한자어를 섞어서 짓는 방식을 활성화해야 한다.
(4) 두 낱말에서 각 낱말의 특정 글자(문자 음절 단위)를 따와 합치는 방식을 더욱 늘려야 한다(음절별 어휘 목록은 붙임 참조).

이와 같은 '한글 이름'의 영역을 넓히면 여러 가지 긍정적인 가치와 여러 효용성을 얻을 수 있다.

첫째, 한자어가 가지고 있는 문화 가치와 실용 가치를 폭넓게 활용하는 효과가 있다. 한자어는 한자로 표기될 때보다 한글로 표기될 때

소통으로서의 양적 정보 가치는 더 높아진다. 그만큼 활용 가능성이 늘기 때문이다. 일부에서 한자어를 한자로 적자거나 괄호 속에 한자를 병기하자고 주장하지만 그런 주장은 한자어를 오히려 배제하는 잘못된 생각이다.

둘째, 우리 사회가 이러한 방식을 수용하면, 순우리말과 한자 또는 한자어와의 이분법을 극복한 새로운 포용적 한글문화를 이룰 수 있다. 순우리말이 한자나 한자어에 비해 민족의 정체성이나 주체성을 더 많이 드러내 주지만 그렇다고 순우리말 자체에 민족주의가 함의되어 있는 것은 아니다. 거꾸로 한자어라고 해서 비민족주의를 표상하는 것은 아니다. 근본적으로 언어의 상징성은 기호 자체에 있는 것이 아니라 그것이 쓰이는 맥락에 있다. 당연히 순우리말로 반민족주의를 담을 수도 있고 한자어로 민족주의를 담을 수도 있다. 다만 순우리말이 한자어보다 민족주의를 더 강하게 표상할 수 있는 기호적 조건을 가지고 있다고는 말할 수 있다.

셋째, 한글전용주의와 국한문혼용주의로 표상되어 온 배타적 이분법 언어문화를 극복할 수 있다. 이 문제에 대해서는 워낙 복잡하고 다양한 논점과 논쟁이 형성되어 있어 여기서 세세하게 논의할 필요는 없다. 문제는 양쪽 모두 한자어를 지나치게 배격해 왔다는 점이다. 한글전용주의 쪽에서는 순우리말에 대한 열정 때문에 한자어를 경시해 왔다. 국한문혼용주의 쪽에서는 한자어를 되도록 한자로 표기하자고 주장함으로써 우리말, 우리글, 우리 삶에 융해된 한자어를 오히려 차별하는 모순을 보여 왔다. 한자어를 한자로 표기하든 한글로 표기하든 그것은 우리 사회의 다양성으로 볼 수 있지만, 한자어를 한글로 표기할 때 한국어 공동체 어휘로 더 많은 생산적 의미효과를 발휘하게 된다는 점은 분명하다. 결국 이러한 혼종 방식은 전용주의와 혼용주의의 이분법을 넘어서는 일종의 변용의 논리이다.

한글 표기의 한자식 이름을 한글 이름으로 수용한다고 해서 한글민족주의가 폄하되는 것은 아니다. 한글민족주의가 꼭 순우리말에 의해서만 표상되는 것은 아니기 때문이다. 오히려 한글민족주의는 한글 문자 문화의 강화에 의해 그 가치가 부여되는 측면이 많다. 한글의 과학성과 우수성 때문에 가능한 핸드폰 문자 문화의 활성화를 보면 그런 측면을 잘 알 수 있다.

넷째 토박이말과 한자어에 대한 이분법 타파는 한글 문자 때문에 가능한 정보화 시대의 한글문화의 의미와 가치를 더해 준다. 한글은 문자, 문화 정보 생산성이 아주 뛰어난 문자 기호다. "한글=순우리말"로 표상된다면 이는 너무도 편협한 한글주의이다. 한글은 순우리말을 표기하는 문자가 아니라 한국인의 풍부한 삶을 역동적으로 담아낼 수 있는 용광로와 같은 문자 기호다. 이것이야말로 폭넓은 한글문화 역량일 것이다.

다섯째 이 글에서의 한글 이름 방식은 이름 짓기 문화의 개성과 창의성을 한 차원 높이는 가치가 있다. 이 방식은 기존의 한글 이름 방식보다 단순 비교조차 어려울 정도의 생산성을 높여 준다. 이를테면 어휘로만 보더라도 순우리말만 활용한다면 최대 5만여 어휘를 활용할 수 있지만 한자어까지 포함하면 최소 두 배 이상은 확장된다.

여섯째는 혼합식에서 보듯 기존의 항렬자 활용 전통까지도 수용함으로써 전통의 재창조 과정에서 흔히 벌어지는 보수와 진보의 갈등까지도 극복할 수 있다. 한자어를 한글 표기로 적극적으로 수용하는 방식대로라면, 개념어가 부족하다는 순우리말의 문제점도 저절로 해결될 수 있을 것이다.

핵심 효용성을 다시 정리해 보면,

(1) 한자와 한글, 한자어와 한글, 토박이말과 한자어의 이분법을 극복할 수 있다.

(2) 고유명사의 본질인 다양한 이름을 창출할 수 있다.

(3) 한글문화 공동체성과 한글문화 독창성을 모두 충족할 수 있다.

결국 한글 표기 한자어 수용 이름 짓기는 이름이 지향해야 할 네 가지 성격을 두루 만족시킬 수 있다. 이름은 정보성, 독창성, 은유성, 문화성 네 가지 조건을 모두 충족할수록 좋은 이름이다. 이름은 이름이 가리키는 기본 정보를 잘 드러내야 하고(정보성), 그러면서 고유한 정보를 잘 드러내야 좋고(독창성), 나름의 의미를 갖고 있으면서(은유성) 역사적 문화적 흐름을 잘 반영(문화성)해야 한다.

* 이 글은 필자의 《한글 우수성과 한글 세계화》(김슬옹, 2013, 한글파크) 2장에 실린 논문을 바탕으로 다시 쓴 것이다.

한글 혁명

잘못된 한문 지방을 한글 지방으로

누구를 위한, 무엇을 위한 제사인가?

우리는 돌아가신 조상님을 기리기 위해 제사를 지낸다. 어떤 분인가를 밝히기 위해 종이로 만든 신주인 지방을 써 놓고 절을 한다. 이 지방이 지금 눈으로 보면 소통 자체를 가로막는 한문으로 되어 있다. 돌아가신 조상에 대해 소상히 모르는 상태로 제사를 지내는 사람들이 꽤 많다. 제사상을 받는 조상과 제사를 올리는 후손이 소통이 잘 안 되는 그런 글귀로 되어 있기 때문이다. 거기다가 일부는 엉터리 내용으로 되어 있다.

보통 가정의 지방을 보면 할아버지, 할머니일 경우 각각 "顯祖考學生府君神位, 顯祖妣孺人 ○○○氏神位"라고 쓴다. 할아버지인 경우 벼슬을 안 지냈다고 '학생學生'이란 말이 붙어 있고 할머니는 벼슬하지 못한 남자의 부인이라는 뜻으로 '유인孺人'이라는 말이 붙어 있다.

'학생學生'은 사전에 "생전에 벼슬하지 못하고 죽은 사람의 명정銘旌 등에 쓰는 존칭"이라고 되어 있지만 사실 존칭이란 느낌이 들지 않는다. '유인孺人'도 사전에 "생전에 벼슬하지 못한 사람의 아내의 신주나 명정銘旌에 쓰던 존칭"이라고 나오지만 '학생'과 마찬가지로 존칭이라는 생각이 들지 않는다. 그야말로 극소수만이 벼슬을 할 수 있었던 시대의 관습을 우리말 구조도 아닌 중국말 구조의 한자 표기로 내걸

한글 지방 1(청농 문관효 서예작가)

한글 지방 2(청농 문관효 서예작가)

고 절을 하는 것이다. 누구를 위한 제사, 무엇을 위한 제사인가 묻지 않을 수 없다.

이것을 '민중 유교 연합'과 '한말글 사랑 한밭 모임' 같은 곳에서 "훌륭하신 옛 ○○ 할아버지 얼내림자리, 훌륭하신 옛 ○○ 할머니 ○○○ 씨 얼내림자리"와 같이 우리말로 풀어 한글로 쓰자는 운동을 하고 있다. 또는 "할아버님 신위, 할머님 연안 김씨 신위"와 같이 쓰기도 한다.

세로로 쓰는 지방을 가로로 쓰고 추억이 담긴 사진을 붙여 놓는 방법도 있다. 이런 식으로 쓰면 집안의 분위기에 따라 달리 쓸 수도 있고 한자와 한문 지식에 상관없이 온 식구가 소통하며 조상을 기릴 수 있다.

한글 지방 3(청농 문관효 서예작가)
'기린다'는 뜻을 살려 '신위', '얼내림자리'라는 말 대신에
'기림' 또는 '기리는 날'이라고 써도 괜찮을 것이다.
이런 지방의 글귀는 권위도 중요하지만
함께 기리는 마음이 더 중요하기 때문이다.

대한민국, '한글학'이 필요하다

극동대학교가 2014년 1학기부터 교양 온라인 강좌로 세계 최초로 '한글학과 한글세계화'를 개설했다. '한글학'이 얼마나 필요하며 왜 중요한가에 대한 글쓴이의 의견과 제안을 극동대학교가 받아들여 개설되었다. 이때의 한글은 현대 한글뿐 아니라 세종대왕이 우리말뿐만 아니라 다른 나라 말까지도 제대로, 바르게 표기하기 위하여 창제한 훈민정음을 아우른다. 한글은 한국어를 적는 고유 문자 이름으로서의 특수성과 사람의 문자가 지향해야 할 가장 이상적인 보편성을 갖춘 문자이기도 하다.

이제 국제사회에서는 언어와 문자를 제대로 아는 이라면 한글을 최고의 문자 체계로 평가하는 데 전혀 이견이 없는 듯하다. 2012년에 리커슨E. M. Rickerson과 힐튼Barry Hilton이 엮어 펴낸 《*The Five-Minute Linguist: bite-sized essays on language and languages*》2nd ed.라는 책에서 피터 다니엘스Peter T. Daniels는 지구상의 문자 체계를 총정리하면서 다음과 같이 말하고 있다.

"지금까지 만들어진 것 중 최고의 문자 체계는 중국으로부터 배운 음절 접근법을 인도로부터 배운 자음-모음 접근법과 결합한

한글 혁명

한국어, 한글Hangeul입니다. 한국어 메뉴판에서 당신은 간단한 중국 글자처럼 보이는 정사각형 모양들을 볼 것입니다. 그러나 그것들을 보다 자세히 보면 블록(음절)으로 결합된 단지 40개의 간단한 문자입니다. 조그만 공간에 엄청난 정보를 넣은 것입니다."

_E. M. 릭커슨, 배리 힐튼 엮음/류미림 옮김(2013),
《언어학에 대한 65가지 궁금증》, 경문사, 56~57쪽.

기본 자모음 24자에서 확장된 40자 자모(자음 19+모음 21)의 한글 체계를 최고의 문자 체계로 평가하고 있다. 많은 외국 학자들의 한글 찬사는 1886년에 고종 임금 초청으로 육영공원 영어 교사로 온 헐버트 박사에 의해서 비롯되었다.

그는 1892년에 '한글Korean Alphabet'의 우수성을 역사상 최초로 학술적으로 외국에 알리고 1905년에 출간한 《한국사The History of Korea》에서 "한글과 견줄 글자는 세상 어디에도 없다Korean alphabet scarcely has its equal in the world for simplicity and phonetic power"라고 갈파하였다. 또한 영국의 저명한 문자학자인 샘슨은 1985년에 한글을 탁월한 단순성과 편리성을 나타내는 인류의 위대한 지적 업적으로 자리매김을 시켰다.

"We may well marvel at the outstanding simplicity and convenience of Hangeul. Whether or not it is ultimately the best of all conceivable scripts for Korea, Hangeul must unquestionably rank as one of the great intellectual achievement of humankind."

_Geoffrey Sampson(1985), *Writing Systems*, Hutchinson, 144쪽.

[번역] 우리가 한글의 뛰어난 단순성과 편리성에 감탄하는 것은 마땅하다. 그것은 궁극적으로 한국에 대해 생각할 수 있는 가장 좋은 문자이건 아니건 간에, 한글은 의심할 여지 없이 인류의 위대한 지적 성취 중 하나로 평가한다.

이제는 이러한 찬사가 필요한 때가 아니다. 한글이 창제된 지 573년, 반포된 지 570년(2016년 기준)이 넘었는데도 이런 식의 찬사만 듣고 있다는 것은 후손들의 직무유기다. 한글에 대한 짜임새 있는 학문을 통해 한글의 내용과 가치를 제대로 정리해야 한다. 다시 말해 한글학이 필요하다. 한글학이란 이러한 한글에 대한 학문 체계를 이르는 말이다. 한글학은 한글 문자에 대한 이론이면서 한글의 의미와 가치를 보편적 관점에서 정리한 학문이다. 따라서 한글학은 한글의 가치를 극대화하여 한글의 보편적 가치를 나누고자 하는 실천 지향의 학문이다.

그렇다면 한글학은 왜 필요한지 다시 생각해 보자.

문자학 측면에서 한글은 인류 문자 가운데 가장 발달되고 가장 체

'한글 숨바꼭질' 작품, 서울여대 한재준 교수 〈나는 한글이다〉,
서울 종로구 한글가온길 한글학회 건물

계화된 문자로서의 담론이 필요하다. 이러한 문자에 대한 독자적인 학문 체계가 없다면 한글의 문자적 가치는 어디서 찾아야 하는가?

다음으로 문화 예술 측면에서 보면 한글은 단순히 문자를 넘어 사람이 지향해야 할 문자 문화의 전형을 보여 준다. 모든 문자가 독특한 언어문화 전통을 가지고 있지만 한글에 담긴 문화적 전통은 한글학을 통해 제대로 정리되어야 한다.

예술적 측면에서 보더라도 한글은 문자 예술의 극치를 보여 준다. 단순한 점과 직선과 원만으로 문자의 미학을 만들어 냈다. 생활 측면에서 보면 한글은 문자를 통해 소통하고 생각을 정리하고 정보와 지식을 나누는 자연스러운 언어생활의 중심에 놓여 있으므로 이러한 측면을 종합·정리·평가하고 더 나은 한글의 발전된 미래를 위해서도 학문적 체계화가 필요하다.

그렇다면 한글학의 진정한 의미와 가치를 정리해 보자.

첫째, 한글학은 문자학을 새로 세우는 구실을 할 것이다. 한글은 문자 과학이면서 문자의 보편적 가치를 잘 담고 있기 때문이다.

둘째, 한글학은 소통학의 주요 분야가 될 것이다. 글말을 통한 소통에서 한글은 신분 질서를 뛰어넘게 할 만큼 쉽고 과학적인 문자의 기능성, 도구성이 매우 뛰어나다. 반소통으로 악용되기도 하지만 대체로 다양한 맥락의 소통에서 한글은 매우 탁월한 기능을 한다.

셋째, 한글학은 글꼴학의 바탕이 될 것이다. 한재준 교수의 지적처럼 한글은 글꼴 미학의 다양한 측면을 간직하고 있다. 한글학을 통해 이러한 글꼴학을 더욱 드높여야 한다.

넷째, 한글학은 융합학의 대표 분야로 더욱 조명될 것이다. 한글은 언어학 분야에 속하기도 하지만 음악적 요소와 미술적 요소, 과학적 요소 등을 모두 가지고 있으므로 융합 접근을 통해 그 실체를 제대로 밝힐 수 있다.

그렇다면 한글학의 실천 전략은 무엇인가.

첫째, 이론적 실천이 필요하다. 철저한 이론을 세움으로써 한글의 가치와 한글학의 의미를 드높일 수 있다.

둘째, 융합학문 차원의 노력이 필요하다. 최근 융합, 통섭 등이 시대의 화두이기도 하고 이와 관련해 융합학이 더욱 존중받고 있는데 한글은 융합학 그 자체이기 때문이다. 세종 한글 융합 학회 등을 통해 한글학을 살려야 하는 이유이기도 하다. 이런 모임을 통해 다양한 분야의 전문가들이 모여 한글의 의미와 가치를 함께 연구해야 한다.

셋째, 한글에 대한 총체적 노력이 필요하다. 총체적 노력이라 함은 그간 한글에 대한 역사와 문제의식, 실용적 현상 등 다양한 분야를 집약해 주는 한글학 정립을 통해 총체적으로 노력하자는 것이다.

넷째는 한글의 가치 실현, 곧 한글사랑이 절실한 때이다. 한글사랑의 최종 지향점이나 바탕은 한글학이란 학문 정립을 통해 제대로 이룩할 수 있다.

2013년 구글의 에릭 슈밋 전 회장이 한국을 방문하여 남긴 말이 인상적이다.

> "한국인들이 한글에 큰 자부심을 느끼고 있다는 것을 알고 있습니다. 한글은 빨리 타이핑할 수 있는데 이것이 한국이 디지털 리더가 될 수 있었던 까닭 가운데 하나라고 생각합니다."
>
> _《동아일보》 2013년 10월 31일

이제 한글은 한국인의 자부심이 아니라 인류의 자부심이 되어야 한다. 그러기 위해 한글의 보편성을 이론화시킨 한글학이 매우 절실하

한글 혁명

유진룡 전 문화체육부 장관과 에릭 슈밋 구글 회장

다. 따라서 극동대학교가 한글학 온라인 강좌를 개설한 것은 한글 민족주의와 한글 보편주의의 가치를 동시에 이루기 위한 과정이다.

[극동대학교의 한글학 주차별 제목]
1주 한글학의 필요성
2주 한글 명칭론
3주 한글 문자론
4주 한글 과학론
5주 한글 예술론
6주 한글 철학론
7주 한글 경제론
8주 한글 교육론
9주 한글 문화론
10주 한글운동론
11주 한글 우수성론
12주 한글 세계화론
13주 한글학의 성격과 우리의 자세

옛한글 아래아(·) 명칭을
'하늘아'로 고치자

세종이 1443년에 창제한 훈민정음 기본자 28자 가운데 모음은 11자였다. 이 가운데 가운데 점으로 표기하는 이른바 '아래아'가 안 쓰이고 지금은 기본모음 열 자가 되었다. 글자는 안 쓰지만 발음은 제주도 토속 발음으로 남아 있고 더러 '아래흔글'과 같이 상품이나 가게 이름으로 환생하기도 했다.

비록 이 글자는 지금 사용하고 있지는 않지만 세종의 과학적인 한글 창제의 중심이 된 글자였고, 한글의 정신과 가치를 담고 있기에 가벼이 여겨서는 안 되는 글자이다. 더욱이 이 글자를 '아래아'라는 정체 불명의 명칭으로 부르는 것은 매우 옳지 않다. 하늘을 본뜬 글자이므로 그간 여러 학자들이 주장해 온 것처럼 '하늘아'로 불러야 한다.

하늘은 천지자연, 우주만물의 중심이다. 물론 모든 세상 만물은 다 우주자연의 중심이다. 사람 또한 그러하며 사람의 말소리 또한 그러해야 한다는 지극히 자연스럽고도 당연한 이치를 세종은 문자에 담고자 하였고, 그래서 하늘을 본 뜬 글자를 모음의 중심이자 바탕 글자로 삼았다. 사람을 본뜬 'ㅣ'와 땅을 본뜬 'ㅡ'를 결합하여 조화로운 자연의 이치, 삶의 이치를 문자에 반영한 것이다.

하늘을 본뜬 글자에는 양성의 특성과 의미, 땅을 본뜬 글자에는 음성의 특성과 의미를 부여하여 음양의 조화를 꾀하면서도 사람을 본뜬 'ㅣ'에는 양성과 음성을 겸하는 특성과 의미를 부여하였다. 이때의 사람은 단지 가운데의 의미가 아니라 음양을 싸안는 조화의 요소로 천지인 삼조화의 주체이기도 하다.

이러한 놀라운 의미를 담고 있는 문자 명칭을 '아래아'로 부를 수는 없다. '아래아'라는 명칭이 일제 강점기 때부터 부른 것은 여러 문헌을 통해 확인할 수 있지만 이 명칭이 누구에 의해 언제부터 쓰이기 시작했는지는 아직 밝혀지지 않았다. 한글 음절표에서 'ㆍ'의 위치가 'ㅏ'보다 아래라고 해서 그런 명칭이 붙은 듯하다.

이 글자의 발음법에 대해서는 세종이 1446년에 펴낸 《훈민정음》 해례본 제자해에서 밝혀 놓았다. 그것을 좀 더 풀어서 정리해 보면, 입술은 'ㅏ'보다는 좁히고 'ㅗ'보다는 더 벌려 내는 소리로 입술 모양이 'ㅏ'처럼 벌어지지도 않고 'ㅗ'처럼 오므라지지도 않는 중간쯤 되는 소리다. 혀는 'ㅗ'와 같이 뒤쪽으로 오그리는 것으로 'ㅡ'를 낼 때보다 더 오그리고, 혀를 아예 오그리지 않는 'ㅣ'보다는 훨씬 더 오그리는 소리다. 혀를 뒤쪽으로 당기듯이 오그리다 보니 성대가 살짝 열리면서 소리는 성대 깊숙이 울려 나온다. 곧 후설저모음으로 입술 모양은 둥근 모음과 안 둥근 모음의 중간 정도 되는 소리다.

지금의 시각으로 보면 하늘아의 발음 특성이 매우 섬세하여, 현대인들은 국어 전문가들조차 이미 굳어진 다른 기본 모음과 명확하게 구별해 내지 못한다. 절대음감 수준의 놀라운 소리 분석력이 있었던 세종이었기에 이 소리를 정확히 포착할 수 있었고 문자로 만들 수 있었다.

이 문자의 가치는 다른 모음자의 창제를 가능하게 하고 전체 모음자의 짜임새를 매우 합리적으로 만들게 했다는 점이다. 사방팔방으로 뻗어 나갈 수 있는 둥근 점의 특성으로 인해 'ㅗ, ㅏ, ㅜ, ㅓ, ㅛ, ㅑ, ㅠ, ㅕ'와 같이 'ㅡ ㅣ'를 중심으로 위아래, 좌우로 문자 확장이 이루어졌다. 전 세계 언어 가운데 한국어는 모음이 가장 발달된 언어이다. 세종은 이러한 우리말의 특성을 정확히 포착하여 그것을 문자로 만든 것이다.

이렇게 중요한 글자의 명칭을 '아래아'로 부르는 것은 한글의 가치와 정신을 훼손하는 일이다. '하늘아'로 부르면 글자의 유래와 가치를 온전히 드러내 주는 효과가 있다. 또한 학교 현장에서도 합리적인 이름을 가르칠 수 있어 한글 정신과 국어 의식을 북돋우는 효과가 있다. 물론 다른 모음은 '아야어여오요우유'와 같이 발음 자체가 명칭이 되고 있다. 그러나 이 글자는 발음 그대로 부를 수가 없으므로 특별 명칭을 통해 그 의미를 제대로 드러내 주고 나눌 수 있어야 한다.

'¬, ⊏, ㅅ' 이름 서둘러 바꾸자

최근 케이팝의 영향으로 한국어와 한글을 배우는 외국인들이 급증하고 있다. 해외 한국어 교육의 거점이 되고 있는 세종학당도 2015년 현재 54개국 138개소나 되는 등 한글과 한국어에 대한 위상이 나라 안팎으로 높아지고 있다.

외국인들이 한류 덕에 한국어를 배우기 시작하지만 일단 배우고 나면 한결같이 한글의 우수성과 과학성, 예술성에 반하게 된다는 것이 중론이다. 이런 시점에서 한글 자음 '¬, ⊏, ㅅ' 이름인 '기역, 디귿, 시옷'을 '기윽, 디은, 시읏'으로 바꾸는 일을 서둘러야 한다. 현대 한글 기본 자음 14자 가운데 세 명칭만 규칙에서 벗어나 있다. 다른 자음은 '니은, 리을'처럼, 모음 가운데서도 가장 기본 모음이면서 바탕 모음인 'ㅣ ㅡ'를 활용해 나타내고 있다. 이러한 명명법 자체가 한글의 과학성을 드러내준다.

자음은 단독으로 음가를 낼 수 없고 모음의 도움을 받아 발음할 수 있다. 그러므로 가장 발음하기 편한 기본 모음인 '이'와 가장 약한 바탕 모음인 '으'를 통해 자음의 음가를 드러내는 것이 좋다. 이렇게 두 모음을 통해 첫소리(초성)에서 나는 자음과 끝소리(종성)에서 나는 자음을 동시에 드러내 주는 명칭이 바로 '니은, 리을' 식의 명명법이다.

명칭 자체에 첫소리와 끝소리에 쓰이는 용법 자체를 드러내 줌으로써 명칭의 효용성을 최고로 높이고 있는 셈이다. 《훈민정음》 해례본에서는 '종성부용초성'이라 하여 종성의 글자를 초성의 글자로 쓴다는 것과 종성의 받침은 초성 글자를 모두 쓸 수 있다는 규정이 있는데 이런 규정에 딱 들어맞는 명명법이기도 하다.

그런데 '기역, 디귿, 시옷'만이 이런 합리적 명명법에서 벗어나 있어 한글을 처음 배우는 이나 일반인이나 모두 이를 헷갈려 한다. 특히 관련 용어인 '키읔, 티읕, 지읒' 등과도 달라 언중들은 더욱 혼란스러워 한다.

'니은, 리을' 식의 과학적인 명명법은 기록으로는 최세진이 1527년 (중종 27년)에 《훈몽자회》에서 처음으로 정리했다. 안타깝게도 잘못된 새 명칭의 전례를 남긴 것도 최세진이었다.

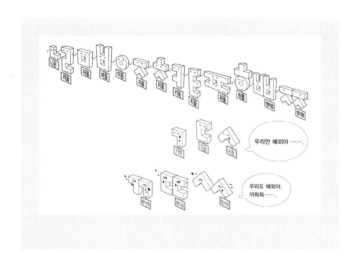

《훈몽자회》는 한자 학습서였기에 자음 명칭을 한자로 적으면서 한자로 적을 수 없는 '-윽, -은, -읏'을 이두식 한자로 적다 보니 '기역,

디귿, 시옷'이 된 것이다. 곧 기역은 '其役'으로, 디귿은 '池末'로, 시옷은 '時衣'로 적었다. '役'은 '윽' 대신 적은 것이고, '末(끝 말)'은 '읃' 대신 비슷한 발음의 훈 '끝(귿)'을 가진 '末' 자를 빌려 적고, '옷'은 발음이 비슷한 '옷'의 훈을 가진 '衣(옷 의)' 자를 빌려 적었다.

자음과 모음의 남북 명칭과 배열순서

		자음(19자)																		
한국	순서	ㄱ	ㄲ	ㄴ	ㄷ	ㄸ	ㄹ	ㅁ	ㅂ	ㅃ	ㅅ	ㅆ	ㅇ	ㅈ	ㅉ	ㅊ	ㅋ	ㅌ	ㅍ	ㅎ
	이름	기역	니은	쌍기역	디귿	쌍디귿	리을	미음	비읍	쌍비읍	시옷	쌍시옷	이응	지읒	쌍지읒	치읓	키읔	티읕	피읖	히읗
북한	순서	ㄱ	ㄴ	ㄷ	ㄹ	ㅁ	ㅂ	ㅅ	(ㅇ)	ㅈ	ㅊ	ㅋ	ㅌ	ㅍ	ㅎ	ㄲ	ㄸ	ㅃ	ㅆ	ㅉ
	이름	기윽	니은	디읃	리을	미음	비읍	시옷	이응	지읒	치읓	키읔	티읕	피읖	히읗	된기윽	된디읃	된비읍	된비읍	된지읒
		ㄱ	ㄴ	ㄷ	ㄹ	ㅁ	ㅂ	ㅅ	ㅇ	ㅈ	ㅊ	ㅋ	ㅌ	ㅍ	ㅎ	ㄲ	ㄸ	ㅃ	ㅆ	ㅉ

		모음(21자)																			
한국	순서	ㅏ	ㅐ	ㅑ	ㅒ	ㅓ	ㅔ	ㅕ	ㅖ	ㅗ	ㅘ	ㅙ	ㅚ	ㅛ	ㅜ	ㅝ	ㅞ	ㅟ	ㅠ	ㅡ	ㅢ	ㅣ
	이름	아	애	야	얘	어	에	여	예	오	와	왜	외	요	우	워	웨	위	유	ㅡ	ㅢ	ㅣ
북한	순서	ㅏ	ㅑ	ㅓ	ㅕ	ㅗ	ㅛ	ㅜ	ㅠ	ㅡ	ㅣ	ㅐ	ㅒ	ㅔ	ㅖ	ㅚ	ㅟ	ㅢ	ㅘ	ㅝ	ㅙ	ㅞ
	이름	아	야	어	여	오	요	우	유	으	이	애	얘	에	예	외	위	의	와	워	왜	웨

한글이 없던 시절에 한자를 빌려 우리말을 적고자 했던 이두식 표기법을 그대로 적용한 것이다. 최세진도 '기윽, 디읃, 시옷' 명칭이 합리적임을 알았지만 한자에 의존해 설명하다 보니 그런 실수를 했다. 실수라고 한 것은 그가 한글로 병기할 수 있었음에도 그렇게 하지 않았기 때문이다.

한글 사용이 자유롭지 못했던 16세기의 실수를 21세기까지 이어 간다는 것은 무척 잘못된 일이다. 주시경 선생은 '기윽'이라고 했지만 1933년에 처음으로 제정된 한글 맞춤법에서는 그 당시 관습을 중요하게 여겨 최세진 방식을 그대로 따랐다. 북한은 1954년 조선어철자법 제정을 통해 '기윽, 디은, 시읏'으로 쓰고 있다. 그렇다면 통일을 위해서라도 남한 쪽이 명칭을 바꿔야 한다.

명칭은 학습과 소통의 바탕이자 기본 통로이다. 16세기에 잘못 붙여진 명칭을 관습이란 이유로 지금까지 유지하는 것은 잘못이다. 이로 인해 어린이들이 학습과 명칭 사용에서 겪는 불편은 이루 말할 수 없다. 대학생이나 외국인도 예외는 아니다. 왜 쉽고 과학적인 한글을 사용하면서 비과학적인 명칭을 유지해야 하는지 안타까운 일이다. 국가 차원에서 결단을 내려야 한다.

국립국어원은 2011년 기존에 쓰고 있던 '자장면, 태견, 품세' 외에 '짜장면, 택견, 품새'를 복수 표준어로 제정했다. 국민들의 언어 사용 정서를 수용한 것이다. 그런데 '기역, 디귿, 시옷'을 '기윽, 디은, 시읏'으로 고치는 일은 '짜장면'을 복수표준어로 수용하는 일과는 비교할 수 없을 정도로 더 시급한 일이다. 일단 복수표준 용어라도 설정해 '기역'을 '기윽'으로 썼다고 괴로워하고 혼나는 일은 막아야 한다.

물론 한글 자음 낱글자 명칭을 처음부터 기역, 니은, 리을 식으로 부른 것은 아니다. 《훈민정음》 해례본의 예의 부분을 번역한 언해본에는 다음과 같이 명칭 없이 음가와 사용 예를 설명해 놓았다.

[언해본]
ㄱ·는: 엄쏘·리·니 君군ㄷ字쫑 ·처섬·펴·아 나·는 소·리 フ·트·니 골·
바·쓰·면 蚪뀸ㅸ字쫑 ·처섬·펴·아 나·는 소·리 フ·트·니라

[현대말]

ㄱ는 어금닛소리(아음)이니 '**군**'자의 처음 나는 소리(초성)와 같다.
나란히 쓰면 '**ㄲ**'자의 처음 나는 소리와 같다.

조사가 양성모음 '는'으로 끝난 것은 모음으로 끝나면서 양성모음 'ㅇ'가 쓰인 'ㄱ'나 양성 음성 모두를 겸할 수 있는 'ㅣ' 모음이 쓰인 '기'로 읽었음을 알 수 있다. 그래서 김정수 교수는 "기 니 디 리 미 비 시 이 지 치 키 티 피 히"로 고쳐야 한다고 주장하기도 한다.^{김정수(2016),} <한글 닿소리 낱자 이름의 남북통일안>,《한글 새소식》 527호, 한글학회, 8-9쪽 이것은 간편한 명명법이고《훈민정음》해례본 방식을 지킨다는 긍정 측면이 있으나 초성, 종성 모두를 드러내는 장점을 살릴 수 없다. 16세기에 '니은, 리을' 식의 명명법이 생긴 장점도 있는 것이니 먼저 '기윽, 디은, 시옷' 식의 명명법을 살려 나가는 것이 좋겠다.

한글의 힘, 한글의 미래

1. 한글 발달을 어떻게 볼 것인가?

'훈민정음' 또는 '언문'으로 부르던 지금의 '한글'이란 이름은 역설적이게도 우리가 우리말과 글의 진정한 주체가 될 수 없었던 일제 강점기에 널리 퍼졌다. 이보다 앞서 한글을 주류 문자로 선언한 고종의 국문 칙령은 한글 반포 449년 만인 1895년에 발표[1]되어 황제의 나라 중국과 대등한 독립국가로 선언한 대한제국[1897]의 바탕이 되었으나 이때는 이미 국권이 기울어 식민지로 전락해 가던 시기였다. 이를 긍정적으로 보면 한글이 어려운 시기에 우리의 정신을 북돋는 힘이라고 볼 수 있으나 한편으로는 왜 진작 한글의 긍정성을 살려 나가지 못했느냐는 탄식이 일기도 한다.

이러한 역설 이면에는 조선시대 사대부나 지식인들의 한글에 대한 이중 의식이 깔려 있다. 이를테면 이런 식이다. 거의 한문만으로 기록된 《조선왕조실록》이나 100% 한문으로 저술된 박지원의 문학이나

---

1. 1894년(고종 31) 11월 21일 칙령 1호 14조로 제정되었으나, 정식으로는 1895년(고종 32) 5월 8일 칙령 86호 9조로 반포되었다.

한글 혁명

500권(지금 책 단위로는 118권 정도)이 넘는 정약용의 저술을 보면 '이렇게까지 한글을 배척해 왔나?'라는 부정적 인식이 들기도 하고, 선조가 1593년에 발표한 국문 교서나 속속들이 발견되고 있는 사대부가의 한글 편지를 보면 '어? 이렇게까지 한글이 폭넓게 사용됐나?'라는 인식이 동시에 드는 것이다. 여기서는 한글 발달사를 다루는 것이므로 한글 발달의 근본 원인과 단계별 발달의 주요 측면 등 긍정적인 면을 다루기로 한다.

2. 조선시대 한글 발전의 근본 요인은 무엇인가?

세종은 1446년 음력 9월 초순에 《훈민정음》을 반포하여 새 문자의 탄생 동기와 원리 등을 세상에 널리 알렸다. 반포 과정에서 최만리 외 6인의 반대 상소가 있었으나 정작 반포 후에는 단 한 건의 반대 상소도 없었다. 세종의 새 문자 홍보 정책이 성공한 셈이다. 사대부들을 설득하는 데 성공한 요인에 훈민정음 발전의 비밀이 들어 있고 이는 반포 직후에 세종이 직접 펴낸 책들을 통해 알 수 있다.

사대부 처지에서 보면 가장 충격적인 한글 표기 문헌은 신숙주가 대표 저술한 《동국정운》[1447]과 《홍무정운역훈》[1455]이었다. 한자음을 어떻게 표기할 것인가는 한자를 주요 소통의 도구로 사용해야 하는 중국이나 조선의 지식인들에게는 최대의 관건이었고 수수께끼였다. 천하를 통일한 중국의 황제들이 운서 편찬을 핵심 정책으로 삼은 것은 발음을 통일하여 중앙 통치 체제의 통일 언어 정책을 펴기 위해서였다. 그런데 뜻글자이자 단어 글자인 한자로는 발음을 제대로 적을 수 없었고 어쩔 수 없이 만들어 낸 방법이 이른바 '반절법'이다. 반절법이란 한자의 음을 나타낼 때 다른 두 한자의 음을 반씩 따서 합치는 방법인데, 이를테면 '德덕'의 첫소리 'ㄷ'과 '紅홍'의 '옹'을 이용하여 '東'의 발음인 '동'을 나타내는 방식인 것이다. 이러한 반절법은 발음을 적는 편법일 뿐이지 근본적인 방법이 아니었다. 그런데 중국이 천 년 넘게 해결 못한 것을 세종은 단순한 소리글자로 한순간에 해결한 것이다. 《홍무정운역훈》 서문에서도 "우리 동방에서 1100년 동안 미처 알지 못했던 바를 열흘이 못 되어 공부할 수 있게 되었으니⋯"라고 언급하였다. 한자 공부가 매우 중요했던 조선의 사대부들 역시 똑같이 고민을 할 수밖에 없었는데 이를 아주 단순 명쾌하게 해결해 준 것이 훈민정음이었으며 훈민정음 보급을 반대했던 최만리조차 이런 훈민정음의 기능에 대해 신묘하다고까지 했다.

다음은 《용비어천가》[1447]와 《석보상절》[1447], 《월인천강지곡》[1449]과 같은 다양한 표기 양식으로 쓰인 한글 문헌이다. 《용비어천가》는 국한문 혼용체로 쓰였고 왕조의 정당성뿐만 아니라 후대 왕들의 민본주의 통치 수칙까지 담았다. 수양대군(세조)이 쓴 《석보상절》은 한자를 크게, 한글은 작게 병기하였고, 세종이 직접 지은 《월인천강지곡》은 그 반대로 한글은 크게 한자는 작게 병기하여 불교에 친숙한 백성을 배려한 내용을 담았다. 세종은 문자 창제자로서 다양한 실험과 적용을 한 셈이다.

1449년에는 최고위층인 하연 대감을 비판하는 한글 벽서가 등장했다. 이 벽서를 누가 썼는지는 모르지만 분명 한문 상소를 올릴 수 없는 힘없는 피지배층이거나 하급 관리였음에 틀림없다. 그 밖에 한글은 반포 초기에 이미 왕실 여성의 공적 문서, 사사로운 연애편지 등에 쓰였음이 실록에까지 기록되어 있다. 이러한 다양한 사용 양상을 보면 한글은 그야말로 다목적용으로 창제되었고, 그런 다목적성에 부응하여 다기능성을 지닌 매우 실용적인 문자로 우뚝 서고 바로 그것이

한글 혁명

한글 발달의 핵심 바탕이다. 한마디로, 한글은 다양한 상황이나 목적에 두루 적용할 수 있는 다기능성을 갖고 있다.

이런 실용성과 기능성이 있었기에 사대부들도 굳이 반대할 이유가 없었다. 설령 세종의 의도대로 하층민의 소통 도구나 표현 도구로 사용된다 하더라도 그런 기능으로서의 한글 사용은 낮게 평가하면 그만이지 반대할 이유가 없었다.

결국 조선시대 사대부나 지식인들은 한글을 한자를 대체할 문자가 아닌 비주류 분야의 보완 문자 또는 상보적 문자로 묶어 둠으로써 한글이 나름대로 발달할 길을 열어 놓은 것이다. 이것이 한글이 더디게 발전한 요인이기도 하고 한글이 한자, 한문의 절대적 권력 앞에서 지속적으로 발달된 요인이기도 하다.

3. 한글 발달의 다양한 핵심 요인은 무엇인가?

조선시대의 한글 사용 양상이 다양하고 복잡한 만큼 발달 요인도 다양하다. 그러나 가장 중요한 요인은 공공언어에 한글을 지속적으로 사용한 것이다. 한문 책을 한글 책으로 번역하는 언해 사업은 국가 시책으로 그 어떤 왕도 소홀히 한 적이 없다. 연산군조차 한글 책을 불사르라고 하면서 언해된 책은 그렇게 하지 말라고 당부할 정도였다.[2]

---

2. 傳曰: "諺文行用者, 以棄毀制書律, 知而不告者, 以制書有違論斷°朝士家所藏諺文口訣書册皆焚之, 如飜譯漢語諺文之類勿禁."《조선왕조실록》1504년 7월 22일 자. 번역: 임금이 지시하기를, "언문을 사용하는 사람은 임금의 지시문을 찢어 버린 법률(기훼제서율)로, 그런 사실을 알면서도 신고하지 않은 사람은 임금의 지시를 위반한 법률(제서유위율)로 따져 단죄할 것이다. 조정 관리늘의 집에 보관되어 있는 언눈 구설책을 나 술사드늬 한어를 번역한 언문책 따위는 금하지 말 것이다"라고 하였다.

조선의 최고 법전인 《경국대전》에서도 한글로 번역한 삼강행실 홍보를 중요 정책으로 명기하였고, 하급 관리 과거 시험 과목으로도 명시하였다. 왕실 여성들은 공적 문서에 한글만을 사용함으로써 한글의 공식성과 권위를 높여 주었다.[3] 이런 배경이 궁궐의 궁서체로까지 발전하여 한글의 대중적, 미적 확산을 도왔다.

둘째는 한문으로 대체할 수 없는 한글 문학의 힘이다. 18세기의 대문호 박지원은 한글 문학을 철저히 거부하였지만 이때 이미 한글 문학의 힘은 걷잡을 수 없는 대세였다. 박지원보다 100년 앞서 태어난 김만중은 한글 소설 《구운몽》과 《사씨남정기》를 남겼으며, 이보다 앞서 이황은 한글 시조를 남겼고, 정철은 〈사미인곡〉과 같은 한글 가사로 이름을 날렸다. 이러한 사대부들의 한글 문학은 하층민의 한글 사용을 부채질하였고, 한글 문학은 남녀와 계층을 넘나드는 표현과 소통의 매개체가 되었다. 이런 한글 사용 양상을 집약해 준 책이 《청구영언》이다. 이 책은 1728년(영조 4년)에 김천택이 고려 말기부터 편찬 당시까지의 시조 998수와 가사 17편을 모아 엮은 책인데 양반 사대부 작품부터 하층민의 작품까지 한데 묶여 있기 때문이다. 허균의 《홍길동전》과 같은 한글 소설은 한글 소설을 통째로 외워 번화가에서 사람들에게 들려주고 돈을 받는 '전기수'까지 등장하게 할 정도로 한글이 하층민에까지 널리 퍼지는 데 결정적인 구실을 하였다. 책거래상인 '책쾌'도 한글 소설책이 퍼지는 데 크게 한몫했다.

한글 문학 가운데에서도 백미는 한글 편지다. 언간은 문학성과 정보 소통이라는 실용성을 함께 갖추고 있어 한글 사용 확대에 결정적인 구실을 하였다. 양반 사대부들도 부인이나 딸과 소통할 때는 한글

---

3. 김슬옹(2005), 《조선시대 언문의 제도적 사용 연구》, 한국문화사. 참조

로 많이 썼다. 지금도 계속 발굴되고 있는 사대부가의 한글 편지는 한문 편지 못지않게 많이 쓰였음을 보여 준다. '서증양자흥시처최씨書贈養子興時妻崔氏'라는 글은 1609년 송영구 선비가 며느리에게 보내는 한글 편지 형식의 글이다.

셋째는 실용 분야의 힘이다. 김봉좌[2010]의 "〈조선시대 유교의례 관련 한글문헌 연구〉, 한국학중앙연구원 박사학위 논문"에 따르면, 한글이 얼마나 다양한 분야에 쓰였는지를 알 수 있다. 한글은 조선 왕실의 유교 의례인 '오례五禮' 가운데 길례吉禮, 흉례凶禮, 가례嘉禮에 많이 쓰였고, 왕실과 사가에서 유교 의례를 거행하기 위한 여러 절차들인 발기件記, 단자單子, 도식圖式, 치부置簿, 의주儀註, 홀기笏記, 책문册文, 제문祭文, 악장樂章, 일기日記, 등록謄錄, 의궤儀軌, 예서禮書 등에 폭넓게 사용되었다. 이 밖에도 군수에게 올린 진정서를 비롯하여 논을 담보로 돈을 빌린 수표와 같은 각종 계약서 등 현실 문제 해결을 위한 주요한 문서에 한글이 많이 쓰였다.

또한 여성 실학자라 할 수 있는 안동 장씨가 펴낸《음식 디미

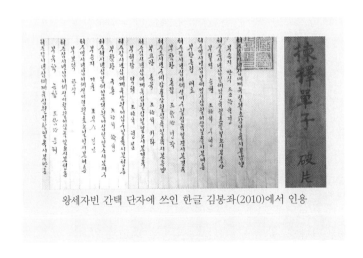

왕세자빈 간택 단자에 쓰인 한글 김봉좌(2010)에서 인용

방〉, 빙허각 이씨가 펴낸 〈규합총서〉 등은 실용서의 모범을 보여 주어 남성 실학자들이 하지 못한 지식의 소통까지 일궈 냈다. 이 밖에도 서울시 노원구의 한글 영비각, 경기도 포천의 한글 영비, 문경새재의 '산불됴심' 비석 등에서도 한글은 매우 요긴한 구실을 하였다. 이런 흐름 속에서 1891년(고종 28년)에 최초의 한글 전용 교과서인 《사민필지》(헐버트)가 나온다.

넷째는 종교의 힘이다. 세종과 세조는 한글 보급을 위한 본격적인 한글 책자로 불경 언해를 택했고 실제로 일제 강점기까지도 이러한 불교 문헌은 한글 사용의 주요 흐름이 되었다. 선조 때는 유교 경전인 사서 언해가 완성되었다. 기독교는 조선 후기에 들어왔지만 다른 종교보다 더 적극적으로 한글 번역을 활용함으로써 한글이 널리 퍼지는 데 크게 이바지하였다. 동학 또한 한글 경전을 간행하는 등 종교 확산에 한글은 주요 도구로 활용되었다.

다섯째는 한글 연구의 힘이다. 비록 한문으로 저술하였지만 신경준의 《훈민정음도해》[1750], 유희의 《언문지》[1824] 등의 연구서에서 한글의 주요 특징과 가치가 학술적으로 조명되었고 조선 말기 주시경에 와서 우리말 문법 연구와 한글 연구에 과학적인 연구가 이루어짐으로써 우리말과 우리글의 발전에 매우 큰 공헌을 하였다.

4. 한글의 미래

한글 발전의 양상과 요인은 한글 반포 목적이 그러했듯이 매우 다양하고 복합적이다. 이러한 다양한 분야에서 한글이 어떤 구실을 했고 어떤 힘을 발휘해 왔느냐가 한글의 역사적 의미와 가치가 될 것이다.

한글의 미래는 한글의 역사에 담겨 있고 연속적인 변혁의 힘에 달려 있다. 2016년 10월 8일 '불교와 한글'이라는 학술 대회에서는《석보상절》글꼴을 현대화한 석보체가 집중 조명되었다. 이를 주도한 안상수 소장은 "우리 전통 한글꼴을 현대화하는 것은 과거 선조들의 귀중한 유물을 갈고닦는 것뿐만 아니라 숨어 있는 우리 유산을 다시금 불러일으켜 새로운 역사를 만들어 내는 일로서 의미가 깊다"라고 평가하였다. 미래 한글 발달의 길은 이미 한글의 역사성에 담겨 있으므로, 한글에 담겨 있는 역사적 혼을 어떻게 살려 내느냐가 중요하다는 것이다.

한글은 우리말과 문화라는 특수성을 배경으로 그것을 잘 드러냄과 동시에 과학성, 예술성 등을 바탕으로 하는 보편성도 뛰어난 문자이다. 전 세계의 많은 소수 언어의 말들이 사라져 가고 있다. 문자가 없어서 사라져 가는 경우도 있지만 표기할 문자가 있음에도 제대로 표기하지 못해 사라지는 경우도 있다. 볼리비아는 다양한 종족으로 구성되어 있는 나라다. 스페인 문자가 공용문자이지만 스페인어로 적을

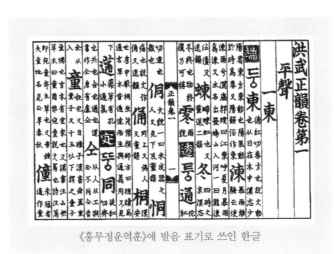

《홍무정운역훈》에 발음 표기로 쓰인 한글

수 없는 종족 말이 많다고 한다. 스페인 문자를 표준 소통 문자로 존중해 주되, 사라져 가는 말을 적은 제2의 생태 문자로 한글을 활용하는 전략도 필요하다. 이는 한글 민족주의도 우월주의 아니다. 한글의 보편성과 생태성을 서로 나누는 것이다.

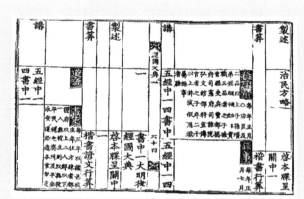

《경국대전》에서 한글 번역을 통해 백성을 교화하라는 기록

《경국대전》에서 한글을 과거 시험 과목으로 지정한 내용

한글 혁명

분단 시대 통일 말글 운동:
겨레 말글 공동 사전 편찬

오랜 남북 분단과 지향하는 서로 다른 이데올로기는 우리 말글 명칭뿐 아니라 의미까지 벌여 놓고 있다.

(1) 한국어 한국인이 사용하는 언어. 형태상으로는 교착어이고, 계통적으로는 알타이 어족에 속한다. 한반도 전역 및 제주도를 위시한 한반도 주변의 섬에서 쓴다. 어순은 주어, 목적어(또는 보어), 술어의 순이며 꾸미는 말이 꾸밈을 받는 말의 앞에 놓이는 것 따위의 특성이 있다. ≒한국말˙한말01˙한어03.

_국립국어연구원, 표준국어대사전, http://www.korean.go.kr/

(2) 조선말 아득한 옛날부터 조선인민이 써 내려오면서 발전시켜 온 민족어. 교착어에 속하는 조선말은 말소리가 풍부할 뿐 아니라 문법구조가 치밀하게 잘 째이고(짜였고) 어휘와 표현 또한 풍부하여 세계에서도 가장 발전된 우수한 언어의 하나로 되고 있다. 우리말은 오늘 위대한 수령님의 주체 수도 평양을 중심지로 하고 평양말을 기준으로 하여 사회주의 민족어의 저형인 문화어로 개화발전하고 있다

_조선어, 《조선말대사전》 237쪽, 사회과학출판사.

역사적 대상은 같지만 맥락적 의미와 가치 부여는 많은 차이를 보이고 있다. 지금 시점에서는 어느 쪽이 더 옳으냐를 따지기보다는 일단 다름을 인정하고 그 정보를 공유하는 전략이 가장 현실적인 통일 말글관이 될 것이다. 그래서 2004년에 남측의 통일맞이와 북측의 민족화해협의회는 사전 편찬 의향서를 체결하고 《겨레말 큰사전》 사업을 시작한 것은 매우 의미가 깊다.

이 사업에 대해 겨레말큰사전남북공동편찬사업회는 그 의미를 세 가지로 정리하고 있다. 첫째 겨레의 언어 통일을 지향하는 국어 대사전은 남북의 언어 통일을 목적으로 남북의 국어학자들이 함께 만드는 우리나라 최초의 국어 대사전이다. 둘째, 겨레의 언어 유산을 집대성하는 국어 대사전으로서 남북의 현실 언어와 재외교포들의 현실 언어를 집대성하는 대사전이다. 셋째, 겨레의 정체성 확립과 동질성 회복에 이바지할 국어 대사전이다. 실제 내용 일부를 미리 들여다보자.

도련님 [명]
① 〈도령1〉을 높여 이르는 말. | 거 보니 귀한 집 {도련님} 같은데, 그만 돌아가 책이나 보시지.《이문열: 그해 겨울》 / {도련님}, {도련님}은 량반 가문의 자제분이시니 남녀칠세부동석이란 도리를 알고 계시지 않나이까?《차병걸: 홍감사 금강산구경》 / 집안에서 {도련님으로} 떠받들리며 목욕물이 뜨겁다고 머슴아이를 걷어차고 소고기가 질기다고 뱉어 버리면서….《해당화 피는 땅》 (남북)
② 결혼하지 않은 시동생을 대접하여 이르는 말. | "젠장맞을 늙은 이, 얻어먹는 게 있나, 그렇게…" "들려요, {도련님}!" 나는 형수가 옆구리를 찌르는 통에 말을 끊고 말았었다.《김국태: 어두운 출구》 (남측)

[붙임] 북에서는 ②번의 의미로 〈도련님〉이라는 말을 현재는 쓰지 않는다. 결혼과 관계없이 모두 〈삼촌〉이라고 부른다.

덕담 [덕땀](德談) [명]

① 복을 비는 말, 또는 잘되기를 비는 말. | 새해를 맞아 {덕담을} 주고받았다. / 그것은 {덕담이} 아니라, 듣기에 따라서는 악담이 될 게 뻔했다.《김원우: 짐승의 시간》 / 집사가 솔잎에 물을 적시어 훌훌 뿌리면서 신랑신부의 백년해로를 축원하는 {덕담을} 한다. 《김용식: 산골 녀성들》 [반대] 악담. (남북)

② 입심 좋게 늘어놓는 말. | 기생 어미라야 시체란 듯이 웃음 반 농반으로 구슬러 가는 그 {덕담은} 한이 없는 게어서 이를테면 훈계를 받는 영재로는 적지 않은 학질이다.《방황》 / 붉은색 쾌자를 입고 꼭지에 붉은 솔자리가 달린 벙거지를 쓴 녀자가 한 손에 검을 들고 어둠 속에 휘휘 내저으며 {덕담을} 한다.《그리운 조국 산천》 / 왕 순경은 신청서 철을 책상 우에 놓고 한동안 껄껄 웃기만 했다. "도련님이니까 목욕물도 데워 보지 않은 모양이지?" 그는 묻는 말에는 대답할 생각도 하지 않고 {덕담을} 늘어놓기 시작했다. 《찔레꽃》 [비슷] 사설 6(辭說). (북측)

　남북의 다름을 인정하고 북측, 남측의 쓰임새를 아우르고 같은 뜻을 '남북'으로 드러냈다. [붙임] 같은 보충 설명까지 있어 마치 남북이 함께 모여 있는 것 같다.

　이렇게 역사적 동질성을 바탕으로 서로 다름을 인정하고 그 정보를 나누는 것은 평화통일을 위한 가장 중요한 언어 노력이 될 것이다.

우리말 총칭어 제안: '한말글'

2004년 북한의 조선과학기술총연맹, 중국의 중국조선어신식학회, 남한의 국어정보학회가 공동 주최한, 〈2004 코리안 컴퓨터처리 국제 학술대회International Conference on Computer Processing of Korean Language 2004〉(남북 정보기술 교류 10주년 기념, ICCKL, 2004, Shenyang, China) 에서 한국어를 가리키는 남북 공동 명칭으로 '한말글'을 필자가 제 안한 바 있다.

남한과 북한의 우리 말글 명칭이 달라 '코리안'이란 외국식 용어를 쓰고 있어 새 용어를 제안한 것이다. 북한 학자들은 남한 쪽 '한글' 용 어의 변종이라 한사코 반대해 뜻을 이루지는 못했지만 일단 남한만이 라도 공식적으로 써야 한다.

분단 비극은 우리 말글 이름까지도 갈라놓았다. 남한의 '한국어'는 사전에서 "한국인이 사용하는 언어. 형태상으로는 교착어이고, 계통적 으로는 알타이 어족에 속한다. 한반도 전역 및 제주도를 위시한 한반 도 주변의 섬에서 쓴다. 어순은 주어, 목적어(또는 보어), 술어의 순이 며 꾸미는 말이 꾸밈을 받는 말의 앞에 놓이는 것 따위의 특성이 있 다.-《표준국어대사전》"이라고 풀이하고 있다.

반면에 북한의 '조선말'은 "아득한 옛날부터 조선인민이 써 내려오면서 발전시켜 온 민족어. 교착어에 속하는 조선말은 말소리가 풍부할 뿐 아니라 문법구조가 치밀하게 잘 째이고(짜였고) 어휘와 표현 또한 풍부하여 세계에서도 가장 발전된 우수한 언어의 하나로 되고 있다. 우리말은 오늘 위대한 수령님의 주체 수도 평양을 중심지로 하고 평양 말을 기준으로 하여 사회주의 민족어의 전형인 문화어로 개화발전하고 있다"《조선말대사전(북)》 237쪽, 사회과학출판사라고 풀이하고 있다.

우리 말글의 뿌리와 특징은 똑같이 인정하면서도 용어가 왜 다른지를 풀이가 잘 보여 주고 있다.

북한 학자들은 '한글'을 남한 쪽의 용어로 인식하고 있다. 사석에서는 그 용어를 쓰면 반동으로 몰린다고까지 했다. '한글'이 분단 이전인 일제 강점기 때 두루 쓰인 용어라 해도 그것은 과거의 역사일 뿐이라고 여겼다. 그러다 보니 '한말'과 '한글'을 합친 '한말글'을 남한 쪽 용어로 생각하는 것이 그들 실정으로 봐서는 무리가 아닌 듯했다.

북한은 정치 신념 때문에 그렇다 치더라도 남한에서조차 이 용어를 쓰지 않을 이유는 없다. 한글학회가 서울시와 함께 2014년 세종로 공원에 세운 '조선어학회 한말글 수호 기념탑'은 그래서 더 의미가 있다.

다시 말해 '한말글'을 '한국어'라는 용어와 함께 한국의 입말과 글말을 다 함께 가리키는 용어로 써야 하는 몇 가지 이유가 있다.

첫째, 글말 표기 명칭인 '한글'과 대비되는 입말 지칭 용어로 '한말'이란 말이 매우 요긴하다. 일제 강점기인 1930년 11월 19일《동아일보》4면에는 흥미로운 노래 가사가 실려 있다.

한말·한글-구월 이십 구일(훈민정음 반포 484주년)을 맞으며

조종현

한말·한글 노래 가사 《동아일보》 1928년 11월 19일 기사

가. 방실방실 어린이 재미스럽게 말이 뛴다 소 뛴다 말은 하여도 하
　　는 이 말 이름을 모른다 해서 "한말"이라 이름을 일러줫지요

나. 방실방실 어린이 얌전스럽게 가갸거겨 책들고 글을 읽어도 읽는
　　그 글 이름을 모른다 해서 "한글"이라 이름을 갈쳐줫지요

다. 쉽고 고운 우리글 "한글"이라요 좋고 좋은 우리말 "한말"이라요
　　방실방실 어린이 잘도 읽는다 방실방실 어린이 잘도 부른다

1446년 훈민정음을 반포하였으므로 1930년은 484주년 되던 때라

《동아일보》가 한글날 특집 지면을 만들었는데 이 지면에 실린 노래이다. 조선어연구회는 1926년 11월 4일(음력 9월 29일) '가갸날'을 선포하고 1928년 11월 11일(음력 9월 29일) '가갸날'을 '한글날'로 명칭을 바꿨으며 바로 위 노래가 실린 11월 19일은 음력 9월 29일로 훈민정음 반포 464돌 되던 때였던 것이다. 이때는 훈민정음 반포가 9월 상순에 이루어졌다는 사실이 밝혀지기 전이라 반포 사실이 실린 음력 9월 29일을 기념일로 삼은 것이고 음력이라 양력 날짜는 매해 조금씩 바뀌었던 것이다.

그런데 위 노래에서 '한말'이란 용어를 매우 자연스럽게 쓰고 있다. 이렇게 보면 '한말'과 '한글'을 합치면 '한말글'이란 용어가 자연스럽게 생성된다. 이 용어의 정당성을 네 가지로 설정해 보기로 한다.

다양성

이때의 다양성은 새로운 용어가 남한 북한 어느 한쪽으로 편중되지 않아야 한다는 뜻이다. 편중되지 않는 용어로는 배달말, 우리 말글, 한글 등이 있으나 '한글'은 북한에서 편중되었다고 봄으로 군이 고집할 필요가 없다. 더욱이 글말만을 연상시키므로 당연히 제외된다. '우리 말글'은 '국어'와 같이 보통명사 성격이 강하므로 논의할 필요가 없다. 그렇다면 '배달말'이 적절할 수 있다. 북조선의 '조선말'에서 '조선'을 택한 의도와도 맞고 전통적 역사성도 강하기 때문이다. 그러나 전통적 역사성이 강해 오히려 문제가 된다. 현대말의 역동성을 담아내기에는 부족해 보인다.

역사성

우리글이 비록 15세기 창제되고 근대 이후에야 제값을 인정받기 시작한 짧은 역사를 지니고 있지만 우리말과의 가장 이상적 관계가 설정되었으므로 창제 이전의 말을 함의하고 있다. "단일 민족 단일 언어"라는 이데올로기가 형성된 것도 그 때문이다. 따라서 새 총칭어가 글말만의 역사성뿐만 아니라 입말까지도 아우르는 역사성을 띠는 용어라면 가장 이상적일 것이다.

입말과 글말의 통합성

총칭은 당연히 입말과 글말을 모두 아울러야 한다. '배달말'과 같이 어느 한쪽을 많이 표상하는 것은 바람직하지 않다. '한국말'이라는 말보다 '한국어'가 총칭으로서 더 많이 선호되는 것은 순우리말(-말)과 한자어(-어)의 문제가 아니라 '-말'이 자꾸 입말만으로 연상되는 반면에 '-어'는 그런 연상성이 적어 말과 글을 함께 아울러 주기 때문이라고 볼 수 있다. 물론 북녘에서는 사전 올림말로 볼 때 '조선어'보다 '조선말'을 더 선호하는 듯하다. 새 총칭어에서는 아예 '말'과 '어'의 갈등 자체를 없앤 것이다.

남북/북남 공동체 이상성

이 용어는 통일 시대를 대비하기 위한 것이다. 다양성을 인정하면서도 통합적 공동체를 이루기 위한 전략이 필요하다. 갈등과 분열의 현실을 극복하고 나눔과 공존과 평화의 현실과 미래를 위해 강력한 상징적 구성물이 필요하다. 이러한 구성체로서 우리의 고유 문자만 한 것이 없다. 문자 민족주의가 일제 강점기만큼이나 유용한 전략이 될 수밖에 없다. 여기다가 북한 공동체의 이상을 담은 강력한 총칭어가 있다면 더할 나위 없는 언어공동체의 전략이 수립되는 것이다.

'한말글'은 '말과 글'이라는 일상용어에다 '한-'을 붙인 것이다. 이때의 '한'은 다음과 같은 네 가지 의미가 있다.

(1) 통합성의 의미: 한(하나) 개의 말과 글
(2) 일관성(역사성)의 의미: 한결같은 말과 글
(3) 민족주의 의미: 한민족의 말과 글
(4) 포용성의 의미: 한(큰) 말과 글

(1) 통합성의 의미에 대하여

이때의 통합은 남과 북뿐만 아니라 지역 통합, 입말과 글말의 통합 등을 의미한다. 하나 된다고 해서 하나로 통일한다는 의미보다는 연계성 또는 연대성을 강조하는 의미가 강하다. 곧 통합은 획일화하는 것이 아니라 다양성을 존중하면서도 연대성을 강조하는 의미다.

(2) 일관성의 의미

한결같이 흐르는 역사성을 강조하는 의미다. 이는 북녘이 '조선'을 삼은 근거도 된다. 한국어의 '한'도 결국 역사적 정통성을 강조하려는 의미이므로 북조선이나 남한이나 역사성을 강조하는 의미맥락은 비슷한 것이다.

(3) 민족주의 의미

민족주의는 두루 알려져 있듯이 근대 이후에 성립된 역사와 문화 공동체 이데올로기다. '한민족'이라는 말 또한 근대 이후에 성립한 우리 민족주의에 의한 겨레 명칭이다. '한민족'의 '한-'이 대한민국의 '한'과 같은 어원으로 볼 수도 있으나 의미맥락, 사회적 의미는 다른 것이다.

(4) 포용성의 의미

'한-'은 "한미르(큰용)"의 쓰임새에서 보듯 '크다'는 의미가 있다. 따라서 '한말글'은 "큰 말과 글"이라는 의미가 있다. 결국 내부의 각종 갈등을 극복해 주면서도 개방적 민족주의로 나아갈 수 있는 역량을 가지고 있는 언어라는 의미다. 문자 측면으로 보면 순우리말이건 한자어건 한글과 일상어 측면에서 포괄 수용하는 전략이 중요하다.

훈민정음 창제 기념일을 12월 28일로 하자

세종은 47살 때인 음력 1443년 12월에 훈민정음 28자를 창제하고 50살 때인 1446년 9월 상한(1~10일)에 《훈민정음》이란 책을 통해 새 문자를 백성들에게 알렸다. 1443년 음력 12월은 훈민정음 28자가 세상에 공개된, 그야말로 훈민정음 28자의 기적이 일어난 달이다. 그 기적은 세상에 소리없이 드러났다.

> 是月, 上親制諺文二十八字, 其字倣古篆, 分爲初中終聲, 合之然後乃成字, 凡干文字及本國俚語, 皆可得而書, 字雖簡要, 轉換無窮, 是謂『訓民正音』.
>
> 이달에 임금이 친히 언문 28자를 지었는데, 그 글자가 옛 전자를 본뜨고, 초성·중성·종성으로 나누어 합한 연후에야 글자를 이루었다. 무릇 한자에 관한 것과 우리말에 관한 것을 모두 쓸 수 있고, 글자는 비록 간단하고 간결하지마는 전환하는 것이 무궁하니, 이것을 훈민정음이라고 일렀다.
>
> _세종 25년(1443년) 12월 30일 자《세종실록》온라인판 영인본에 의함)

공교롭게도 북한은 창제한 날을 기념하고 남한은 반포한 날을 기념하고 있다. 분단의 아이러니지만 이제는 남북이 연계하여 창제한 날과 반포한 날을 함께 기려야 한다. 함께 기리되 창제한 날은 문자 기념일로 반포한 날은 한글날로 기리면 더욱 좋을 것이다.

남한 쪽에서는 반포한 날을 양력으로 환산한 10월 9일을 한글날로 기념하고 있으므로 한글날 자체를 바꿀 필요는 없다. 더불어 훈민정음 창제일은 어떤 방식으로든 기려야 한다. 1443년 12월에 이미 훈민정음 28자가 완벽하게 창제되었기 때문이다. 하층민을 배려하고 가장 창조적인 문자를 만든 날을 기념하지 않는다면 무엇을 기념한다는 것인가. 훈민정음은 영국의 존맨이 "모든 알파벳의 꿈"이라고 격찬한 말을 인용하지 않더라도 인간의 문자에 대한 보편적 이상을 담고 있기 때문이다. 따라서 반포날은 배달겨레 문자로서의 특수성을 살리고 창제날은 인류 문자의 보편성을 기리자는 것이다.

문제는 훈민정음 창제일을 특정 날짜로 잡을 수 없다는 점이다. 훈민정음 창제에 대한 최초 기록은 인용기록처럼《세종실록》12월 30일 달별 기사로 "이달에 임금이 언문 28자를 지었는데 훈민정음이라 일컫는다"고 했기 때문이다. 12월 어느 날인지 알 수 없다. 그것이 당연할 것이다. 세종은 문자 창제를 비밀리에 해 오다가 어느 날 갑자기 공식적으로 새 문자 창제를 알린 것이 아니라 집현전 일부 학자들을 중심으로 조심스럽게 알렸을 것이기 때문이다. 만일 특정한 날에 공식 발표를 하였다면 사관에 의해 정확한 날짜가 기록되었을 것이다. 달별 기사라는 사실은 그런 공식 절차를 거치지 않았음을 의미한다.

우리는 일정한 기준을 세워 기념일을 세울 수밖에 없다. 먼저 음력 12월의 특정 날을 정해 양력으로 환산하여 기념일을 정하는 방법이 있다. 북한에서는 음력 12월의 중간인 15일을 양력으로 환산하여 1월 15일을 훈민정음 창제 기념일(조선글날)로 삼고 있다. 이렇게 양력으로 환산하면 훈민정음 창제 연도가 1444년이 되어 1443년의 상징성이 사라지는 문제가 있다. 그래서 《세종실록》 기록일이 음력이라 하여 현대 시각으로 양력으로 연도까지 바꿔 가며 기념일을 정하는 것은 합리적이지 않다. 그렇다면 12월 어느 날로 해야 하느냐가 문제인데 훈민정음 28자의 의미를 살려 12월 28일을 기념일로 삼았으면 좋겠다. 문자의 상징성과 날짜가 일치해 기념일 효과가 더 클 것이고 연말의 신나는 분위기를 살려 문자 창제의 기쁨도 더 누릴 수 있기 때문이다.

안타깝게도 대한민국은 훈민정음 창제날을 한 번도 기념한 적이 없다. 북한도 들리는 말로는 제대로 행사를 치르지 않고 있다. 북한은 학술책에서조차 세종이 창제한 사실을 거의 밝히고 있지 않다. 그러다 보니 대다수 북한 주민들은 김일성이 한글을 만들었다고 알고 있다고 한다.^{새터민 김정아 증언} 이제 창제날은 훈민정음의 보편적 가치를 기려 문자의 날로 승화시켜 국제적인 기념일로 삼아야 한다.

외래어 표기법과 한글 우수성의 갈등 문제

1. 외래어 표기법으로 길 잃은 외래어

어문규정 가운데 가장 많은 비판을 받아 왔지만 그렇다고 명쾌한 대안을 제시하기가 어려운 분야가 외래어 표기법이다. 그것은 규정 자체의 문제 탓도 있지만 근본은 외래어 속성의 이질성이나 특수성 문제이기도 하다. 그로 인한 갈등은 《표준국어대사전》과 어문규정에 고스란히 드러나 있다.

국어 교과서에서는 '외래어'를 한국어의 한 갈래로 규정하고 있지만 정작 언어생활에 많은 영향을 끼치고 있는 사전과 어문규정에서는 마지못해 한국어로 인정하는 듯한 태도를 취하고 있다. 《표준국어대사전》에서는 외래어를 "외국에서 들어온 말로 국어처럼 쓰이는 단어"라고 규정하고 있다. '국어처럼'이란 말은 외래어의 속성을 보여 주고 있지만, 국어의 한 범주로 보는 교과서 인식과는 격이 다른 자리매김이다.

외래어 표기 규정도 본래 한국어와는 달리 받침을 일곱 글자로 제한하고(2항), 된소리를 거의 배제해(3항) 다양한 외래어의 특수성을 무시하고 있다. 외래어는 국어의 현용 24 자모만으로 적는다"라는 1항부터 문제인데 이는 새로운 문자를 만들어 쓰지 말라는 의도라고 한다. 그러나 2항 3항에서 실제 한글자모를 제한하고 있기에, 궁색한 변명에 지나지 않는다. 표준어 규정에서 규정한 자음자 19자, 모음자 21자조차도 무시한 잘못된 규정이다. 외래어에 한국어의 정체성을 제대로 부여하지 않고 있는 셈이다.

외래어 표기법에서 예시 대부분을 외국어로 들어 그런 갈등을 부추겨 놓았다. 이는 새로 유입되는 외래어를 염두에 둔 조처이겠으나 대부분의 예가 그렇다는 것은 결국 외국어 남용을 은연중에 부추기는 격이다. 물론 외래어 표기법은 이미 들어온 말보다는 앞으로 문제가 될 외국어나 외래어에 초점을 두었으므로 일리는 있다. 그렇다 하더라도 대부분의 예를 외국어로 삼은 것은 외래어를 국어로 보는 전략에 대한 전면 부정이고 모순이다.

외래어 자리매김도

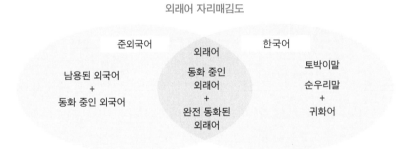

외래어의 자리매김은 그림처럼 보는 것이 좋다. 한국어의 일부 범주로 보되, 외국어와의 연관 관계를 전제로 하는 배치도이다. 준외국어란 한국어로 유입된 외국어를 말한다. 준외국어 영역의 점선 처리는 어원이 외국어이고 준외국어와의 밀접한 관계 속에 있지만 외국어는 아니라는 의미다. 곧 준외국어는 한국어 속에서 쓰이고 있지만 도저

히 외래어로 볼 수 없는, 남용된 외국어와 외래어로 될 가능성이 있는 동화 중인 외국어가 있는 셈이다. 따라서 외래어는 토박이말과의 동화와 갈등, 남용된 외국어와 동화 중인 외국어와의 갈등에 노출되어 있다. 외래어도 '학교'와 같이 토박이말과 거의 구별이 안 되어 귀화어에 버금가는 완전 동화된 외래어가 있는가 하면, '콘텐츠'와 같이 아직 국민적 합의에 이르지 못한 동화 중인 외래어도 있다. '까페'처럼 어문규범(카페)과는 다르게 동화된 말도 있다. 이런 중간적, 복합적 성격 때문에 외래어 표기법 규정에 대해서는 완벽한 대안을 찾기가 어려운 것이다. 대신 더 나은 대안을 찾으면 된다.

외래어 표기법의 된소리 표기 문제는 한국어의 보편성 문제와 외래어만의 특수성 문제, 발음과 표기의 갈등 등이 뒤엉켜 있기에 근본 맥락을 짚어 보자는 것이다.

2. 외래어에 대한 이중 전략

외래어 된소리 표기 문제를 해결하기 위해서는 외래어에 대한 인식을 제대로 세워야 한다. 앞의 그림처럼 한국어로서 인정하되 그 특수성을 존중하면 된다. 따라서 이중 전략이 필요하다. 한국어 전통 조어법대로 바꿀 수 있는 어휘 분야에서는 외래어 유입을 최소화하는 민족주의 관점을 따르고, 어쩔 수 없거나 받아들일 수밖에 없는 고유명사나 특정 전문 용어 따위는 과감하게 개방적 관점(원음주의)으로 받아들이자는 것이다. 더 나아가서는 다중 전략이 필요하다. 관용화된 것은 최대한 존중하고, 새로운 흐름에 따라 '모택동, 마오쩌둥'처럼 관용과 새 방식을 병행하는 것은 복수 표준어처럼 인정할 수 있다.

한글 혁명

민족주의 관점에서는 '호치키스, 호치케스, 스테이플러, 스테풀러'와 같이 어떤 말로 쓰느냐로 갈등하기보다 '찍개(현행 순화어)'라는 새로운 말로 만들어 쓰는 것이 생산적이고 합리적이다. '포스트잇'처럼 아리송한 외래어보다 '붙임쪽지(순화어)'나 '붙뗄쪽지(김슬옹식 새말)'라고 만들어 쓰는 것이 더 좋다. 이런 면에서 국립국어원에서 막 들어온 외국어나 퍼지고 있는 외래어를 누리꾼들과 함께 우리 식대로 바꾸고 있는 "모두가 함께하는 우리말 다듬기www.malteo.net" 정책은 매우 느꺼운 일이다.

차선책으로 받아들여 쓴다면 이때는 한국어와 표준어의 외연을 넓히는 개방적 관점에 따른다. 한국어는 단일 표준어로만 규정되는 단일체로서의 언어가 아니다. 표준어 외에 비표준어인 사투리도 한국어다. 표준어로만 한정한다 하더라도 이제는 서울말에 없는 사투리는 무조건 표준어로 수용하는 개방적 표준어로 나아가야 한다. 이렇게 언어의 복합성과 중층성에 주목한다면 외래어는 한국어 범주 안에 자연스럽게 자리매김된다. 표준어라도 5천만이 다 아는 말도 있고 극소수만 아는 표준어도 있는 것이다.

개방적 관점에서는 당연히 '원음 근접주의'를 따르게 된다. 현행 한글 자모로 표기 가능한 한 원음에 가깝게 표기하는 것이다. 어차피 한글이 아무리 뛰어나다 해도 한국어와 외국어의 음운 체계가 다르므로 외래어를 원음과 똑같이 적을 수는 없다. 그런 생각조차 잘못된 것이다. 다만 한글이 발음기호는 아니지만 발음기호에 근접하는 자질 문자라는 특성 때문에 근접 표기가 얼마든지 가능하다. 된소리 표기를 배제하는 것은 이런 원음주의에 대한 전면 부정이다. '콩트'가 원음에 가까운지 '꽁트'가 가까운지 판단하기 어려워 '콩트'를 선택했다면 이해할 수 있지만 분명 '꽁트'가 더 가까운데도 배제했다면 이는 지나친 편의주의다.

물론 그 어떤 문자보다도 원음 근접주의에 적합한 한글의 뛰어난 장점은 불필요한 논쟁을 유발시키기도 한다. 현행 한글 자모에 없는, '병'과 같은 사라진 글자를 사용해서 표기하자는 이상주의(발음기호나 국제 음성 기호와 같은 특별 목적으로는 얼마든지 가능)도 있고, 문자 표기와 발음은 다른 경우가 많은데 같은 것으로 착각하는 경우도 있다. 이 밖에 원음 가깝게 적다 보니 외래어의 이질성이 높아져 그로 인한 갈등도 있다. 그러나 그런 갈등은 세계화 흐름과 관습에 의해 줄어드는 추세다.

이런 문제는 한글이 자질문자로서의 우수성에서 비롯되는 것이다. 한글은 세계 여러 문자 가운데 발음기호에 가장 근접할 수 있는 자질문자의 우수성을 인정받고 있다. 이러다 보니 원어에 최대한 가깝게 적을 수 있는 장점이 있는 반면에 원어 표기에 대한 지나친 욕망 또는 이승만식 표기 욕망(무조건 소리 나는 대로 적자는 생각)을 부추긴다. 그러다 보니 없어진 글자까지 되살려 표기하자는 이상론도 등장한다.

외래어를 한국어의 한 범주로 본다면, 맞춤법의 모든 규정을 적용할 수는 없겠지만, 일반 원리나 주요 흐름은 적용할 수 있다. 곧 새로 유입되는 외래어에 한해 "제1항 한글 맞춤법은 표준어를 소리대로 적되, 어법에 맞도록 함을 원칙으로 한다"라고 하는 규정 원리를 존중하는 것이다. 이른바 원음에 최대한 가깝게 하되, 역시 한국어 음운 체계를 최대한 존중하여 표기하는 것이다. 이런 전략은 음소 문자로서의 특성을 최대한 살리면서 세계화의 흐름에 걸맞은 잣대가 된다. 이런 점이 아니더라도 항상 기준이 중요한데 이미 들어와 널리 쓰이는 말이야 관습이 주요 잣대가 될 수 있지만 새로 들어오는 말들은 원어가 기준이 될 수밖에 없다. 한국인의 청취지각력을 고려해야 하지만 그 자체가 기준이 될 수는 없다. 또한 청취지각력을 무시하는 것도 아니다. 현행 한국어의 음운 체계를 바탕으로 하기 때문이다.

3. 된소리 표기 배제의 주요 문제

획일주의에 대한 반성

된소리 표기를 막는 핵심 근거는 다음과 같다.

> 무성파열음 [p, t, k]는 영어나 독일어에서는 거센소리로 나고, 프랑스어, 러시아어에서는 된소리에 가깝게 나는데, 이것을 거센소리로 적기로 통일했다. 파리, 카페, 콩트, 코냑, 피에로, 아틀리에, 모스크바, 도쿄, 오사카, 후쿠오카 등. 언어에 따라 무성파열음이 된소리에 가깝게 나기도 하고 거센소리에 가깝게 나기도 하는데 이것을 언어마다 달리 표기하게 되면 표기에 혼란이 생기기 때문에 거센소리로 적기로 통일한 것이다.

이와 같은 설명에서 우리는 외래어 표기에 대한 지나친 편의주의를 보게 된다. 외래어는 어차피 다양할 수밖에 없다. 외래어를 국어로 자리매김한다면 외래어의 특수성(다양성)을 존중해 주는 것이 합리적이다. 현 외래어 표기법은 표기 일람에서는 국제 음성 기호와 한글 대조표 외, 에스파냐어 자모와 한글 대조표를 비롯하여, 이탈리아어, 베트남어 등 15개국의 한글 대조표를 제시하고 있고, 이를 보완 설명하는 표기 세칙에서는 영어를 비롯한 18개국의 세칙을 제시하고 있다. 이렇게 따로 세칙을 통해 세밀하게 표기법을 안내하면서 굳이 "언어마다 달리 표현하면 혼란스럽다"고 하는 것은 모순이다. 여기 제시된 나라들만이라도 세칙을 보완하고 나머지 나라들은 그에 준하거나 개별 어휘별로 사전에서 처리하면 될 것이다. 뻔한 발음을 막는 것이 더 혼란스러울 수 있다. 이는 국립국어원 가나다 상담과 전국 국어상담소 상담 문의에서 외래어 된소리 발음에 대한 질문이 아주 많은 것을 보면 알 수 있다.

물론 규정은 파열음 표기에만 된소리를 쓰지 않는 것을 원칙으로 한다"라고 규정하고 있다. 이에 따라 [표 1] 국제 음성 기호와 한글 대조표에도 모음 앞의 [p], [t], [k]는 'ㅍ', 'ㅌ', 'ㅋ'로 대응되어 있고, [표 2] 에스파냐어, [표 3] 이탈리아어, [표 4] 일본어의 가나, [표 5] 중국어의 주음부호에 이르기까지 각 언어의 파열음 표기에 된소리를 철저히 차단시키고 있다.

문제는 파열음에만 한정하지 않았다는 점이다. 영어 마찰음 / S / 도 '써비스, 씨스템, 쎈터'가 아니라 '서비스, 시스템, 센터'이다. 독일어 파찰음 / ts / 도 '모짜르트, 쮜리히'가 아니라 '모차르트, 취리히'다. 이는 된소리 표기 제한이 단지 언어학적 이유만이 아니라 된소리에 대한 뿌리 깊은 경멸이 담겨 있다고 볼 수 있다.

정국²⁰⁰³의 〈외래어 표기법과 외국어 발음〉《외국어교육》 17호, 191쪽에서는 이러한 "무성폐쇄음=격음"이라는 획일화로 인해 한국인들이 외국어를 배울 때 "t=ㅌ, p=ㅍ, k=ㅋ"로 무조건 발음하는 교육적 폐해까지 있다고 주장하고 있다.

소통과 욕망의 문제

맞춤법은 합리적 소통을 위한 장치다. 이때의 합리성은 자유로운 표현 욕망을 제어하기보다는 도와주는 전략에서 필요하다. '초콜릿, 초콜렛, 쵸콜렛, 쪼꼬랫' 등을 다 허용하다면 그것은 자유로운 표현 욕망을 존중하는 것 같지만 사실은 혼란을 초래하고 선택의 갈등으로 오히려 욕망을 제어하게 된다. 따라서 '초콜릿'이란 통일된 규범어 덕에, '초콜릿'에 머무르지 않고, 그 단어를 통한 무한한 표현 대열에 합류할 수 있는 것이다. 그러나 된소리 표기 자체를 제어하는 것은 표현 욕망으로 보면 합리적 소통이 아니라 폭력적 억압에 가깝다.

> 어떤 글을 쓰더라도 짜장면을 자장면으로 표기하지는 않을 작정이다. 그것도 어른들 때문이다. 어른들은 아이들이 짜장면이라고 쓰면 맞춤법에 맞게 기어이 자장면으로 쓰라고 가르친다. 우둔한 탓인지는 몰라도 나는 우리나라 어느 중국집도 자장면을 파는 집을 보지 못했다. 중국집에는 짜장면이 있고, 짜장면은 짜장면일 뿐이다. 이 세상의 권력을 쥐고 있는 어른들이 언젠가는 아이들에게 배워서 자장면이 아닌 짜장면을 사 주는 날이 올 것이라 기대하면서…
>
> _안도현(2000), 《짜장면》, 열림원, 122쪽.

지나친 획일주의는 위와 같은 욕망의 저항을 낳기 마련이다. 다행히 2015년 '짜장면'이 복수 표준어가 되었다.

물론 '마오쩌둥(모택동, 毛澤東)'과 같이 고유명사에서 쓰고 있고, '빵, 껌, 삐라, 히로뽕, 빨치산' 다섯 단어에 한해 된소리 표기를 허용했다. 다섯 단어만의 특별한 맥락이 있는 것이지만, 이는 관습적 예외 조항으로 오히려 된소리 표기 욕망을 자극할 뿐이다.

외래어 표기법의 이런 궁색한 된소리 표기 규정은 된소리를 되도록 억제하려는 순화 논리가 깔려 있다. 된소리는 다양한 언어 양식을 규정짓는 변별 요소인데도 마치 사회의 잘못된 현상의 지표로 생각한다는 점이다. 물론 어문규정은 근본적으로 순화 규범이다. 통일과 표준은 근본적으로 순화 전략이기 때문이다. 쌍소리가 대부분 된소리로 되어 있는 데다가 '싸랑해요, 쐬주' 등과 같이 제멋대로 말꼬기가 언어 순수주의에 위배된다고 보았기 때문이다. 당연히 된소리는 예사소리에 비해 강하다 보니 강조 효과가 있고 그런 효과의 장단점이 존재한다. 설령 단점이 있다고 해서 장점을 부정할 수는 없다.

따라서 된소리 표기 제한은 한국어의 기본 음운 체계를 부정하는 행위일 뿐 아니라 자질문자로서의 한글의 우수성을 무시하는 규정이다. "예사소리–된소리–거센소리"의 변별에 따른 표기 문자의 정교한 배치를 왜 부정하는가.

현실적 대안: 표기와 발음 표시 이원화 전략

외래어 표기법은 별도의 발음법이 없고 사전에 따로 나와 있지도 않다. 국립국어원에서는 글자 그대로 읽어야 한다고 가나다 게시판에서 안내하고 있다. 결국 된소리 관련 어휘들은 '서비스'건, '버스'건 무조건 예사소리로 읽어야 한다. '디스켓'을 연음 발음까지 고려하고 7종성법(ㄱㄴㄹㅁㅂㅅㅇ)을 적용해 '디스켓(디스케시)'으로 규정한 것으로 보면 외래어 표기의 한글은 발음기호 역할을 한다. 어떻게 보면 한글의 장점을 최대한 살린 듯하지만 실제로는 그렇지 않다. 발음 표기를 전근대적인 칠종성 표기로 한정한 것은 오히려 한글의 장점을 무시한 태도이고 다양한 받침 글자가 쓰이는 한국어의 특성을 고려하지 않은 것이다.

영어는 거의 모든 단어가 발음기호가 필요하다. 그러다 보니 배우기는 더디고 불편해도 표기와 발음을 일치시켜야 한다는 갈등이 없다.

그러나 한국어는 발음 표시가 삼원화되어 있고 발음 표기가 안 되어 있는, 단어들이 꽤 많은 것이다. 그래서 편리한 점이 대부분이지만 한편으로는 발음과 표기의 혼동을 불러일으킨다.

소리01「명사」
꽃01[꼳][꽃이[꼬치], 꽃만[꼰-]]「명사」
집01[집만[짐-]]「명사」

_《표준국어대사전》

단독으로 발음하건 다른 말이 결합되건 일관된 음운으로 발음되는 것(소리)은 당연히 아무 표시가 없고, 단독으로건 다른 말이 결합되건 달리 발음되는 것(꽃), 단독으로는 표기나 발음이 일치하지만 다른 말과 결합될 때만 변동되는 것(집)이 달리 표시되어 있다. 물론 이런 변동 원리는 맞춤법 규정에 있는 것이지만 대중의 언어생활에서는 그런 규범보다는 이런 식의 사전 도움풀이가 더욱 가치가 있고 요긴하다. 이런 맥락 때문에 남영신[1998]의 《국어 천년의 실패와 성공》[한마당]에서 맞춤법 규정을 없애고 사전 중심으로 가자는 견해가 설득력 있다. 물론 필자는 병행주의다. 영어처럼 문자의 한계 때문에 개별 단어별로 접근하는 언어야 사전이 절대적이지만 한국어와 한글은 그렇지 않으므로 병행하는 것이 좋다. 문제는 외래어 표기는 발음표시가 안 되어 있다는 점이다.

서비스(service)
버스02(bus)

외래어도 일반 맞춤법 적용 전략에 따라 발음 표시를 하는 것이 좋다. '서비스, 버스'와 같이 올림말에 발음 정보가 없는 경우, '[써비스 / 써비쓰], [뻐쓰 / 뻐스 / 버쓰]'와 같이 된소리 발음이 들어가는데 표기에 반영 안 했다는 것인지 그냥 표기대로 [서비스], [버스] 읽어야 하는 것인지 혼란스럽다. 물론 원음주의로 간다면 '소리'와 같이 별도의 발음표시가 필요없는 말들이 늘 수 있다. 그러나 외래어의 특수성으로 그렇지 않은 말들이 많으므로 토박이말의 발음 정보 전략을 따라야 한다.

그렇다고 외래어의 된소리 발음을 무조건 표기에 반영하자는 것은 아니다. 기본적으로는 토박이말 관계를 따른다. 물론 토박이말이라고 해서 된소리 표기가 쉬운 것은 아니다. 된소리 발음과 표기 관련 규정은 맞춤법에서는 5항, 53항, 54항에서 규정하고 표준 발음법에서는 6장 23항에서 28항까지 6개 항으로 규정하고 있다. 이러한 규정에서 된소리 발음을 표기에 반영하는 것을 허용한 것(소쩍새, 할까?)과 발음은 허용하되 표기는 하지 않는 것(갑자기[갑짜기], 할걸[할껄]), 발음과 표기 모두 인정하지 않는 것(효과[효과])도 있다. 이렇게 다양한 된소리 관련 표기 방법이 있는 만큼 외래어 표기도 이런 흐름을 따르면 된다.

관습적으로 굳어진 '짜장면'과 같이 발음을 표기에 반영하는 것과 그렇지 않은 것은 맞춤법의 가장 근본 원리인 원형 밝히기를 적용하면 된다. 이를테면 필연적, 보편적 변동에서는 발음의 규칙성이 있으므로 사전에서의 발음 표시로 해결하면 된다. 이 점은 박동근[2007: 47]에서 적절히 제시했다. "택시[-씨], 버스[-쓰], 텍스트[-쓰-]"와 같이 이음절에서의 /s/는 필연적으로 된소리가 나므로 굳이 "택씨, 버쓰, 텍쓰트"와 같이 표기하지 않아도 발음 표시로 가능하다. 어문규정에 외래어 발음 규정도 없고 사전에서도 발음표시를 하지 않다 보니 아래와 같은 궁색한 답변을 할 수밖에 없다. 이와 관련된 상담 내용을 살펴보자.

[질문]

저희 어머니가 사이드미러를 계속 [사이드미러]로 발음하시기에 사이드미러를 찾아보았는데 발음이 적혀 있지 않고 그냥(sidemirror)로만 적혀 있더군요. 일반적으로 영어에서 사이드라는 발음은 거의 [싸이드]로 발음되잖아요. 사이드미러 역시 [싸이드미러]로 발음되리라 생각됩니다만. 발음 대신 영어 단어가 적혀 있다는 것은 그냥 영어 발음으로 읽어야 한다는 뜻인가요? 그렇게 되면 '미러'에서 혀를 좀 꼬부려 줘야 하기 때문에 한국어 문장에 섞어 말하기는 좀 어색하다고 생각되거든요.

[답변]

안녕하십니까? '사이드미러(side mirror)'는 외래어인데, 외래어는 외국에서 들어온 말로 국어처럼 쓰이는 단어이므로, 우리말 방식으로 쓰고 읽으면 됩니다. 그리고 'side'는 흔히 [싸이드]로 발음하지만, [사이드]로 발음하는 것이 맞습니다. 어머니께서 발음하신 [사이드미러]가 맞습니다.　　　_이수연, 국립국어원 온라인 가나다(2008. 10. 16)

[질문]

'빠나나'가 맞나요, '바나나'가 맞나요? 버스도 '뻐스'가 맞나요, '버스'가 맞나요??

[답변]

'바나나', '버스'와 같이 표기하시는 대로 발음합니다.

　　　　　　　　　　　_소재인, 국립국어원 온라인 가나다(2007. 6. 8)

[질문]

버스, 가스…와 같은 외래어는 발음을 [뻐스]로 해야 하는지 [버스]로 해야 하는지 [가스]가 맞는지 [까스]가 맞는지 어문규정에 어느 부분을 근거로 한 것인지도 궁금합니다. 발음이 된소리가 안 난다고 해도 [버스]가 아니라 [버쓰]가 맞는 거겠죠?

[답변]

원칙적으로 표기된 대로 발음해야 합니다. 다만 현재 어문규정에는 외래어에 대해서 특별히 발음을 규정해 놓은 것이 없고, 현실적으로는 경음화하여 발음하는 경우가 많기 때문에 이 문제는 앞으로 더 검토가 필요한 부분입니다.   _바다향기(2005. 1. 27)

__국립국어원 묻고 답하기

'사이드미러' 질문자가 발음 대신에 외국어 어원이 적혀 있다고 주장한 것은 외래어 정보 표시 모순을 정확히 짚었다. sidemirror는 어원이므로 최소한 '← sidemirror'라고 표시해야 한다.[1] 이수연 질문자의 오해는 당연한 것이다. 이런 식의 사전 올림말 처리 방식은 외래어를 한국어로 대우하지 않는 관점을 은연중에 드러낸 것이다.

'버스' 질문자 문의에 대한 답변은 거의 잔혹(?) 수준이다. '버스'를 어떻게 [버스]로 발음하는가. 대화 자체가 거의 힘들 뿐만 아니라, 버스를 불러 세워야 할 상황이라면 그 뜻을 이룰 수 없을 것이니 어찌 잔혹하다고 하지 않겠는가. 2005년도 질문에 대한 답변을 보면, 오랜 고민거리임을 알 수 있다. 고민을 해결하지 않은 상태에서 계속 내려

---

1. 한자어도 마찬가지다. '학교(學校)'라고 표시되어 있는데 '학교(← 學校)'라고 표시해야 한다. '학교'와 '學校'는 쓰이는 맥락이 다르므로 같은 단어로 취급해서는 안 된다.

오다 이런 잔혹한 답변을 하게 될 수밖에 없었던 것이다. 표기 개정이 어렵다면 발음이라도 허용해야 한다.

4. 마무리

외래어 표기법은 언중들이 편하게 언어생활을 하도록 있는 것이다. 지나친 통제 위주의 언어정책은 제대로 된 언어생활의 걸림돌이다. 거시적이면서도 미래 지향적 관점에서 한국어 맞춤법의 일반 범주를 적용하고 한글의 장점을 살리는 것이 오히려 외래어로서의 특수성과 한국어의 개방적 정체성을 잘 살릴 수 있는 길이다. 또한 된소리 표기를 허용하는 것은 세계화 흐름에도 맞출 수 있고 또 북한 방식과 비슷해져 통일을 전제로 한 개혁 흐름에도 일치된다.

외래어 표기법이 1986년에 제정되었으므로 30년이 넘게 흘렀고 시대적 분위기도 많이 바뀌었으므로 좀 더 생산적인 논의를 해야 할 때이다. 그래야 되는 가장 중요한 이유는 욕망과 소통을 위한 합리적인 언어생활의 길을 위해서다. 어문규정 잘 지키려다 더 이상 버스를 놓치는 일이 있어선 안 된다.

한글청을 설립하자

현재 한글 관련 정부 기관이나 부서로는 문화체육관광부 국어정책과와 국립국어원이 있다. 물론 이 기관들은 대단히 중요한 국어정책과 국어 관련 연구를 수행하고 있다. 문제는 '한글'이 '국어/한국어'의 하위 범주로 묶어 둘 수 없다는 데 있다. 한글은 한국어를 적는 문자 수준을 넘어서 있을 뿐만 아니라 그 이상의 가치를 가지고 있다. 더욱이 기존 부서는 대개 국어 전문가들이 일하고 있지만 한글은 국어 전문가만이 독점해서는 안 되는 기호이기도 하다. 따라서 한글청을 따로 설립해야만 한글 관련 중요 정책을 제대로 수행할 수 있다. 일정 부분 일이 중복될 수 있는데 중복을 막고 일의 효율성을 높일 수 있는 방안을 찾으면 된다. 따로 설립한 세종학당 재단과 같은 성격을 부여하면 큰 문제는 없을 듯하다.

그렇다면 한글청을 따로 설립하면 좋을 이유나 근거 여덟 가지를 살펴보자.

첫째, 대한민국의 대표 브랜드인 한글을 제대로 빛낼 수 있다. 사실 판소리, 한복 등 우리나라를 빛낼 브랜드는 많고 어느 것 하나 소중하지 않은 것은 없다. 그러나 시공간을 넘어 한국을 대표하는 하나의 브랜드로 좁혀 본다면 한글만 한 것이 없다. 이 점은 한국에 온 외국인

들 조사에서 밝혀진 바 있다. 2012년 문화체육관광부와 한국문화산업
교류재단이 국내 거주 유학생을 대상으로 실시한 한류 및 한국 이미
지 실태 조사kofice.or.kr에 의하면 처음에는 케이팝, 한식, 드라마, 전
자제품, 한글 순으로 떠올렸다.

한국 유학 전 가장 선호하는 한국 제품과 문화

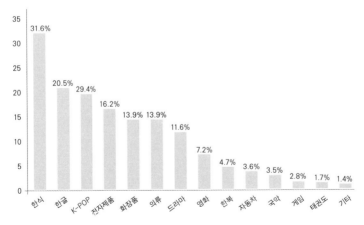
한국 유학 후 가장 선호하는 한국 제품과 문화

그러나 유학 후에는 '한식, 한글, 케이팝, 전자제품' 순으로 '한글'이 두 번째로 뛰어올랐다. '한글'의 국제경쟁력을 엿볼 수 있다.

둘째, 한글 관련 다양한 전문가를 제대로 키울 수 있다. 어떤 전문가든 국가가 제도적으로 뒷받침하지 않으면 제대로 양성할 수는 없다. 한글 전문가는 언어, 음악, 미술 등 다양한 분야에 걸쳐 식견을 가진 융합 전문가여야 한다. 한글청을 설립하면 이런 융합형 인재를 활용하는 다양한 정책을 시행할 수 있다.

셋째, 한글 관련 고부가 가치를 창출해 경제 발전 효과를 거둘 수 있다. 우리는 일류 기업의 브랜드 가치를 통해 브랜드의 중요성을 익히 알고 있다. 기업의 브랜드 가치는 자본 중심의 가치이지만 한글의 브랜드 가치는 인류 보편의 꿈을 담은 아름다운 가치에다가 자본 가치를 더할 수 있다. 앞으로 대한민국이 무엇으로 먹고살아야 할지 모르겠다고 걱정하는 분들이 많다. 이런 시점에 손쉽게 부가 가치를 창출할 수 있는 것이 있다면 국가는 발 벗고 나서 키워야 한다.

넷째, 유일하게 문자 기념일이 있는 대한민국의 문화 전통을 널리 알릴 수 있다. 이제는 고인이 된 미국 시카고 대학의 맥콜리 교수는 20년 이상을 한글날 기념식을 시카고 대학이나 자신의 집에서 해 왔다. 1996년 필자가 고 서정수 교수와 직접 인터뷰하러 미국에 갔을 때 한글날 기념식은 한국에서만 해서는 안 된다고 강조했다. 하층민을 배려한, 누구나 지식과 정보를 나누라는 아름다운 꿈이 담겨 있기 때문이라는 것이다. 한글청을 통해 맥콜리 교수의 큰 뜻을 세계인들과 나눌 필요가 있다.

다섯째, 한글을 세계무형문화유산으로 등재하는 일을 앞당길 수 있다. 한글을 해설한 《훈민정음》 해례본은 1997년에 세계기록유산으로 등재되었다. 이제 한글 자체를 아리랑처럼 세계무형문화유산으로 등재해서 그 가치를 더욱 빛내야 한다. 이 일은 서울시 종로구 안철주 전 의원이 '한글세계문화유산 밴드 http://band.us/#!/band/12329191를 만들어 본격적으로 추진하고 있는데 당연히 국가가 나서야 한다. 창립 취지문을 안철주 의원과 함께 필자가 다음과 같이 썼다.

한글, 세계문화유산 등재 추진 선언문

올해는 한글 창제 573돌, 한글 반포 570돌이 되는 해다. 1997년에는 한글(훈민정음)을 해설한 《훈민정음》 해례본이 세계기록유산으로 등재되어 해례본에 담긴 사람 중심 문자의 꿈을 전 세계인들이 나눌 수 있게 되었다. 이제는 한글을 세계문화유산으로 세울 때이다.

한글은 영국의 역사가 존맨이 강조했듯이, 모든 문자의 꿈이다. 마음과 생각을 마음껏 표현하고 지식과 정보를 평등하게 나눌 수 있는 인류의 꿈을 담았기 때문이다. 이러한 꿈을 전 세계인들이 나누기 위해 한글은 세계문화유산으로 등재되어야 한다.

한글은 소통과 교육의 문자이다. 세종대왕은 온 백성이 소통하고 쉽게 배울 수 있는 한글을 만들었다. 일부 계층만이 글을 읽을 수 있는 시대에 하층민과 여성을 비롯하여 누구나 글을 통해 지식을 얻고 세상과 소통할 수 있게 문자를 만든 것이다.

한글은 어울림의 문자이다. 한글은 자음과 모음이 어울리고 첫소리 글자와 가운뎃소리 글자, 끝소리 글자가 잘 어울리는 아름다운 도형 문자이자 예술 문자이다. 한글은 음악의 문자이다. 세종대왕은 음악가로서 기본 표준음을 만들었다. 그리고 그 표준음들이 서로 어울리어 무궁무진한 소리를 빚어내는 이치를 문자에 그대로 담았다.

한글은 철학의 문자이자 과학의 문자이다. 한글은 음양오행의 동양 전통 철학뿐 아니라 하늘과 땅과 사람이 두루 조화되는 철학이 담긴 문자이다. 점과 원과 선만으로 이루어진 간결한 수학의 문자이면서도 발음 기관과 조음 작용의 과학을 반영한 규칙적이고 체계적인 문자이기도 하다.

한글은 융합 학문의 꽃이다. 세종대왕은 음악과 천문학, 언어학, 과학, 수학 등 거의 모든 학문을 융합하여 훈민정음을 창제하였다. 요즘 꼭 필요한 통합 학문과 문화융성이라는 뿌리는 이미 훈민정음에 담겨 있다.

한글은 한국의 대표 브랜드이자 인류의 소중한 문화유산이다. 이러한 한글의 가치와 의미를 함께 나누기 위해 한글을 세계문화유산으로 등재해야 한다.

여섯째, 한글을 창제 반포한 세종 정신을 더욱 빛낼 수 있다. 세종 정신은 특별한 게 아니다. 더불어 먹고살 듯 지식과 정보도 더불어 나눠야 한다는 것이다. 전통시대의 민본주의, 근대 이후의 민주주의가 바로 이런 것이다. 이 소박한 꿈을 이루기 위해 인류는 몇천 년이 걸렸다. 세종은 이런 인류의 꿈을 근본적으로 이룰 문자를 창제 반포하였다.

일곱째, 국론 분열, 남북 분단 갈등 등을 한글을 통해 치유할 수 있는 정책을 추진할 수 있다. 어떤 정책이든 계층에 따라 이념에 따라 갈등 요인이 많다. 분단으로 인한 남북 갈등, 지역 차에 따른 동서 갈등 등 그 골이 꽤 깊다. 이런 갈등으로부터 유일하게 자유로운 것이 한글이다. 특히 남북의 연결 고리로 한글이 제격이다.

여덟째, 한글 관련 통번역 사업, 무문자 언어 문자 만들기 등의 한글 세계화 사업을 효율적으로 추진할 수 있다. 한글 관련 미래 산업은 무궁무진하다. 문자 없는 말의 문자 만들어 주기부터 동시 통역, 번역

시대에 따른 한글 말뭉치 구축까지 엄청난 프로젝트가 진행되고 있거나 기다리고 있다.

이 모든 일은 한글청을 세우지 않더라도 가능하다. 그러나 가능성만 있을 뿐 실제 이루기 어려운 사업들도 많으므로 한글청을 세워 제대로 해 보자는 것이다. 한글청을 세워 국격을 세우고 자존감을 세우고 일거리도 세워 보자. 주시경 선생은 나라가 망하던 1910년에 중요한 말을 남겼다. 말이 오르면 나라가 오르고 나라가 오르면 말이 오른다고. 이제 이것을 이렇게 바꿔 보자. 한글이 오르면 나라가 오르고 나라가 오르면 한글도 오른다.

 한글이 오르면 나라가 오르고
나라가 오르면 한글이 오른다

한글 로봇 현수막

아이돌 스타들에게 한글옷을 입게 하자

한글과 브랜드

1. 왜 브랜드인가

바야흐로 브랜드 시대다. 기업이든 국가든 널리 알리고자 하는 모든 것들의 얼굴이 브랜드다. 브랜드가 얼마나 중요한가는 다음과 같은 세계 일류 기업의 브랜드 가치를 보면 알 수 있다.

주요 브랜드 가치

브랜드명	산업 분류	브랜드 가치
Apple	첨단기술	1459억 1800만 달러(=170조 2133억 4700만 원)
Google	첨단기술	941억 84만 달러(=109조 7686억 2986만 원)
Micro Soft	첨단기술	672억 58만 달러(=78조 3894억 7657만 원)
Facebook	첨단기술	340억 2만 달러(=39조 6610억 2333만 원)
HP	첨단기술	193억 5만 달러(=22조 5135억 832만 5000원)
삼성	복합 기업	831억 85만 달러(=96조 371억 4152만 5000원)
현대	복합 기업	236억 91만 달러(=27조 5304억 6151만 5000원)
Loreal	복합 기업	149억 90만 달러(=17조 3818억 9985만 원)
Oracle	첨단기술	221억 36만 달러(=25조 7800억 6994만 원)
IBM	첨단기술	317억 86만 달러(=36조 9790억 5319만 원)

Intel	첨단기술	228억 45만 달러(=26조 5967억 2492만 5000원)
Amazon	기술 소매상	696억 42만 달러(=81조 1888억 8993만 원)
중국이동통신	전기 통신	498억 10만 달러(=58조 918억 1665만 원)
AT&T	전기 통신	599억 4만 달러(=69조 8733억 9666만 원)
ICBC	은행	363억 34만 달러(=42조 3443억 4661만 원)
중국건설은행	은행	353억 94만 달러(=41조 1785억 4651만 원)
NIKE	의류	280억 41만 달러(=32조 6624억 7826만 5000원)
H&M	의류	155억 10만 달러(=18조 808억 6665만 원)
IKEA	소매상	170억 9만 달러(=19조 8306억 498만 5000원)
Toyota	자동차	430억 64만 달러(=50조 1602억 4656만 원)
BMW	자동차	349억 68만 달러(=40조 7116억 4322만 원)
Ford	자동차	197억 71만 달러(=22조 9808억 7821만 5000원)
Honda	자동차	193억 32만 달러(=22조 5138억 2328만 원)
Coca cola	청량음료	341억 80만 달러(=39조 7785억 8320만 원)
McDonald's	식당	429억 37만 달러(=50조 432억 8160만 5000원)
Star Bucks	식당	231억 85만 달러(=26조 9471억 4152만 5000원)
Allianz	보험	202억 64만 달러(=23조 5640억 4656만 원)
Walt Disney	매체	316억 74만 달러(=36조 8622억 6321만 원)

출처: http://blog.naver.com/cpajsi

기업 브랜드와 국가를 대표하는 일반 브랜드를 함께 논의할 수는 없지만 이와 같은 객관화된 브랜드 가치를 통해 다른 브랜드 가치를 그려 낼 수는 있다. 한국을 대표하는 '한글' 브랜드야말로 가격을 매길 수 없는 '무가지보'의 브랜드이지만 유형, 무형의 가치를 종합하여 굳이 계산한다면 애플 브랜드 가치의 몇천 배는 될 것이다. 물론 그 가치가 제대로 알려졌을 때이지만 지금은 묻혀 있는 진주에 지나지 않는다.

우리나라에 한때 국가 브랜드위원회가 있었다. 이배용 위원장은 2011년 언론 인터뷰에서 국가 브랜드를 다음과 같이 명쾌하게 정의 내린 바 있다. "국가 브랜드란 국가의 품격, 즉 국격입니다. 국격은 하루아침에 만들어지는 것이 아니라 그동안 쌓아 온 역사와 문화의 품격 위에 만들어집니다. 국가의 경쟁력과 직결되기에 국가의 호감도를 높이는 일은 아주 중요합니다. 우리 문화의 가치를 알려 국제사회의 신뢰와 존중을 받아야 합니다. 아직까지 우리가 몰라서 알리지 못한 것을 알리는 일이 저에겐 무척 즐겁고 보람된 일입니다."《국민일보》 2011년 10월 6일

한국을 대표하는 브랜드는 무엇이라고 생각하느냐는 질문에는 "한국을 대표하는 브랜드는 매우 많지만 한글을 꼽고 싶습니다. 세종대왕은 문화가 사회를 변화시킬 수 있다는 믿음을 갖고 배려와 화합의 문자인 한글을 창제했습니다. 한글 창제는 지식의 나눔이었죠. 문맹이었던 백성들에게 광명을 찾아 주었습니다. 우리 민족의 영원한 스승으로 인정받는 세종대왕의 탄생일 5월 15일을 스승의 날로 제정한 이유도 여기에 있습니다"라고 대답했다. 사실 김치, 한복, 핸드폰, 판소리 등등 하나같이 소중하지 않은 것이 없다. 최근까지도 세계 각지의 외국인들에게 한국 하면 기억나는 것이 무엇이냐고 했을 때 한국전쟁 같은 부정적 이미지를 비롯하여 월드컵, 김치 등이 앞서 있었다. 아쉽게도 '한글'은 의외로 없었다. 그만큼 우리는 정작 내세울 만한 우리 것에 대한 애착과 홍보가 부족했다는 것이다.

2. 브랜드의 가치와 의미

브랜드는 정체성과 주체성의 기호이자 상징이다. 자기다움의 표징이

한글 혁명

며 자기 내세움의 기호이다. 브랜드는 시간과 공간을 아우르는 복합체여야 한다. 과거와 현재와 미래를 역동적으로 이어 주고 엮어 주는 힘이어야 한다. 이런 측면에서 한글 브랜드의 가치를 네 가지 잣대로 조명해 볼 수 있다.

첫째는 정체성 차원이다. 자기다움이 정체성이다. 자기답기 위해서는 다른 것과 구별되는 고유성이 있어야 한다. 이러한 고유성은 하루아침에 이루어지지 않는다. 역사성이 중요하다는 것이다. 한글은 전세계 문자 계보를 따로 설정할 수 없는 독창성이 뛰어난 문자이므로 이러한 조건에 딱 맞는다. 또한 한글이 1443년에 느닷없이 창제된 것이 아니다. 오랜 세월 써 온 우리말을 바탕으로 창제된 것이며 이제 한글이 반포된 지 500년이 넘었으므로 문자 자체의 역사도 매우 의미 깊다.

둘째는 주체성 차원이다. 정체성을 적극적으로 드러낸 것이 주체성이다. 공동체 안에서 능동적으로 관계를 맺어 가는 것이 주체성이다. 한글은 조선시대에는 거대한 한자 벽에 맞서서, 또 일제 강점기에는 강압적인 일본어에 맞서서, 광복 후에는 영어에 맞서서 주체성을 지켜 왔다.

셋째는 한글의 우수성 그 자체가 브랜드의 힘이다. 한글의 우수성이 책 곳곳에 강조되고 있으므로 다시 언급할 필요는 없을 것이다. 졸저 《한글 우수성과 한글 세계화》에서 네 가지 측면에서 조명한 우수성을 인용하기로 한다.328쪽의 표

넷째는 한글의 상품성이다. 한글의 정신 가치만으로도 한글 브랜드로서의 가치는 충분하지만 한글의 상품 가치를 더한다면 금상첨화이다. 한글은 한글 역사와 한글로 이루어진 모든 것이 하나의 문화 콘텐츠로서 경제적 가치를 갖고 있다. 또한 한글은 미학으로도 뛰어나 미

한글 우수성의 세부 특성에 따른 기본 내용 구성

범주 기준	범주 특성	세부 특성	내용
절대 (객관) 특성	과학성	최소성	한글은 문자를 만든 원리와 문자 체계에 최소주의 과학이 적용되었다.
		규칙성	한글은 문자 확장과 자모 결합이 규칙적이다.
		체계성	한글은 자음자와 모음자, 음운과 문자 대응 등이 체계적이다.
		생성성	한글은 최소의 자소를 통해 최대의 글자를 생성하고 표기할 수 있다.
실제 특성	실용성	사용	한글은 문맹률이 거의 없고 한글 전용으로 사용성이 입증되었다.
		소통	한글은 도구적 소통력이 매우 뛰어난 문자다.
		응용	한글은 디지털 기기 등에 응용이 잘되는 문자다.
		교육	한글은 문자 학습과 교육의 실용성이 매우 뛰어나다.
효과 특성	효용성	편리성	한글은 쓰기 쉽고 읽기 편하다.
		경제성	한글은 경제적 효용성이 뛰어나다.
		건강성	한글은 디지털 환경에서 건강에 도움이 되는 문자다.
		조화성	한글은 주변 환경, 주변 요소와 조화가 뛰어나다.
상대 특성	독창성	과학성	한글은 과학적이어서 독창적이다. 한글은 도형 특성, 문자 디자인과 음악 특성을 갖춘 것이 독창적이다.
		예술성	한글은 도형 특성, 문자 디자인과 음악 특성을 갖춘 것이 독창적이다.
		철학 배경	한글은 음양 오행론과 천지인 삼재 사상 등의 철학을 갖고 있다.
		창제 맥락	한글은 창제자와 창제 날짜와 동기와 목표 등이 분명하다.

적 가치가 무한한 상품 가능성을 갖고 있다.

이런 측면에서 대한민국 최고 브랜드로는 한글이 제격이다. 이 밖에 실질적인 이유는 외국인들의 한글 평을 들어 보는 것이 빠르다. 네덜란드 레이던대학 교수인 포스는 "한국인이 세계에서 가장 좋은 알파벳을 발명하였다"라고 하였고, 미국의 라이샤워는 "한글은 오늘날 사용되는 문자 체계 중 가장 과학적이라고 할 수 있다"라고 했다. 독일의 사세는 "서양이 20세기에 들어서 완성한 음운 이론을 세종대왕은 그보다 5세기나 앞서 체계화했다. 한글은 전통 철학과 과학 이론이 결합한 세계 최고의 문자이다"라고 했다. 일본의 우메다 교수는 "한글은 세계에서 가장 발달된 음소 문자이며 로마자보다 진일보한 자질 문자로서 세계에 자랑할 만한 문자 체계이다"라고 했으며, 역사학자 존맨으로부터는 "한글은 모든 알파벳의 꿈"이라는 최고의 찬사까지 받고 있다.

더욱이 미국 교육 행정관인 홀트는 "한글은 독창적이고 과학적인 글자로 명확하고 간결하게 음성을 표기할 수 있으며 한국인이 하나로 단결할 수 있는 원동력이 되고 있다"라고 했다. 남북 분단의 골이 점점 깊어지는 지금 그나마 한글이라는 단일 문자 체계가 통일 꿈의 씨앗이 되고 있지 않은가.

컴퓨터 원리에 가장 적합하다는 한글 덕에 우리는 디지털 강국의 면모를 뽐내고 있다. 이렇게 역사로 보나, 문화로 보나, 과학으로 보나 한글의 가치와 실용성에 대한 찬사는 끝이 없다.

3. 한글 브랜드를 위하여 우리가 해야 할 일

이배용 위원장은 앞선 인터뷰에서 대한민국이 빠른 경제 성장에 비해 국가 브랜드 등수가 높지 않은 이유에 대해 다음과 같이 설파했다.

문화와 관광, 국민성이 저평가 받고 있기 때문입니다. 우리가 미처 못 갖춘 것도 있지만 우리 스스로 우리 문화에 대해 몰라서 내놓지 못한 것도 있습니다. 경북 경주에 옥산서원, 경상도에서는 전남 장성에 필암서원과 같은 훌륭한 서원이 있다는 것을 잘 알지 못합니다. 우리 문화를 알아야 자긍심이 생깁니다. 1988년 서울 올림픽, 2002년 한·일 월드컵에서도 입증됐듯이 대한민국의 영혼 속에는 세계 화합의 장을 이끌 DNA가 있습니다.

매우 중요한 얘기다. 우리 스스로 우리 것에 대해 제대로 모르는데 남들이 알아 줄 리가 없다. 마찬가지로 우리는 '한글'의 역사와 가치, 의미에 대해 너무도 모른다. 필자의 '나만 모르는 한글 이야기(유튜브)' 동영상 강의가 인기를 끌고 있는데(여는 글 수록) 많은 내용이 처음 듣는 얘기라는 사람들이 많았다.

제대로 안다고 모든 것이 해결되지는 않는다. 그렇다면 두 번째 우리에게 필요한 것은 열정이다. 이 점에 대해서도 이배용 위원장은 "우리 민족은 오랜 역사 속에 고난과 시련을 극복한 의지와 열정이 있습니다. 그것은 창의력의 밑거름입니다. 외국인들은 한국인들 속에 있는 '정情'을 높이 평가합니다. 타인을 향한 정이란 협동심을 불러일으키지요. 이런 문화 가치가 대한민국을 명품 브랜드로 잘 만들 수 있습니다. 명품의 중요성은 진정성을 가진 마음입니다"라고 강조했다. 진정성이 바로 열정이요 열정은 진정성에서 나온다.

셋째는 꾸준한 노력이다. 그 어떤 브랜드이든 하루아침에 이루어지지 않는다. 이 점에 대해서는 시몽 뷔르 주한 캐나다상공회의소 회장이 MBC 한글날 특집 〈한글 날아오르다〉에서 "국가를 브랜드화하는 것은 점진적이고 장기적인 과정이 필요한 일입니다. 어느 날 갑자기 광고를 만들듯이 한국의 모든 것을 보여 줄 수 없습니다"라는 따끔한 지적에서 배워야 한다. 이때의 노력은 단순한 노력이 아니다. 다양한 글 전문가를 양성하고 각 대학이나 대학원에 한글학과를 세우거나 한글 관련 전공을 늘려야 한다.

한글 혁명

넷째는 한류 스타들이 한글 브랜드화에 동참해야 한다. 영어 디자인 옷보다 한글 디자인 옷을 입는 것만으로도 엄청난 홍보 효과가 있을 것이다. 이런 일에 함께하는 한류 스타를 한글 홍보대사로 임명한다면 그다지 어려운 일이 아니다.

이제 자국인들에게는 영어 몰입 시대에 한글 브랜드로 자중감을 키워 주고 외국인들에게는 대한민국을 인류 최고의 문자를 발명한 나라로 기억하게 하자.

한글 그림 로봇 자음이와 모음이,
한글옷으로 날다

한글 기적을 세상을 알리기 위한 한글 로봇

한글 창제와 반포가 기적이라 하는 것은 여섯 가지 측면에서 불가능한 것을 가능하게 했기 때문이다. 첫째는 한글은 사람의 말소리뿐만 아니라 자연의 모든 소리를 가장 정확하게 적을 수 있는 문자이기 때문이다. 진정한 소리문자인 셈이다. 곧 훈민정음은 사람의 말소리뿐만 아니라 바람 소리, 새소리, 개 짖는 소리 그 어떤 자연의 소리든 그 소리에 가장 가깝게 적을 수 있는 문자이다. 물론 이러한 자연의 소리를 어떤 문자로든 다 적을 수는 있다. 이들 소리는 사람의 귀를 거쳐 사람의 말소리로 바꾼 뒤 적기 때문이다. 훈민정음은 이런 과정을 거쳐 표기하는 것은 맞지만 문자 체계의 정밀함으로 실제 소리에 가장 가깝게 적을 수 있다는 것이다. 그래서 보통은 입말을 적는 쉬운 문자라는 뜻으로 언문이라 불렀지만 문자의 특별한 가치와 목적을 드러내기 위해서 '음'을 붙여 '훈민정음'이라 하였다.

둘째는 신분 질서를 뛰어넘는 문자이기에 기적이었다. 그야말로 하층민을 배려한 전무후무한 문자였다. 그 당시 신분 질서를 보면 하층민은 문자생활을 할 수 없어도 전혀 문제가 안 되는 시절이었다. 더군

다나 양반의 문자, 지배 권력의 문자인 한자가 있는 한 그것을 뛰어넘는 문자를 만들 수는 없는 것이었다.

셋째는 누구나 자신의 욕망을 자연스럽게 표현할 수 있는 세상이 열렸기에 기적이었다. 그 당시 양반들이 아무리 한문을 잘했어도 그때의 한문은 번역문이었다. 말은 우리말로 하고 생각도 우리말로 하는데 그것을 중국식으로 번역하여 한문으로 표현한 것이다. '뒤죽박죽'이라 생각하고 말하지만 그것을 표현할 때는 '錯綜(착종)' 식으로 썼던 것이다. 그러다 보니 한문의 천재라 하더라도 자신의 감정 표현을 한문으로는 그대로 할 수 없었다.

넷째는 근대 발전의 바탕을 만든 문자였기에 기적이었다. 사람의 자유와 평등, 사람다운 정체성과 주체성을 가능하게 하는 근대는 말하듯이 글을 쓰는 언문일치가 바탕이 되어야 하는데 바로 언문일치의 바탕을 만들어 놓았기에 기적이었다.

다섯째는 지식을 나눌 수 있는 문자였기에 기적이었다. 세종이 한글을 창제한 동기는 여럿이겠지만 결정적인 것은 책을 통해 지식을 보급하고 나누기 위해서였다. 그 당시는 지배층의 지식을 나누는 것이 기적이었다. 조선의 대다수 지식인들이 한문으로만 책을 저술하여 지식과 책을 나누려 하지 않은 것을 보면 세종의 그런 지식 전략이 얼마나 큰 기적이었는지를 알 수 있다.

여섯째 동아시아 보편 질서를 깼기에 기적이었다. 그 당시 조선은 소중화에 대한 자부심이 강한 사대부들이 세운 나라였다. 한자와 한문은 소중화의 가장 결정적인 상징이자 실체였다. 한문은 단순히 중국의 문자가 아니라 중화를 따르던 동아시아 문화의 거대한 물결이었고 거부할 수 없는 절대 세계였다. 세종이 그런 거대한 물결 자체를 거부한 것은 아니지만 최소한 그 틀을 깰 수 있는 문자를 만든 것이다.

이제 이러한 기적을 제대로 이어가는 것은 우리의 몫이다. 그래서 28자의 기적을 널리 알리는 한글 로봇을 만들었다.

28자 한글 로봇 옷으로 날다

자음 로봇은 '자음이', 모음 로봇은 '모음이'로 둘 다를 합쳐서는 '정음이'로 부르기도 한다. 지금의 기본자는 자음자 14자, 모음자 10자이지만 15세기 창제 반포 당시에는 자음자 3자, 모음자 1자가 더 있어 28자였다.

자음이 17자는 히읗(ㅎ)을 머리로 삼았다. 말소리가 나오는 머리는 하늘이요 작은 우주다. 귀는 트인 귀이기에 ㅌ으로 만들었다. 세종이 위대한 문자를 만들 수 있었던 것은 경청을 잘하는 트인 귀를 가졌기 때문이다. 백성의 마음과 고통을 귀담아들었고 소통을 중요하게 여겼기에 기적의 문자를 만들 수 있었다. 눈과 눈썹은 이를 닮은 여린 히

한글 로봇 옷을 입고 한글춤을 추고 있는 여주시 늘푸른자연학교 아이들

한글 혁명

울(ㅇ)으로 삼았다. 코는 같은 전략으로 반시옷으로 삼았다. 입은 입의 꼴을 본뜬 미음(ㅁ)으로 리을은 랄랄라 소리를 내는 혀를 본떴다.

물론 모든 글자 디자인이 해례본 설명과 일치하는 것은 아니다. 비읍(ㅂ)은 배꼽의 'ㅂ'을 배꼽 모양으로 키읔(ㅋ)은 몸통 일부로 삼았다. 피읖(ㅍ)은 발로 팔딱팔딱 뛰므로 발로 삼았다. 디귿(ㄷ)은 두 손 불끈 쥐고 '달리자'고 하는 의미에서 '달-'의 'ㄷ'을 손으로 삼았다.

모음은 천지인 삼재를 뜻하는 'ㆍ, ㅡ, ㅣ'를 머리의 내용으로 삼고, 하늘아(ㆍ)를 한 번 합성한 'ㅗ, ㅏ, ㅜ, ㅓ'를 가운데 몸통으로, 두 번 합성한 'ㅛ, ㅑ, ㅠ, ㅕ'를 아래 몸통으로 삼았다.

이러한 한글 로봇이 28자의 기적을 서로 나누고 알리는 홍보대사로 우뚝 서게 하기 위해 자음이와 모음이를 수놓은 한글옷을 제작하였다. 이 한글옷은 자음이만의 옷으로 다시 태어나기도 했다. 여주시 늘푸른자연학교(김태양 교장)에서는 아이들, 선생님 모두 한글옷을 입고 한글춤을 추며 그 참뜻을 신바람 나게 펼치고 있다

한글 로봇 옷을 입고 즐겁게 춤추고 있는 여주시 늘푸른자연학교 선생님들
(여주 너나들이 2회 축제에서)

신나는 문자 나눔의 길, 한글 세계화
한글은 문화이자 상품이다

캐슬린 스티븐스 전 미국대사는 2010년 MBC 한글날 특집 다큐멘터리 〈한글 날아오르다〉 인터뷰에서 이렇게 말했다.

> 한국인들은 한글의 아름다움과 창의성을 전 세계인들과 나눠야 합니다. 그것은 한국 문화의 힘에 대해 더 깊은 공감을 불러일으킬 것입니다. 한국의 과거, 현재 그리고 미래에 관해서도 말입니다.

한글 세계화의 참길을 잘 보여 준 말이다. 진정한 세계화는 나누는 것이다. 물론 정신을 나눌 수도 있고 물질을 나눌 수도 있다. 돈을 벌면서 나누는 것이 상품 수출이다. 젊은 시절 한국에서 봉사단으로 일한 경험이 있는 분의 애정 어린 조언이라 그런지 더 훈훈하게 느껴지는 말이다. 진정한 세계화는 그야말로 정신이든 상품이든 나누는 것이다.

스티븐스가 말한 한글의 아름다움은 글꼴 같은 물리적 아름다움일 수도 있고 모든 백성들과 문자를 나누고자 했던 세종 정신일 수도 있다. 중요한 건 물리적인 상품일지라도 세종 정신이 배어 있는 한글의 보편적 가치와 뛰어남이 들어 있다. 그렇다면 가장 손쉬운 한글 세계화 전략은 경제 분야에서 한글의 융합적 가치를 더욱 드러내는 일이다. 한글의 미학적 특성을 살린 한글 산업화야말로 자연스러운 시장 경제 원리에 의해 폭넓은 공감대를 불러일으킬 수 있기 때문이다. 이런 전략은 싸이의 '강남 스타일' 동영상을 통해 배우면 제격이다. 사이는 '쉬움'과 '재미', '단순함'의 3대 정신을 통해 전 세계인의 보편적 공감대를 이끌어 냈다. 이는 한글이 가지고 있는 보편적 가치인 '쉬움, 단순함, 소통'의 즐거움과도 일치하고 있어 매우 유용한 전략이다. 한글은 이런 속성을 조화시키고 융합시켜 만들어 내는 창조성이 뛰어나 그 가치는 재미와 흥미로 이어진다. 거기에다 한글은 우주와 사람의 가치를 조화롭게 하는 철학을 담고 있기까지 하다.

이렇게 한글은 가치를 빛내는 가능성을 매해 한글 시계를 개발하고 전시해 온 동서울대 시계주얼리학과 학생들 작품에서 발견했다. 아래 사진처럼 학생들이 직접 한글 창제 정신을 담은 한글 시계를 만들어 한글산업화의 좋은 사례를 십 년 넘게 선보이고 있다. 한글의 점, 선, 면으로 이루어진 기하학적인 아름다움과 하늘과 우주를 품

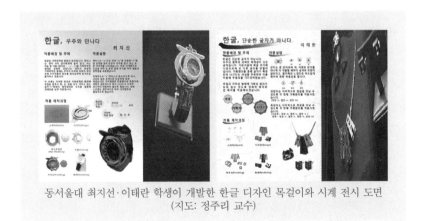

동서울대 최지선·이태란 학생이 개발한 한글 디자인 목걸이와 시계 전시 도면
(지도: 정주리 교수)

은 한글의 철학을 상품으로 그대로 뿜어내 한글의 품격과 상품의 품격을 함께 높이고 있다. 그야말로 고품격 명품을 통한 한글 세계화의 가능성을 보여 주었다. 우주 철학과 과학을 담고 있는 한글 정신을 철저히 담으려는 노력이 한글의 예술성과 상품의 예술성을 동시에 빛나게 했다. 물론 이런 작품에 대한 외국인들의 인식과 평가가 어떠한지는 미처 확인을 못했지만 한글 세계화를 위한 값진 전략임은 분명하다.

다음으로는 한글 캐릭터와 같은 친근하면서도 부가 가치가 높은 분야에서의 노력이 필요하다. 이것이 한글 정신과 예술성, 상업성을 철저히 결합시켜 누구에게나 친숙한 한글 세계화의 좋은 예가 될 수 있다. 아래의 정단아 학생의 한글나라 자모 친구들, 김혜경 학생의 한글나라 귀염둥이 작품은 그런 가능성을 보여 준다.

이러한 한글 융합 노력에 이야기와 상상의 힘을 보태는 노력이 필요하다. 한글 디자인과 이야기를 결합한 성신여대 학생들의 작품(339쪽 그림)도 주목해야 한다. 이야기로 인해 한글 디자인의 영혼을 느낄 수

세종대 정단아·김혜경 학생이 개발한 한글 캐릭터, 한글나라 자모 친구들과 한글나라 귀영둥이들(지도: 김슬옹)

한글 혁명

있고 디자인으로 인해 이야기는 살아 움직인다. 결국 한글에 담긴 창조성을 다양한 표현의 창조성으로 연결하는 전략이 중요하다.

철이는 오늘 무척 신이 났습니다. 태어나서 처음으로 가족사진을 찍으러 가기 때문입니다. 엄마가 구입하신 멜빵바지를 모두 세트로 맞춰 입고서 사진관을 찾았습니다.

"자, 찍습니다."

사진관 아저씨가 큰 소리로 외치자 철이는 매우 긴장이 됐습니다. 뒤를 돌아 엄마, 아빠를 쳐다봤더니 엄마는 여유롭게 웃음을 짓고, 반면 아빠는 철이와 같이 매우 긴장해서 어색한 웃음을 짓고 계셨습니다.

'찰칵'.

며칠 뒤 사진관에서 사진을 찾아온 엄마는 웃음보가 터지셨습니다.

"부전자전이라더니 둘다 표정이 왜 이러는 거야~."

아빠와 철이 모두 입이 이상하게 벌어져서 우스꽝스러운 표정을 짓고 있었거든요. 아빠와 철이는 머리를 긁적이며 머쓱한 듯이 웃음을 터뜨렸습니다.

〈단란한 한글 가족〉

이야기가 있는 한글 디자인
(백수현, 지도: 김슬옹)

한글학회 앞 한글 벽돌

　　또한 다양한 글꼴 개발은 한글의 융합 가치를 드러내는 한글 세계
화의 지름길이 될 수 있다. 한재준 교수가 강조했듯이 한글은 꼴 미학
의 극치를 보여 준다. 단순한 점과 선으로 무궁무진한 꼴을 생성해 낼
수 있기 때문이다. 이러한 한글 장점에도 실제 글꼴 연구와 개발은 매
우 미진한 편이며 이런 일을 하는 이들은 열악한 경제 환경 속에서 일
하고 있다. 이래 가지고는 한글 세계화는 어렵다. 이제는 꼴의 미학을
전제로 하지 않는 문자 소통은 의미 없는 세상이 되었다. 생성과 창조
와 융합의 꽃인 한글이 제 값을 드러내지 못하는 것은 대단히 큰 문
제이다. 함께 공유하는 글꼴 개발자는 정부가 지원해야 하며 개성 있
는 상업 글꼴을 개발하는 이들은 한글을 통해 부자가 될 수 있어야
한다.

　　이러한 문화와 예술, 상품으로서의 한글 가치를 높이는 노력과 더

산돌 글꼴의 한글아씨 나뭇가지체
(출처: 폰트클럽http://www.fontclub.co.kr/)

불어 무문자 언어 적기용 한글을 널리 홍보하는 전략도 필요하다. 일부에서는 이러한 한글 보급 전략을 문화제국주의로 경계하기도 하지만 그 과정이 일방적이거나 강제가 아닌 이상 그렇게 볼 필요가 없다. 우월주의 차원이 아니라면 더욱 그렇다. 성인 문맹률을 0%에 근접시키는 평등 문자로서의 보편 가치를 나누고, 과학 문자로서 인류의 사라져 가는 말들을 적어 인류 문화를 전승하고 소통하는 일은 비경제 분야의 가장 고귀한 세계화의 길이 될 것이다. 해당 나라의 공용문자는 당연히 존중하면서 그러한 공용문자로 해결할 수 없는 분야의 한글 사용은 말소리를 가장 잘 적을 수 있는 한글의 과학적 보편 가치를 나누는 것이다.

문자 사용 인구로 보면 인류의 대다수가 문자생활을 영위하고 있지만 실제 언어의 갈래로 보면 문자로 적지 않거나 문자로 적지 못해 사라져 가는 언어가 더 많다. 현재 정확한 통계를 알 수 없지만 대략 6,700여 언어 가운데 문자를 갖고 있는 언어는 300여 종이 안 된다고 한다. 무문자 언어 문제를 해결하는 것은 생태계 복원만큼이나 절박한 문제이다.

물론 현대 한글이 다른 문자에 비해 더 잘 적을 수 있지만 완벽한 것은 아니다. 그 해결책 또한 세종이 만들어 놓았다. 한글날의 기원이 된 《훈민정음》 해례본[1446]에 의하면 자음은 무려 30자나 되고 모음은 29자나 된다. 현재 안 쓰는 문자를 활용하면 무문자 언어를 적는 기록 문자로 손색이 없을 것이다. 극소수의 기본자에서 가획과 합성 원리로 기본자를 확장해 나가는 한글 제자 원리를 살리면 그 어떤 말도 적을 수 있는 문자 체계를 만들어 낼 수 있다.

이와 같은 비경제 분야 한글 세계화의 답은 한글 자체에 들어 있으며 한글을 창제하고 합리적으로 보급한 세종의 한글 정신에 담겨 있다. 한글은 세종의 융합 정신에 의해 다목적용으로 창제되었고 세종은 그런 특성을 살려 세 가지 측면에서 중요한 한글 세계화의 가능성을 열어 주었다. 세종은 중국이 천 년 이상을 노력해도 적지 못하던 한자음을 정확하고 간결하게 적기 위한 보편적 표기 체계를 만들어 《동국정운》[1447. 세종 29년]과 《홍무정운역훈》[1455. 단종 3년]을 통해 그것을 입증하였다. 이런 노력은 한글 덕에 외국어 교육의 효율성을 획기적으로 높이는 계기도 마련했다. 또한 석가와 불교 이야기를 한글로 풀어내고 노래함으로써(《석보상절》,《월인천강지곡》) 찬란한 불교문화 콘텐츠를 처음으로 세상에 제대로 드러내어 만백성이 그 문화를 나눌 수 있게 하였다.

지나친 영어 몰입 시대에 한국어와 한글의 가치와 실용성을 높이는 일 또한 한글 세계화의 길이다. 그렇다면 하루아침에 배우는 세종 정신을 담은 기본 한글 교육에 관한 동영상을 만들어 전 세계 언어로 제작하여 유튜브와 누리소통망sns에 공개해야 하다. 우리는 한글의 과학성과 우수성을 습관적으로 자랑하면서도 한글 과학 특성을 반영한 제대로 된 표준 발음 설명서조차 제대로 안 갖추고 있다.

한글은 한국어를 적는 문자이자 사람의 말소리뿐만 아니라 자연의 소리를 가장 잘 적을 수 있는 인류 문자이다. 문자가 어려워 생기는 불평등 문제를 없애 주는 평등 문자이며, 또한 창조성이 뛰어난 예술품이기도 하고 온갖 문화를 녹여내는 문화 콘텐츠이며 상업용 글꼴과 디자인 등으로 경제 가치를 창출해 내는 문화 상품이기도 하다. 한글 세계화란 쉽게 말해 이러한 복합 매체로서의 한글을 한국 이외의 지역이나 외국인에게 알리기도 하고 나누기도 하며 상품으로 팔기도 하는 것이다.

한글의 보편적 우수성은 두루 증명되었다. 좋은 것은 나누는 것이 동서고금의 이치다. 당연히 우수성은 함께 공유해야 한다. 그렇다면 우리는 비경제 분야에서는 한글의 보편적 우수성을 나누는 것이며 경제 분야에서는 적극적으로 산업화, 상업화하여 시장 원리에 맡기면 그만이다.

이제 한글 세계화를 위해 철저한 준비가 필요하다. 먼저 '한글'을 '한글학' 차원에서 더 깊이 연구하고 발전시켜야 한다. 다행히 극동대학교가 세계 최초로 '한글학과 한글 세계화'라는 온라인 강좌를 개설했다. 이러한 학문 기반 강좌가 각 대학마다 개설되어야 하며 가능하면 융합 전공과인 한글학과를 만들어 인재를 키워야 한다. 더불어 한글융합학회, 한글융합연구소, 한글산업연구소를 만들어 한글 세계화의 이론적 기반을 튼실하게 쌓고 나눠야 한다. 정부는 한글 브랜드 학교 같은 인재 양성 교육을 지원하고 한글 관련 모든 분야를 아우르고 융합할 수 있는 한글청을 만들어 제도적인 뒷받침을 해야 한다.

세종의 꿈을 붓으로 살려 낸
월인천강지곡체《훈민정음》언해본과
'한글로 세계로' 이야기

세종 임금은 1446년 음력 9월 상한에 훈민정음을 백성들에게 알린 뒤 둘째 아들 이유(수양대군, 훗날 세조)에게 《석보상절》을 짓게 했다. 이해는 훈민정음이라는 새로운 문자를 백성들에게 알리는 천지개벽의 기쁜 해이기도 하지만 소헌왕후가 세상을 떠난 슬픈 해이기도 했다. 따라서 세종은 소헌왕후의 죽음을 애도하고 더불어 백성들에게 친근한 불경을 새로운 문자로 지어 보급하고자 이 책을 기획한 것이다. 세종은 이 거대한 작업을 누구에게 맡길까 고민하다가 불심도 깊고 언문 실력도 뛰어난 둘째 아들에게 맡긴 것이다. 수양대군은 이 작업을 성실하게 수행하여, 이 책은 훈민정음 반포 1년 뒤인 1447년(세종 29년)에 활자본으로 출판되었다.

이 책은《증수석가보增修釋迦譜》를 재구성하여 편역한 24권의 책으로 불교서이자 문학 산문집이다. 새 문자를 적용한 첫 책인 만큼 기존 한자를 배치하고 그 음을 한글로 달았다.

이러한《석보상절》편찬을 둘째 아들에게 맡긴 세종은 똑같은 전략으로 소헌왕후를 그리워하며 찬불가인《월인천강지곡》을 지어《석보상절》과 같은 해인 1447년에 출판했다. 흔히 이 찬불가는《석보상절》을 보고 지었다고 하지만 500곡이 넘는 방대한 분량으로 볼 때 거의 같은 시기에 시작한 것으로 보인다.

그런데 세종이 직접 지은 이 노래집은 《석보상절》과 크게 다른 것이 하나 있다. 바로 한글과 한자의 배치이다. 《석보상절》은 큰 한자 다음에 작은 한글을 붙였지만 《월인천강지곡》은 그 반대로 큰 한글 글자 다음에 작은 한자를 붙였다.

이런 엄청난 차이를 가벼이 볼 수는 없다. 일종의 노래 가사이니 한글을 한자보다 크게 박았다고 할 수 있지만 여기에는 한글이 주류 글자로 쓰이길 염원하는 세종의 꿈이 담겨 있다고 볼 수 있다. 실제 이 책은 현대 맞춤법과 같이 원형을 밝혀 적는 예가 많이 적혀 있어 한글 사용의 미래에 대한 세종의 전망이 담겨 있다고 볼 수 있다.

수양대군은 세조 임금으로 오른 지 5년 만인 1459년에 자신이 직접 지은 《석보상절》에 《월인천강지곡》의 내용 수정본을 합쳐서 《월인석보》 목판본 25권을 출판했다. 세조는 부모와 요절한 세자 도원군의 명복을 빌고, 스스로도 자신이 저지른 업보에서 벗어나고자 불심에 많이 기댔고 이 책은 그런 과정에서 나온 것이다. 그런데 세조는 한자음의 배치는 〈월인천강지곡〉의 방식보다는 석보상절식 배치로 바꾸었다. 책의 일관성을 위해 그런 듯하지만 무척 아쉬운 부분이다.

그러나 세조는 이 책을 통해 세종 다음의 훈민정음 보급의 최고 계승자답게 훈민정음의 새로운 역사를 연다. 바로 이 책 앞머리에 《훈민정음》 언해본을 실었기 때문이다. 이 언해본이야말로 한문으로 되어 있는 《훈민정음》 해례본의 한계를 넘어 훈민정음의 대중성과 보급의 바탕 구실을 하기 때문이다. 곧 《월인석보》는 《훈민정음》 언해본을 앞머리에 배치하여 새로운 문자를 통한 불심 전파의 의도를 분명히 한 것이다. 《훈민정음》 해례본이 나온 지 13년, 《석보상절》과 《월인천강지곡》이 나온 지 14년 만에 부왕과 함께 이루고자 했던 훈민정음과 불

《훈민정음》 언해본 첫장

세종의 꿈을 붓으로 살려 낸 문관효의 《훈민정음》
언해본. 김슬옹(2013), 〈한국문화신문 얼레빗〉(온라인,
2013. 9. 10).

한글 혁명

심 전파 의도를 구체적으로 실현한 셈이다.

이 언해본은 《훈민정음》 해례본 가운데 세종이 직접 쓴 서문과 예의를 언문으로 번역하고 풀이한 것이다. 이 언해본 역시 《석보상절》과 같이 한자를 크게 한글은 작게 펴냈다. 이 언해를 누가 언제 했는지는 모른다. 분명한 것은 세조가 펴낸 것이기에 이것 자체가 세조의 대단한 업적이지만 만일 세종이 살아 있었다면 번역문 자체는 아마도 한글을 한자보다 크게 하여 펴냈을 것이다.

《훈민정음》 언해본 자체가 세종과 훈민정음의 높고 큰 뜻을 담고 있지만 청농 문관효 서예가는 《월인천강지곡》과 같이 한글을 한자보다 크게 하여 다시 씀으로써 세종의 얼을 재현하였다.

세종은 과학적이고 쉬운 한글을 통해 서로 소통하고 서로 조화롭게 잘 살 수 있는 세상을 꿈꿨다. 붓글씨가 갖고 있는 조화로운 예술성이 이런 세종의 꿈과 이상으로 거듭난 것이다. 한글 붓글씨의 아름다운 정신과 세종 정신이 조화롭게 만난 것이다. 한글은 한자와는 다른 매우 세밀하면서도 조화로운 멋을 지녔다.

글자는 혼이요 얼이다. 《훈민정음》 언해본은 조선시대 한글을 배우는 이들의 학습서 역할도 했다. 만백성의 소통의 꿈을 담은 언해본은 세종의 정음 문자를 옮겨 놓은 것이기도 하다. 《월인천강지곡》 식 《훈민정음》 언해본 전시에 대해 "세종께서 오래 사셨더라면 이런 작품을 손수 남기셨을 것"이라는 청농 문관효 선생의 말에서 세종의 꿈이 실제로 이루어지는 벅찬 감동을 느낄 수 있다. 한글 서예의 아름다움은 한글의 과학성과 예술성에서 비롯된다. 한글의 아름다움은 일반 글씨에서도 컴퓨터 글꼴에서도 드러나지만 한글 서예의 아름다움이 으뜸이다. 따라서 이런 글씨를 통해 우리는 전통 예술의 극치와 한글의 우수성, 세종 정신의 위대함이 결합된 참으로 놀라운 혼의 결집을 보게 된다.

청농 문관효 선생이 쓴 다음의 '한글로 세계로' 작품은 이럼 꿈을 담아 만든 작품이다.

한글은 자음과 모음을 모아쓰는 글자이다. 모음자를 중심으로 첫소리 자음과 끝소리 자음(받침)을 모아쓴다. 무엇보다 모아쓰기 음절 글자의 장점은, 자음과 모음을 결합하여 수많은 음절 글자를 생성시킬 수 있다는 점이다. 첫소리 자음 글자 수는 기본자 14자(ㄱ ㄴ ㄷ ㄹ ㅁ ㅂ ㅅ ㅇ ㅈ ㅊ ㅋ ㅌ ㅍ ㅎ)에 된소리 글자 5자(ㄲ ㄸ ㅃ ㅆ ㅉ)가 더 올 수 있어 19자가 쓰인다. 가운뎃소리 글자인 모음은 기본자 10자(ㅏ ㅑ ㅓ ㅕ ㅗ ㅛ ㅜ ㅠ ㅡ ㅣ) 외에 11자(ㅐ ㅒ ㅔ ㅖ ㅘ ㅙ ㅚ ㅝ ㅞ ㅟ ㅢ)가 더 올 수 있어 모두 21자가 쓰인다. 받침인 끝소리 자음 글자 수는 겹받침까지 포함하여 모두 27자(ㄱ ㄲ ㄳ ㄴ ㄵ ㄶ ㄷ ㄹ ㄺ ㄻ ㄼ ㄽ ㄾ ㄿ ㅀ ㅁ ㅂ ㅄ ㅅ ㅆ ㅇ ㅈ ㅊ ㅋ ㅌ ㅍ ㅎ)이다.

그렇다면 받침 없는 글자 수는 '19 × 21 = 399'자이고, 받침 있는 글자 수는 '399자 × 27 = 10,773자'이다. 받침 없는 글자 수와 받침 있는 글자 수를 합치면 바로 11,172자나 생성된다. 이러한 놀라운 숫자는 한글의 과학성 때문에 가능한 것이고, 그만큼 말소리를 받아쓸 수 있는 영역이 넓다는 증거가 된다. 11,172자 가운데 실제 쓰이는 글자 수는 3,000여 자이다.

문관효 선생이 한글 3,000여 자로 세계 지도를 수놓은 것은 여러 가지 의미가 있다. 첫째 한글 글자로 세계 지도를 그린 최초의 작품이다. 서로 다른 글자로 세계를 채움으로써 다양한 사람들이 더불어 살아가는 의미를 맘껏 살렸다. 다양한 방식의 세계 지도가 있지만 서로 다른 한글 글자로 채운 세계 지도는 이 작품이 처음이다. 둘째, 한글 글자의 아름다움으로 세계를 수놓았다. 모든 문자는 다 독특한 멋을 지니고 있지만 원과 직선만으로 다양한 아름다움을 빚어내는 글자는

한글 혁명

한글이 유일하다. 셋째, 한글의 과학성과 창조성을 전 세계인과 나누는 의미가 있다. 한글이 최소의 낱글자로 최대의 글자를 만들어 낼 수 있는 것은 한글의 과학성과 창조성 때문이다. 이 작품은 한글로 세계를 품은 의미도 있지만 그럼으로써 세계가 한글을 품는 날이 올 것이라는 신바람 꿈을 담고 있다.

한글로 세계로
(청농 문관효 씀)

4차 산업혁명, 알파고 시대의 한글

1. 현실로 다가온 알파고 인공지능 시대

2016년 구글에서 만든 인공지능 프로그램 알파고와 이세돌 9단과의 이른바 바둑 대국이 세계를 뜨겁게 달구었다. 결과는 알파고의 4:1 승리. 그나마 1승이라도 거둔 이세돌은 세계 인류를 구한 영웅처럼 떠올랐다. 이기리라는 기대가 무너지면서 승리에 대한 기원은 '제발 1승이라도'라는 안타까운 간절한 기도로 바뀌었고 실제 1승을 거두고 보니 이런 현상이 벌어진 것이다.

알파고가 수만 번의 학습 효과(딥러닝)에 의해 놀라운 지능 효과를 가졌듯이 인간도 이 대회로부터 얻은 학습 효과는 대단했다. 인공지능에 대해 별 관심이 없던 사람들도 그 실체를 온몸으로 느끼게 되었고 4차 산업혁명 시대가 이미 눈앞에 펼쳐지고 있음을 실감하게 된 것이다. 고도의 치밀한 머리와 순간순간의 냉철한 판단력이 요구되는 바둑 시합에서조차 알파고가 이기는 걸 눈앞에서 생생하게 체험한 것만큼 강한 충격파도 없을 것이다. 단순 계산이 아닌 고도의 판단 능력이 필요한 분야에서 기계나 컴퓨터 또는 로봇이 사람과 같은 지능을 갖게 하는 것이 인공지능의 핵심이다. 그렇다면 실제 그런 로봇이 등

구글 인공지능 프로그램 알파고는 이세돌 9단과 바둑 대국에서
4:1로 승리했다._전자신문 DB

장해도 기절초풍할 노릇인데 그 이상의 로봇이라면 어떤 수식 표현으
로도 그 충격을 감당하기는 어렵다. 그것이 많은 사람들이 알파고 시
대를 두려워하는 실체였다.

인공지능은 그야말로 기계나 컴퓨터가 사람 같은 지능을 갖게 해서
사람이 좀 더 편리한 생활을 누려 보자는 것이다. 그런데 문제는 기계
가 사람보다 더 뛰어난 인공지능을 갖게 되거나 사람 같은 인공지능
에 기계의 장점을 더함으로써 사람의 지위를 넘보는 경우에 대한 두
려움이다.

그렇다면 이제 그런 세상을 두려워하기보다는 그런 세상이 현실이
되고 있다는 사실을 빨리 인지하고 대안을 세우는 일이 중요하다. 필
자는 한글학자로서 한글의 위상은 어떻게 될까를 가늠해 보았다. 그
러다가 세종이야말로 인공지능 시대를 예견한 분이라는 생각이 들었
다. 한글이 바로 인공지능 기법과 비슷한 원리에 의해 탄생한 문자이
기 때문이다. 거꾸로 한글 창제 원리에 담긴 전략과 사고를 인공지능

과 결합시켜 언어 산업 또는 한글 문자산업을 발전시켜 보자는 것이다. 왜 그럴까를 생각해 보고 인공지능 시대에 한글의 위상을 다시 세워 보고 높여 보자.

4차 산업혁명은 컴퓨터와 인터넷에 의한 3차 산업혁명 시대를 인공지능 로봇이나 인공지능 사물 인터넷 등을 통해 한 차원 더 발전시킨 혁명이다. 이러한 4차 산업혁명을 긍정적인 현실로 가져오기 위해서는 사람다움의 감성과 사람다움의 인문 정신이나 인문학 등이 결합이 되어야 하는데 이러한 융합적 통찰이 한글 창제 원리나 정신에 담겨 있다.

2. 인공 지능 관점에서 본 한글 창제

인공지능은 대용량(빅 데이터)과 반복발전학습(딥 러닝) 그리고 컴퓨터 시스템에 의한 자율 판단 기능으로 이루어진다. 대량의 정보를 바탕으로 반복 학습에 의해 지능을 발달시키고 그러한 인지 능력을 바탕으로 자율 판단까지 가능한 컴퓨터 시스템이 바로 인공지능의 핵심이다. 이때 자율 판단 기능은 역동적인 맥락에 따라 합리적인 판단이 가능한 것을 말한다.

세종이 한글을 어떻게 창제, 발명했을까 생각해 보면 그 과정이 인공지능 기법을 닮았으므로 인공지능에 그 기법을 거꾸로 적용해 본다면 그것이 바로 알파고 시대의 한글 산업의 핵심 방향이 될 수 있다.

세종이 한글을 발명할 당시에는 지금 쓰고 있는 문자든 사라진 문자든 모두 나와 있었다. 세종은 책벌레로 자료 수집광이었고 탐구광이었으므로 당연히 그 시대까지 나온 모든 문자를 참고하고 연구했을 것이다. 그러나 그 시대에 발달된 음운 문자라고 하는 산스크리트 문자나 파스파 문자도 소리를 정확하게 제대로 적을 수 없다는 데 주목했을 것이다. 설령 정확히 적을 수 있는 음소 문자라 하더라도 한글처럼 쉽게 배울 수 있는 문자가 아니라면 그 또한 의미가 없기는 마찬가지였다. 그래서 모든 문자를 기억에서 지우고 원점으로 돌아와 질문을 던졌을 것이다.

사람은 어떻게 말소리를 내는가. 지금 시각으로 본다면 사람을 로봇이라 생각하고 이 로봇이 어떻게 말소리를 알아듣고 쓸 수 있는지에 주목했다. 마치 빅 데이터 기법을 적용하듯이 수많은 소리를 수집했다. 고구려, 곰, 거머리 등등. 수많은 소리를 남녀노소 가리지 않고 수집했다. '고구려'의 첫소리와 '곰'의 첫소리는 같은 소리인가 같다면 왜 같은가 어디서 소리가 나오는가를 거듭 살피고 분석했을 것이다. 이런 과정을 거쳐 'ㄱ'이라는 소리는 목젖에 의해 콧길이 막히고 혀뿌리 부분이 인두 부근 목을 막는 것을 알 수 있었다.

그러므로 알파고 시대의 한글이라고 해서 특별할 것이 없다. 해례본의 정신이나 훈민정음 제자 원리를 전략으로 삼으면 된다. 정신이라 한다면 정보와 지식을 평등하게 나누려는 세종의 마음, 남을 배려하여 유통과 소통을 중요하게 여기는 마음이다.

훈민정음 제자 원리는 세 가지 차원으로 차용하거나 응용할 수 있다.

맥락적 사고와 전략적 판단

맥락적 사고는 상황에 맞는 적절한 분별력과 판단력을 말하고 전략적 판단은 주체가 적극적 의지를 가지고 방향을 잡아 가는 판단력을 말한다. 이러한 능력은 사람이나 기계가 비슷한 측면이 있다. 기계는 백지에서 출발하는 것이 다를 뿐 사람이나 기계나 반복 학습과 경험에 의해 그러한 능력을 기른다는 점이다.

세종은 새 문자를 만들면서 이러한 사고와 판단을 가장 정확하게 적용하였다. 인류가 오랜 세월 축적해 온 말소리와 문자에 대한 지식을 잘 활용한 탓이다. 말소리는 자음과 모음으로 이루어졌다는 것과 '초성-중성-종성'으로 갈라 볼 수 있다는 점 등은 세종 이전에 발견된 지혜였다. 문제는 그런 맥락을 치밀하게 분석 판단하여 어떤 전략으로 실용적인 문자를 만들어 내느냐이다. 세종의 이런 사유를 인공지능 알파고 개발에 투자하자는 것이다. 실제적인 개발은 다양한 전문가들의 융합 연구로 가능하므로 여기서는 세종의 맥락적 사고와 전략적 판단의 실체만을 기술해 보기로 한다.

세종은 상형 기본자 8자를 만들고 이를 바탕으로 확장과 운용 전략을 통해 최종 문자 짜임새를 만들었다. 여기서 중요한 것은 세종이 자음자와 모음자 제자 맥락을 달리했다는 점이다. 자음은 발음 기관 어딘가에 닿았다가 나오는 소리다. 'ㄱ'처럼 닿았다가 터지는 파열음, 'ㅅ'처럼 닿았다가 스쳐 나오는 마찰음, 'ㅈ'처럼 닿았다가 터지면서 스쳐 나오는 파찰음 등과 같이 닿는 부위에 따라 특정한 발음 기관 위치가 명확하다. 따라서 세종은 각 부위별 상형을 한 것이다.

그러나 모든 모음은 입술과 혀, 목구멍 등 다양한 부위의 복합 작용으로 나오는 홀소리이기 때문에 특정 발음 기관을 상형하는 것 자체가 불가능하다. 그래서 세종은 아예 자음자와 전혀 다른 상형 전략을 썼다. 곧 우주의 3요소인 하늘과 땅과 사람을 상징적으로 상형하는 전략을 적용했다. 일부 국어 관련 책들에서 이런 모음 상형을 비과학이라고 하지만 그것은 근시안적이고도 이분법적인 판단이다. 자음자와 모음자 상형 전략을 달리한 것이야말로 기가 막힌 과학적 상형 전략이었다. 문자는 시스템이고 맥락이기 때문에 문자 전체 짜임새 안에서 어떤 식으로 배치하고 배열하느냐는 전략과 맥락이 중요하다.

그리고 "· _ ㅣ" 세 자가 상징적 상형을 했다 할지라도 그야말로 핵심 기본 모음으로서 합리성을 갖고 있을 뿐 아니라 우리말에 담겨 있는 모음조화 원리를 담기 위한 음양의 이치를 적용했기 때문이다. 'ㅣ' 모음은 모음 가운데 가장 편하게 낼 수 있는 '전설 고모음'이면서 제자 원리로 볼 때 기능 부담량이 가장 높은 모음이다. 우리가 보통 이를 다물고 있으면 혀가 아랫니에 닿아 있는데 혀를 살짝 떨어뜨리고 입을 살짝 벌리면서 내는 소리가 'ㅣ'다. 그래서 해례본에서도 "혀는 오그리지 않고 소리는 얕다"고 했다. 발음기관의 움직임을 작게 하므로 누구나 쉽게 낼 수 있는 소리다. 그와 더불어 기본 이중모음 'ㅛ, ㅑ, ㅠ, ㅕ'를 낼 때는 'ㅣ' 모음에서 출발하게 되므로 기능 부담량이 높다고 한 것이다.

'_' 모음은 'ㅣ'를 발음할 때보다 혀를 뒤로 더 당기면서 내는 소리로 해례본 설명으로는 "혀는 조금 오그리고 소리는 깊지도 얕지도 않은" 소리로 '중설(후설) 중모음'으로 가장 약한 모음이다. 약한 모음이다 보니 영어에서는 독립된 음소로 발달돼 있지 않고 단독 표기 문자도 없다. '·'는 가장 깊은 모음으로 해례본 설명은 "혀 오그리고 소리

기본 문자	해례본 설명	현대 음운학 용어	특성
'·' 모양	[설축][성심] 혀 오그리고 소리는 깊다	후설 저모음	가장 깊은 모음
'_' 모양	[설소축][성불심불천] 혀는 조금 오그리고 소리는 깊지도 얕지도 않다	중설 저모음	가장 약한 모음
ㅣ 모양	[설불축][설천] 혀는 오그리지 않고 소리는 얕다	전설 고모음	기능 부담량이 가장 높은 모음

는 깊은" 후설 저모음이다. 이렇게 보면 가장 기본이 되는 세 모음을 임의대로 설정한 것이 아니라 나름대로의 음운 특성을 고려하여 배치했음을 알 수 있다.

최소 원리와 생성 원리

훈민정음은 1차 기본자(상형 기본자)가 8자이다. 여기에 가획 원리로 자음은 17자로 확장하고 모음은 11자로 확장하여 모두 28자 기본자를 만들었다. 여기서 중요한 것은 최소의 기본자를 설정한 뒤 간단한 규칙을 적용하여 다양한 문자로 확장해 나가는 원리를 썼다는 점이다.

이러한 원리를 적용한다면 다음과 같은 확장 생성이 가능할 것이다.

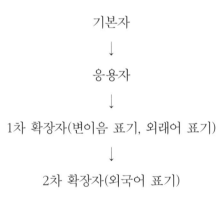

기본자

↓

응용자

↓

1차 확장자(변이음 표기, 외래어 표기)

↓

2차 확장자(외국어 표기)

자질과 규칙 원리

인공지능의 바탕이 되는 빅 데이터는 단순히 정보 양이 많은 것만을 의미하지 않는다. 각 정보의 구성 인자로서의 특성을 종합하여 상호 교차 융합하여 다양한 정보를 뽑아낼 수 있는 자료들을 말한다. 한글은 오랜 연구 끝에 나온 인공 문자인 만큼 세종의 치밀한 전략이 담겨 있다. 문자 하나하나에 기본적인 절대 음가를 부여하고 각 문자들은 일정한 기준이나 기본 특성의 규칙적인 결합으로 다양한 응용 문자로 확대되었다는 것이다.

해례본에서는 'ㅗ, ㅏ, ㅜ, ㅓ'에서는 기본 자질인 '설축, 성심'을 기준으로 분류하였고 입 모양이 추가 되었다. 곧 'ㅗ, ㅜ'는 입을 오므리는 것이고 'ㅏ, ㅓ'는 입을 벌리는 것으로 핵심 자질을 설정하였다.

초출자 (기본 단모음)	해례본 설명		현대 음운학 용어		음양 자질
	혀와 목구멍	입 모양	위치	입 모양	
ㅗ	[설축(혀 오그리기)][성심(깊은 소리)]	+[구축(입 오므리기)]	후설 모음	원순 모음	양성 모음
ㅏ	[설소축(혀 조금 오그리기)][성불심 불천(깊지도 얕지도 않은 소리)]	+[구장(입 벌리기)]	중설 모음	평순 모음	
ㅜ	[설축(혀 오그리기)][성심(깊은 소리)]	+[구축(입 오므리기)]	후설 모음	원순 모음	음성 모음
ㅓ	[설소축(혀 조금 오그리기)][성불심 불천(깊지도 얕지도 않은 소리)]	+[구장(입 벌리기)]	중설 모음	평순 모음	

기본 이중모음도 다음과 같이 소리 성질을 규칙적으로 반영하고 있다. 이중모음 'ㅛ ㅑ ㅠ ㅕ'는 모두 'ㅣ'에서 시작하는 상향 이중모음이므로 다음과 같이 자질을 분류할 수 있다.

제출자	복합 자질	기본 자질		현대 음운학 용어		음양 자질
		해례본	현대 음운학	위치	입모양	
ㅛ	[후설 모음][원순모음]+[j-상향 이중모음]	'ㅣ'에서 일어나 'ㅣ'를 겸하는 모음	반모음 'j' 상향 이중모음 [jo, ja, ju, jə]	후설 모음	원순 모음	양성 모음
ㅑ	[중설 모음][평순모음]+[j-상향 이중모음]			중설 모음	평순 모음	
ㅠ	[후설 모음][원순모음]+[j-상향 이중모음]			후설 모음	원순 모음	음성 모음
ㅕ	[중설 모음][평순모음]+[j-상향 이중모음]			중설 모음	평순 모음	

3. 마무리

인공지능 알파고는 결국 사람의 말귀와 생각을 알아채는 기계인간이 핵심이다. 문제는 그런 기계인간을 어떻게 구현해서 따뜻한 사람다움의 가치를 지켜 갈 것인가이다. 그 대답이 《훈민정음》 해례본의 세종 생각에 달려 있다. 한글 제자 원리에 담긴 기법과 기본 전략들을 활용하고 사람다움을 배려한 정신과 마음을 결합하여 추구한다면 한글 산업은 따뜻한 산업이 될 것이다.

신부용 한글공학연구소장은 "새로운 블루 오션, 세계 언어시장이 한글을 기다린다www.sunsayeon.or.kr/column/검색: 2016. 11. 4."라는 글에서 언어산업을 국가 전략 산업이라 보고 한글과 한국어를 우리의 큰 자원으로 보고 투자하고 연구해야 함을 강조했다. 가슴 벅찬 의견이다. '한글'에 담긴 정신과 가치가 새로운 산업과 일자리의 주요 매개체가 될 수 있다. 그것이 국가 차원에서 한글 산업을 일으켜야 할 이유이기도 하다. 학계에서는 한글산업연구소를 세우고 한글 관련 융합 전공 교육을 펼쳐야 한다.

조선왕조실록(sillok.history.go.kr)
한국고전번역원(www.itkc.or.kr)

강명관(1985), 〈한문폐지론과 애국계몽기의 국·한문논쟁〉,《한국한문학연구』》 8집, 한국한문학회.

강복수(1974), 〈'한글갈' 한글발전의 역사〉,《나라사랑》 14, 외솔회.

강신항(1984),《훈민정음 연구》, 성균관대학교출판부.

강신항(1993), 〈'한글갈'의 훈민정음〉,《새국어생활》 3-3, 국립국어연구원.

고영근(2000), 〈개화기의 한국 어문운동: 국한문혼용론과 한글전용론을 중심으로〉, 《冠嶽語文研究》 25, 서울大學校國語國文學科.

국립국어연구원(1993),《10월의 문화인물: 외솔 최현배 선생의 학문과 인간》, 국립국어원.

국사편찬위원회(1996),《한국사》(25·26·27), 국사편찬위원회.

국어문화운동본부(김슬옹 대표 집필)(2013),《누구나 알아야 할 한글 이야기 10+9》, 문화체육관광부.

국어문화운동본부(김슬옹 대표 집필)(2014),《누구나 알아야 할 한글 이야기 3+5》, 문화체육관광부.

국어문화운동본부(김슬옹 대표 집필)(2015),《누구나 알아야 할 한글 이야기》, 문화체육관광부.

권영민(1996), 〈개화 계몽 시대 서사 양식과 국문체〉,《문학과 언어학의 만남》, 신구문화사.

권재일(1995), 〈최현배 선생의 문헌 연구에 대하여〉,《한말연구》 1호, 박이정.

김경일(2003),《한국의 근대와 근대성》, 백산서당.

김대중(2007), 〈특집: 다산(茶山) 학문·사상의 재조명; 동아시아적 차원에서 본 탈성리학적 정치론-황종희(黃宗羲), 오규 소라이(荻生徂徠), 정약용〉, 한국실학학회,《한국실학연구》 13권 0호.

김문식(2000),《정조의 경학과 주자학》, 문헌과해석사.

김미형(1998), 〈한국어 문체의 현대화 과정 연구-신문 문장을 중심으로〉,《어문학연구》 7, 상명대학교.

김미형(2005),《우리말의 어제와 오늘》, 제이앤씨.

김병철(1987), 〈19세기 말 국어의 문체·구문·어휘의 연구〉, 경북대학교 대학원 박사학위 논문.

김봉좌(2010), 〈조선시대 유교의례에 관한 한글문헌 연구〉, 한국학중앙연구원 한국학대학원 박사학위 논문.

김상준(1996), 〈외래어와 발음 문제〉, 《새국어생활》 14-2, 국립국어연구원.

김석득(1985), 〈일제하 국어국문학 5대 저서에 대한 재인식: 《한글갈》 최현배 저 서평〉, 《한글》 190, 한글학회.

김석득(2000), 《외솔 최현배 학문과 사상》, 연세대학교출판부.

김석득·박종국 편(2001), 《한글 옛 문헌 정보 조사 연구》, 문화관광부.

김선철(2008), 〈외래어 표기법의 한계와 극복 방안〉, 《언어학》 15-2(여름), 대한언어학회.

김세중(1998), 〈외래어의 개념과 변천사〉, 《새국어생활》 8-2, 국립국어연구원.

김수업(1978), 《배달문학의 길잡이》, 선일문화사.

김수열(2004), 〈'국어(國語)'의 뜻넓이와 유래〉, 《자하어문논집》 19집, 상명어문학회.

김슬옹 엮음(2015), 《훈민정음(언문·한글) 논저·자료 문헌 목록》, 역락.

김슬옹(1985), 〈우리 식 한글화와 제2의 의식혁명〉, 《한글 새소식》 151호(3월호), 한글학회.

김슬옹(1993), 〈세종과 최만리의 논쟁을 통해 다시 생각해 보는 한글 창제의 역사적 의미〉, 《한글 새소식》 255, 한글학회.

김슬옹(1994), 〈나의 진로를 바꾸어 놓은 외솔 스승님〉, 《나라사랑》 89집, 외솔회.

김슬옹(1995), 〈국한문혼용문은 일제 침략의 산물이다〉, 《사회평론 길》 1월호(61호).

김슬옹(1998), 〈언어분석을 위한 맥락설정 이론〉, 《목원어문학》 16집, 목원대학교 국어교육과.

김슬옹(1999), 《그걸 말이라고 하니》, 다른우리.

김슬옹(2003), 〈언어전략의 일반 특성〉, 《한말연구》 13호, 한말연구학회.

김슬옹(2003), 〈학생 한글운동의 회고〉, 《말과 글》 97호(겨울호), 한국어문교열기자협회.

김슬옹(2005), 〈언어분석 방법론으로서의 담론학 구성 시론〉, 《사회언어학》 13권 2호, 한국사회언어학회.

김슬옹(2006), 〈훈민정음의 명칭 맥락과 의미〉, 《한글》 272호, 한글학회.

김슬옹(2005), 《조선시대 언문의 제도적 사용 연구》, 한국문화사.

김슬옹(2007), 《28자로 이룬 문자혁명 훈민정음》, 아이세움.

김슬옹(2008), 〈혼동 맞춤법 문제 연구-원형 밝히기를 중심으로〉, 《겨레어문학》 40집, 겨레어문학회.

김슬옹(2008), 〈외래어 표기법의 된소리 표기 허용에 대한 맥락 잡기〉, 《새국어생활》, 18권 4호(겨울호), 국립국어원.

김슬옹(2008), 〈세종과 소쉬르의 통합언어학적 비교 연구〉, 《사회언어학》 16권 1호, 한국사회언어학회.

김슬옹(2009), 《담론학과 언어분석-맥락·담론·의미》, 한국학술정보(주).

김슬옹(2010), 〈국어교육 내용으로서의 맥락 연구〉, 동국대 박사학위 논문.

김슬옹(2011), 《세종대왕과 훈민정음학(개정판)》, 지식산업사.

김슬옹(2012), 《조선시대의 훈민정음 발달사》, 역락.

김슬옹(2012), 《맥락으로 통합되는 국어교육의 길찾기》, 동국대출판부.

김슬옹(2013), 《세종 한글로 세상을 바꾸다》, 창비.

김슬옹(2013), 《한글 우수성과 한글 세계화》, 한글파크.

김슬옹(2013), 《한글을 지킨 사람들》, 아이세움.

김슬옹(2013. 10. 22), 〈한글의 힘, 한글의 미래〉, 《쉼표, 마침표》(온라인 웹진), 국립국어원.

김슬옹(2013), 〈『訓民正音』(1446) '정음 예의'의 표준 공역 시안〉, 《겨레어문학》 51집, 겨레어문학회.

김슬옹(2015), 《누구나 알아야 할 훈민정음, 한글 이야기 28》(그림: 강수현), 글누림.

김슬옹(2015), 《훈민정음 해례본: 한글의 탄생과 역사(해제)》, 교보문고.

김슬옹(2015), 〈한글에 담긴 문학의 보편 감성을 나누는 글잔치, 말잔치〉, 《PEN문학》 127호(7, 8월호).

김슬옹(2015), 〈한글 전용의 험난한 역사가 주는 의미와 더 풀어야 할 문제들〉, 《말과 글》 145호(겨울호), 한국어문기자협회.

김슬옹(2015), 〈한자 병기론, 역사와 상식에 대한 부정〉, 《작은책》 244호, 작은책.

김슬옹·김불꾼·신연희(2013), 《한글 이름 사전》, 한겨레출판사.

김영(2003), 〈실학파의 독서관〉, 《독서연구》 10, 한국독서학회.

김영황(1978), 《조선민족어발전력사연구》, 평양: 과학백과사전출판사.

김영황(1997), 《조선어사》, 평양: 김일성종합대학출판사.

김완진(1983), 〈한국어 문체의 발달〉, 《한국어문의 제문제》, 일지사.

김윤경(1938), 《朝鮮文字及語學史》, 조선기념도서출판관.

김윤경(1963), 《새로 지은 국어학사》, 을유문화사(한결 金允經全集 2, 延世大學校 出版部).

김인선(1999), 〈개화기 이승만의 한글운동 연구〉, 연세대학교대학원 박사학위 논문.

김정대(2008), 〈한글은 자질 문자인가 아닌가?-한글에 대한 자질 문자 공방론〉, 《한국어학회》 41, 한국어학회.

김정수(1990), 《한글의 역사와 미래》, 열화당.

김정수(2006), 〈한글 닿소리 낱자 이름의 남북 통일안〉, 《한글 새소식》 527호, 한글학회.

김진경(1985), 〈일본 교과서 문제와 한국의 교과서(1)〉, 《민족의 문학과 민중의 문학》, 이삭.

김태호(1993), 〈다산의 '아학편'에 반영된 문자교육관〉, 《교육철학》 11집.

김하수(1999), 〈한국어 외래어 표기법의 문제점〉, 《배달말》 25-1, 배달말학회.

김형효(2002), 〈다산학의 국제적 지평: 실학 사상가 다산 정약용의 한 해석법〉, 《다산학》 3권 0호, 다산학술문화재단.

김혜숙 편(1997), 《언어의 이해》, 태학사.

김흥식(2015), 《한글전쟁》, 서해문집.

남기심(2008), 〈최현배 새로운 어문생활의 표석을 세우다〉, 《한국사시민강좌》 43집,

일조각.

남영신(1998),《국어 천년의 실패와 성공》, 한마당.

남풍현(1996),《언어와 문자, 조선시대 생활사》, 한국고문서학회 엮음, 역사비평사.

려증동(1977),〈19세기 한자-한글 섞어 쓰기 줄글에 대한 연구〉,《한국언어문학》15집.

류렬(1992),《조선말 력사 1·2》, 평양: 사회과학출판사.

류주희(2010),〈훈민정음 창제와 甲子上疏〉, 해동공자 최충선생기념사업회(사)(2010),
    《청백리 최만리 선생의 행적과 사대의식》(역사 인물 재조명 학술세미나 자료집),
    신정.

리의도(2006),〈한글날의 발전사〉,《한글》273, 한글학회, 7~48쪽.

문효근(1993),〈훈민정음 제자 원리〉,《세종학 연구》8, 세종대왕기념사업회.

민현식(2000),〈공용어론과 언어정책〉,《이중언어학》17호, 이중언어학회.

민현식(2010),〈甲子 上疏文의 텍스트 분석과 국어교육적 含意〉, 해동공자 최충선생
    기념사업회(사)(2010),《청백리 최만리 선생의 행적과 사대의식》(역사 인물 재조명
    학술세미나 자료집), 신정.

박동근(2007),〈국어사전의 외래어 발음 표시 방안〉,《겨레어문학》39집, 겨레어문학회.

박영신(2009),〈외솔 최현배의 사상과 나라사랑〉,《563돌 한글날 기념: 집현전 학술대
    회 자료집》, 외솔회.

박영준·시정곤·정주리·최경봉(2002),《우리말의 수수께끼》, 김영사.

박종국(2003),《한글문헌 해제》, 세종대왕기념사업회.

박종국(2009),《한국어발달사 증보》, 세종학연구원.

박종덕(2007),〈외래어 및 그 표기법에 관련된 몇 가지 문제〉,《한민족문화연구》23집,
    한민족문화학회.

박희민(2016),《박연과 용비어천가》, 그루.

백두현(2001),〈조선시대 한글 보급과 실용에 관한 연구〉,《震檀學報》92집, 震檀學會.

백두현(2004),〈우리말[한국어] 명칭의 역사적 변천과 민족어 의식의 발달〉,《언어과
    학연구》28집, 언어과학회.

백두현(2009),〈훈민정음을 활용한 조선시대의 인민 통치〉,《진단학보》103호, 진단
    학회.

반재원·허정윤(2007),《한글 창제원리와 옛글자 살려 쓰기》, 역락.

방종현(1936),〈(訓民正音頒布記念을 앞두고) 正音 反對派의 上疏(1-7)〉,《조선일보》
    (1936. 10. 22-10. 30), 조선일보사.

사회과학원 역사연구소(1988),《조선문화사》, 평양: 사회과학원 역사연구소(미래사 영
    인: 1988).

서상규(2017),《최현배의 우리말본 연구 1》, 한국문화사.

손보기(1984),《세종대왕과 집현전》, 세종대왕기념사업회.

심재기(1974),〈최만리의 언문 관계 반대 상소문의 추이〉,《우리문화》5, 우리문화연
    구회.

심재기(1992),〈개화기 교과서 문체에 대하여〉,《국어국문학》107호, 국어국문학회.

안대회(2004), 〈조선 후기 이중언어 텍스트와 그에 관한 논의들〉, 《대동한문학회 2004 하계 발표대회 자료집》, 대동한문학회.

안병희(1985), 〈최현배〉, 《국어연구의 발자취 I》(김완진, 안병희, 이병근 공저), 서울대학교출판부.

안병희(1985), 〈訓民正音 使用에 관한 歷史的 硏究-창제로부터 19세기까지〉, 《東方學誌》 제46·47·48 합집, 연세대학교국학연구원.

연규동(2006), 〈'짜장면'을 위한 변명: 외래어 표기법을 다시 읽는다〉, 《한국어학》 30, 한국어학회.

오동춘(2007), 〈세종대왕과 한글정신〉, 《창조문예》 11-4, 창조문예사.

위르겐 슐룸봄/백승종 외 옮김(2001), 《미시사와 거시사》, 궁리

유동준(1968), 〈한성순보와 한성주보에 대한 일고찰〉, 《역사학보》 8집, 역사학회.

유동준(1987), 《유길준전》, 일조각.

윤사순(2012), 〈특별기고: 다산 탄생 250주년 기념 논문: 다산 정약용의 탈성리학적 실학의 대성〉, 《공자학》 22권 0호, 한국공자학회.

윤사순(2012), 《한국유학사》 상·하, 지식산업사.

이건범(2016), 《한자 신기루》, 피어나.

이근수(1979/1987: 개정판), 《朝鮮朝의 語文政策 硏究》, 弘益大學校出判部.

이기문 편(1977), 《文字》(國語學 論文選) 7, 민중서관.

이기문(1961/1972: 개정2판), 《國語史槪說》, 塔出版社.

이기문(1963), 《국어 표기법의 역사적 연구》, 한국 연구원.

이기문(1970), 《개화기의 국문 연구》, 일조각.

이노우에 가쿠고로/김슬옹 옮김(1998), 〈협력하고 융합하여 복지를 도모하자〉, 《한글 새소식》 308호(4월호), 한글학회.

이대로(2008), 《우리 말글 독립운동의 발자취》, 지식산업사.

이상규(2008), 《둥지 밖의 언어》, 생각의나무.

이상규(2011), 《한글 고문서 연구》, 경진.

이상규(2014), 《한글공동체》, 박문사.

이응호(1975), 《개화기의 한글운동사》, 성청사.

이재룡(2000), 〈조선시대의 법 제도와 유교적 민본주의〉, 《동양사회사상》 3집.

이해창(1977), 《한국신문사연구》, 성문각.

이호권(1993), 〈'한글갈'의 문헌 연구〉, 《새국어생활》 3권 3호, 국립국어연구원.

임형택(1999), 〈근대계몽기 국한문체(國漢文體)의 발전과 한문의 위상〉, 《민족문학사연구》, 민족문학사연구소.

임형택(2000), 〈한민족의 문자생활과 20세기 국한문체〉, 《창작과비평》 107, 창작과비평사.

장윤희(2010), 〈문자생활사의 측면에서 본 甲子 上疏文〉, 해동공자 최충선생기념사업회(시)(2010), 《청백리 최만리 선생의 행적과 시대의식》(역사 인물 재조명 학술세미나 자료집), 신정.

정국(2003), 〈외래어 표기법과 외국어 발음〉,《외국어교육》17호, 한국외국어대학교.

정우영(2008), 〈訓民正音 해례본(해설)〉,《문화재 사랑》10, 문화재청.

정재환(2013),《한글의 시대를 열다》, 경인문화사.

정희원(2004), 〈외래어의 개념과 범위〉,《새국어생활》14-2, 국립국어연구원.

조경숙·김슬옹·김형배(2006),《나만 모르는 우리말》, 모멘토.

조규태(1991), 〈서유견문의 문체〉,《들메 서재극 박사 환갑기념 논문집》(간행위원회).

조규태(1992), 〈일제시대의 국한문혼용문 연구〉,《배달말》17집, 배달말학회.

조동일(1992),《한국문학통사 4(제2판)》, 지식산업사.

주승택(2004), 〈국한문 교체기의 언어생활과 문학활동〉,《大東漢文學》20집. 大東漢文學會.

차재은(2007), 〈외래어 표준 발음 문제에 대한 고찰〉,《한국어학》35호, 한국어학회.

최경봉(2005),《우리말의 탄생》, 책과함께.

최기호(1983), 〈훈민정음 창제에 관한 연구: 집현전과 언문 반대 상소〉,《동방학지》36·37, 연세대학교.

최기호(2009), 〈한글의 빛남과 한글의 정보화, 산업화〉, 〈563돌 한글날 기념: 집현전 학술대회 자료집〉, 외솔회.

최영선 편저(2009),《한글 창제 반대 상소의 진실》, 신정.

최용기(2003),《언론 외래어 순화 자료집》, 국립국어연구원.

최정태(1992),《한국의 官報》, 亞細亞文化史.

최준(1979),《한국신문사》, 일조각.

최현배(1937),《우리말본》, 연희전문학교출판부.

최현배(1937),《한글의 바른길》, 조선어학회, 재간행: 1945년,《한글의 바른길》, 정음사.

최현배(1942),《한글갈(正音學)》, 경성: 정음사.

최현배(1953),《우리말 존중의 근본 뜻》, 정음사.

최현배(1982),《고친 한글갈》, 정음문화사.

최현배(1984),《우리말 존중의 근본 뜻》, 정음문화사.

한국정신문화연구원(2004),《한국사연표》, 동방미디어.

한글문화연대(2007),《바람직한 외래어 수립을 위한 학술토론회》, 한글문화연대.

한태동(2003),《세종대의 음성학》, 연세대출판부.

해동공자 최충선생기념사업회(사)(2010),《청백리 최만리 선생의 행적과 사대의식》(역사 인물 재조명 학술세미나 자료집), 신정.

허동진(1998),《조선어학사》, 한글학회.

허웅(1974),《한글과 민족문화》, 세종대왕기념사업회.

허웅(1985), 〈국어의 변동 규칙과 한글 맞춤법〉,《한글》187, 한글학회.

허웅(1993),《최현배: 우리말 우리얼에 바친 한평생》, 동아일보사.

허재영(2003), 〈근대 계몽기의 어문 문제와 어문 운동의 흐름〉,《국어교육연구》11집, 서울대학교 국어교육연구소.

홍기문(1946),《정음발달사》상·하, 서울신문사 출판국.

홍순성(1995), 〈외래어 표기 양상과 된소리〉,《언어논총》13, 계명대학교 언어연구소.

홍윤표(1993),《國語史 文獻資料 硏究: 近代編 1》, 太學社.

홍윤돈(2013),《한글 이야기 1 한글의 역사》, 태학사.

홍이섭(2004),《세종대왕》, 세종대왕기념사업회.

황선엽(2004), 〈최만리와 세종〉,《문헌과 해석》26, 문헌과해석사.

E. M. 릭커슨, 배리 힐튼 엮음/류미림 옮김(2013),《언어학에 대한 65가지 궁금증》, 경
   문사.

井上角伍郎(1938),《協力融合, 福祉の 增進ぉ圖れ》(朝野諸名士執筆, 소화 11년, 1938,
   『朝鮮統治の回顧と批判』), 京城: 朝鮮新聞社.

朝野諸名士執筆(소화11년, 1938),《朝鮮統治の回顧と批判》, 京城: 朝鮮新聞社.

38회 외솔상 문화(학술) 부문 수상 소감

제가 외솔 선생님을 처음으로 안 것은 1977년 철도고등학교 1학년 때였습니다. 신문에서 한글을 무시하는 현실에 의아심을 갖던 중《학생중앙》잡지 10월호에서 국어순화운동에 관심 있는 고등학생을 찾는 광고를 보게 되었습니다. 곧 오동춘 선생님께서 지도하시던 한글학회 부설 전국국어운동고등학생연합회에 가입하게 되었고 저는 충무로의 외솔회관 7층에 있던 동아리에서 토요일마다 모임에 참여하는 것이 저의 가장 큰 기쁨이었습니다.

벗들과 함께 외솔의《우리말 존중의 근본 뜻》을 읽으면서 자연스럽게 외솔을 흠모하게 되었고 외솔과 같은 학자가 되어 우리말과 글의 슬기롭고 옹골찬 옹달샘이 되자고 결심하며 이름도 토박이말 이름(슬옹)을 스스로 짓게 되었습니다. 실업계 특목고로 대학 가기가 쉽지 않았지만 외솔 학맥을 잇겠다는 한마음으로 애써 연세대 국문과에 진학하여 김석득, 문효근, 남기심 여러 스승님으로부터 다양한 학문과 함께 외솔 정신을 배우며 연세대 '한글물결' 동아리와 최기호 선생님께서 지도하시던 '전국국어운동대학생연합회'에서 활동한 것이 이런 영광을 누리게 된 바탕이 되었습니다.

그동안 20여 개 대학에서 임용에 실패하며 학문을 포기할까 수없이 고민했지만 그때마다 제 책상에 늘 꽂혀 있는 《한글갈》,《우리말본》에서 고등학교 때 제 꿈을 세워 주신 외솔 선생님의 육성이 들리는 듯, 흔들리는 마음을 다잡아 주셨습니다. 지난해 《훈민정음》 해례본 원본을 직접 보고 해설서를 쓰는 행운을 얻었을 때 이 책의 가치를 처음으로 제대로 밝힌 《한글갈》과 그 당시 외솔의 숨결을 온몸으로 느낄 수 있었습니다.

제가 감히 38회 학술 부문 외솔상을 받을 만한가 되돌아봅니다. 훈민정음 연구의 깊이와 국어학 탐구의 넓이로 우리 말글의 창조성과 과학성을 얼마나 뒷받침했는지 반성하였습니다. 그동안 한자에 눌리고 일본어에 짓밟히고, 지금은 영어에 시달리는 한국어의 정체성과 경쟁력을 어떻게 드높일 것인지를 생각하면 가슴이 답답하고 어깨가 무겁습니다. 그래서 더욱 정진하여 외솔 정신을 드높이라는 뜻임을 깨닫게 되었습니다. 비록 지금 고달프지만 학문 탐구에 전념하여 외솔 선생님 앞에 부끄럽지 않은 학자로 오롯이 서겠습니다.

오늘 이 수상은 스승님의 덕택입니다. 40년을 한결같이 제 곁을 지켜 주신 오동춘 선생님과 폭넓은 시야로 학문을 하도록 일깨워 주신 김석득, 문효근, 남기심, 김하수, 임용기 연세대 국문과 은사님들과 다시금 훈민정음 연구의 길을 열어 주신 최기호, 서상규, 유현경 스승님, 국어교육학으로 외솔 정신을 더욱 실천할 수 있게 해 주신 동국대 국어교육학과의 김혜숙 스승님과 여러 은사님께 큰절 올립니다. 늘 삶의 뿌리요 힘이었던 이대로, 이봉원, 오시환 선배님들을 비롯한 한글운동 동지들, 3년 동안 십시일반 도시락을 나누어 주었던 철도고등학교 업무과 벗들 진심으로 고맙습니다.

아들이 학자라는 게 가장 기쁘다고 하셨던 하늘나라에 계신 '홍 자 주 자' 아버지와 '수 자 진 자' 어머니, 동생을 위해 모든 걸 희생했던 형과 누나, 공부한다고 늘 제대로 함께하지 못한 윤양선 아내와 다현, 다찬 두 아들과 이 기쁨을 함께 나눕니다. 부족한 저를 애써 세워 주신 외솔회 성낙수 회장님, 최은미 이사장님과 박영신 심사위원장님을 비롯한 심사위원님들께, 그리고 한글학회, 세종대왕기념사업회, 외솔회, 국어단체연합 국어문화원, 한글문화단체모두모임, 세종대왕나신곳 성역화국민위원회, 한글문화연대, 짚신문학회, 전국독서새물결모임, 한글사랑방, 세종사랑방, 세종학교육원, 여주시 늘푸른자연학교 여러분들, 그리고 저를 위해 늘 기도해 주시는 정우영 교수님, 최명환 교수님께도 존경의 마음을 올립니다.

삶의 행복을 꿈꾸는 교육은 어디에서 오는가?

미래 100년을 향한 새로운 교육 | 혁신교육을 실천하는 교사들의 필독서

▶ 교육혁명을 앞당기는 배움책 이야기
혁신교육의 철학과 잉걸진 미래를 만나다!

한국교육연구네트워크 총서

01 핀란드 교육혁명
한국교육연구네트워크 엮음 | 320쪽 | 값 15,000원

02 일제고사를 넘어서
한국교육연구네트워크 엮음 | 284쪽 | 값 13,000원

03 새로운 사회를 여는 교육혁명
한국교육연구네트워크 엮음 | 380쪽 | 값 17,000원

04 교장제도 혁명
한국교육연구네트워크 엮음 | 268쪽 | 값 14,000원

05 새로운 사회를 여는 교육자치 혁명
한국교육연구네트워크 엮음 | 312쪽 | 값 15,000원

06 혁신학교에 대한 교육학적 성찰
한국교육연구네트워크 엮음 | 308쪽 | 값 15,000원

07 진보주의 교육의 세계적 동향
한국교육연구네트워크 엮음 | 324쪽 | 값 17,000원
2018 세종도서 학술부문

08 더 나은 세상을 위한 학교혁명
한국교육연구네트워크 엮음 | 404쪽 | 값 21,000원
2018 세종도서 교양부문

혁신학교
성열관·이순철 지음 | 224쪽 | 값 12,000원

행복한 혁신학교 만들기
초등교육과정연구모임 지음 | 264쪽 | 값 13,000원

서울형 혁신학교 이야기
이부영 지음 | 320쪽 | 값 15,000원

혁신교육, 철학을 만나다
브렌트 데이비스·데니스 수마라 지음
현인철·서용선 옮김 | 304쪽 | 값 15,000원

혁신교육 존 듀이에게 묻다
서용선 지음 | 292쪽 | 값 14,000원

다시 읽는 조선 교육사
이만규 지음 | 750쪽 | 값 33,000원

대한민국 교육혁명
교육혁명공동행동 연구위원회 지음 | 224쪽 | 값 12,000원

한국교육연구네트워크 번역 총서

01 프레이리와 교육
존 엘리아스 지음 | 한국교육연구네트워크 옮김
276쪽 | 값 14,000원

02 교육은 사회를 바꿀 수 있을까?
마이클 애플 지음 | 강희룡·김선우·박원순·이형빈 옮김
356쪽 | 값 16,000원

**03 비판적 페다고지는
세상을 변화시킬 수 있는가?**
Seewha Cho 지음 | 심성보·조시화 옮김 | 280쪽 | 값 14,000원

04 마이클 애플의 민주학교
마이클 애플·제임스 빈 엮음 | 강희룡 옮김 | 276쪽 | 값 14,000원

05 21세기 교육과 민주주의
넬 나딩스 지음 | 심성보 옮김 | 392쪽 | 값 18,000원

**06 세계교육개혁:
민영화 우선인가 공적 투자 강화인가?**
린다 달링-해먼드 외 지음 | 심성보 외 옮김 | 408쪽 | 값 21,000원

07 콩도르세, 공교육에 관한 다섯 논문
니콜라 드 콩도르세 지음 | 이주환 옮김 | 300쪽 | 값 16,000원

대한민국 교사, 어떻게 가르칠 것인가?
윤성관 지음 | 320쪽 | 값 15,000원

아이들을 어떻게 가르칠 것인가
사토 마나부 지음 | 박찬영 옮김 | 232쪽 | 값 13,000원

모두를 위한 국제이해교육
한국국제이해교육학회 지음 | 364쪽 | 값 16,000원

경쟁을 넘어 발달 교육으로
현광일 지음 | 288쪽 | 값 14,000원

독일 교육, 왜 강한가?
박성희 지음 | 324쪽 | 값 15,000원

핀란드 교육의 기적
한넬레 니에미 외 엮음 | 장수명 외 옮김 | 456쪽 | 값 23,000원

한국 교육의 현실과 전망
심성보 지음 | 724쪽 | 값 35,000원

▶ 비고츠키 선집 시리즈
발달과 협력의 교육학 어떻게 읽을 것인가?

 생각과 말
레프 세묘노비치 비고츠키 지음
배희철·김용호·D. 켈로그 옮김 | 690쪽 | 값 33,000원

 성장과 분화
L.S. 비고츠키 지음 | 비고츠키 연구회 옮김
308쪽 | 값 15,000원

 도구와 기호
비고츠키·루리야 지음 | 비고츠키 연구회 옮김
336쪽 | 값 16,000원

 연령과 위기
L.S. 비고츠키 지음 | 비고츠키 연구회 옮김
336쪽 | 값 17,000원

 어린이 자기행동숙달의 역사와 발달 Ⅰ
L.S. 비고츠키 지음 | 비고츠키 연구회 옮김
564쪽 | 값 28,000원

 의식과 숙달
L.S. 비고츠키 | 비고츠키 연구회 옮김
348쪽 | 값 17,000원

 어린이 자기행동숙달의 역사와 발달 Ⅱ
L.S. 비고츠키 지음 | 비고츠키 연구회 옮김
552쪽 | 값 28,000원

 분열과 사랑
L.S. 비고츠키 지음 | 비고츠키 연구회 옮김
260쪽 | 값 16,000원

 어린이의 상상과 창조
L.S. 비고츠키 지음 | 비고츠키 연구회 옮김
280쪽 | 값 15,000원

 성애와 갈등
L.S. 비고츠키 지음 | 비고츠키 연구회 옮김
268쪽 | 값 17,000원

 비고츠키와 인지 발달의 비밀
A.R. 루리야 지음 | 배희철 옮김 | 280쪽 | 값 15,000원

 관계의 교육학, 비고츠키
진보교육연구소 비고츠키교육학실천연구모임 지음
300쪽 | 값 15,000원

 수업과 수업 사이
비고츠키 연구회 지음 | 196쪽 | 값 12,000원

 비고츠키 생각과 말 쉽게 읽기
진보교육연구소 비고츠키교육학실천연구모임 지음
316쪽 | 값 15,000원

 비고츠키의 발달교육이란 무엇인가?
비고츠키교육학실천연구모임 지음 | 412쪽 | 값 21,000원

 교사와 부모를 위한 비고츠키 교육학
카르포프 지음 | 실천교사번역팀 옮김 | 308쪽 | 값 15,000원

 비고츠키 철학으로 본 핀란드 교육과정
배희철 지음 | 456쪽 | 값 23,000원

▶ 살림터 참교육 문예 시리즈
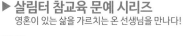
영혼이 있는 삶을 가르치는 온 선생님을 만나다!

 꽃보다 귀한 우리 아이는
조재도 지음 | 244쪽 | 값 12,000원

 선생님이 먼저 때렸는데요
강병철 지음 | 248쪽 | 값 12,000원

 성깔 있는 나무들
최은숙 지음 | 244쪽 | 값 12,000원

 서울 여자, 시골 선생님 되다
조경선 지음 | 252쪽 | 값 12,000원

 아이들에게 세상을 배웠네
명혜정 지음 | 240쪽 | 값 12,000원

 행복한 창의 교육
최창의 지음 | 328쪽 | 값 15,000원

 밥상에서 세상으로
김흥숙 지음 | 280쪽 | 값 13,000원

 북유럽 교육 기행
정애경 외 14인 지음 | 288쪽 | 값 14,000원

 우물쭈물하다 끝난 교사 이야기
유기창 지음 | 380쪽 | 값 17,000원

▶ 4·16, 질문이 있는 교실 마주이야기
통합수업으로 혁신교육과정을 재구성하다!

통하는 공부
김태호·김형우·이경석·심우근·허진만 지음
324쪽 | 값 15,000원

내일 수업 어떻게 하지?
아이함께 지음 | 300쪽 | 값 15,000원
2015 세종도서 교양부문

인간 회복의 교육
성래운 지음 | 260쪽 | 값 13,000원

교과서 너머 교육과정 마주하기
이윤미 외 지음 | 368쪽 | 값 17,000원

수업 고수들 수업·교육과정·평가를 말하다
박현숙 외 지음 | 368쪽 | 값 17,000원

도덕 수업, 책으로 묻고 윤리로 답하다
울산도덕교사모임 지음 | 320쪽 | 값 15,000원

체육 교사, 수업을 말하다
전용진 지음 | 304쪽 | 값 15,000원

교실을 위한 프레이리
아이러 쇼어 엮음 | 사람대사람 옮김 | 412쪽 | 값 18,000원

마을교육공동체란 무엇인가?
서용선 외 지음 | 360쪽 | 값 17,000원

교사, 학교를 바꾸다
정진화 지음 | 372쪽 | 값 17,000원

함께 배움
학생 주도 배움 중심 수업 이렇게 한다
니시카와 준 지음 | 백경석 옮김 | 280쪽 | 값 15,000원

공교육은 왜?
홍섭근 지음 | 352쪽 | 값 16,000원

자기혁신과 공동의 성장을 위한
교사들의 필리버스터
윤양수·원종희·장군·조경삼 지음 | 280쪽 | 값 14,000원

함께 배움 이렇게 시작한다
니시카와 준 지음 | 백경석 옮김 | 196쪽 | 값 12,000원

함께 배움 교사의 말하기
니시카와 준 지음 | 백경석 옮김 | 188쪽 | 값 12,000원

교육과정 통합, 어떻게 할 것인가?
성열관 외 지음 | 192쪽 | 값 13,000원

미래교육의 열쇠, 창의적 문화교육
심광현·노명우·강정석 지음 | 368쪽 | 값 16,000원

주제통합수업, 아이들을 수업의 주인공으로!
이윤미 외 지음 | 392쪽 | 값 17,000원

수업과 교육의 지평을 확장하는 수업 비평
윤양수 지음 | 316쪽 | 값 15,000원
2014 문화체육관광부 우수교양도서

교사, 선생이 되다
김태은 외 지음 | 260쪽 | 값 13,000원

교사의 전문성, 어떻게 만들어지나
국제교원노조연맹 보고서 | 김석규 옮김 392쪽 | 값 17,000원

수업의 정치
윤양수·원종희·장군 지음 | 280쪽 | 값 14,000원

학교협동조합,
현장체험학습과 마을교육공동체를 잇다
주수원 외 지음 | 296쪽 | 값 15,000원

거꾸로 교실,
잠자는 아이들을 깨우는 수업의 비밀
이민경 지음 | 280쪽 | 값 14,000원

교사는 무엇으로 사는가
정은균 지음 | 292쪽 | 값 15,000원

마음의 힘을 기르는 감성수업
조선미 외 지음 | 300쪽 | 값 15,000원

작은 학교 아이들
지경준 엮음 | 376쪽 | 값 17,000원

아이들의 배움은 어떻게 깊어지는가
이시이 준지 지음 | 방지현·이창희 옮김 | 200쪽 | 값 11,000원

대한민국 입시혁명
참교육연구소 입시연구팀 지음 | 220쪽 | 값 12,000원

교사를 세우는 교육과정
박승열 지음 | 312쪽 | 값 15,000원

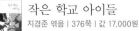

전국 17명 교육감들과 나눈
교육 대담
최창의 대담·기록 | 272쪽 | 값 15,000원

들뢰즈와 가타리를 통해
유아교육 읽기
리세롯 마리엣 올슨 지음 | 이연선 외 옮김 | 328쪽 | 값 17,000원

학교 혁신의 길, 아이들에게 묻다
남궁상운 외 지음 | 272쪽 | 값 15,000원

 학교 민주주의의 불한당들
정은균 지음 | 276쪽 | 값 14,000원

 프레이리의 사상과 실천
사람대사람 지음 | 352쪽 | 값 18,000원
2018 세종도서 학술부문

 교육과정, 수업, 평가의 일체화
리사 카터 지음 | 박승열 외 옮김 | 196쪽 | 값 13,000원

 혁신학교, 한국 교육의 미래를 열다
송순재 외 지음 | 608쪽 | 값 30,000원

 학교를 개선하는 교장
지속가능한 학교 혁신을 위한 실천 전략
마이클 풀란 지음 | 서동연·정효준 옮김 | 216쪽 | 값 13,000원

 페다고지를 위하여
프레네의 『페다고지 불변요소』 읽기
박찬영 지음 | 296쪽 | 값 15,000원

 공자던, 논어는 이것이다
유문상 지음 | 392쪽 | 값 18,000원

 노자와 탈현대 문명
홍승표 지음 | 284쪽 | 값 15,000원

 교사와 부모를 위한
발달교육이란 무엇인가?
현광일 지음 | 380쪽 | 값 18,000원

 선생님, 민주시민교육이 뭐예요?
염경미 지음 | 244쪽 | 값 15,000원

 교사, 이오덕에게 길을 묻다
이무완 지음 | 328쪽 | 값 15,000원

 어쩌다 혁신학교
유우석 외 지음 | 380쪽 | 값 17,000원

 낙오자 없는 스웨덴 교육
레이프 스트란드베리 지음 | 변광수 옮김 | 208쪽 | 값 13,000원

 미래, 교육을 묻다
정광필 지음 | 232쪽 | 값 15,000원

 끝나지 않은 마지막 수업
장석웅 지음 | 328쪽 | 값 20,000원

 대학, 협동조합으로 교육하라
박주희 외 지음 | 252쪽 | 값 15,000원

 경기꿈의학교
진흥섭 외 지음 | 360쪽 | 값 17,000원

 입시, 어떻게 바꿀 것인가?
노기원 지음 | 306쪽 | 값 15,000원

 학교를 말한다
이성우 지음 | 292쪽 | 값 15,000원

 촛불시대, 혁신교육을 말하다
이용관 지음 | 240쪽 | 값 15,000원

 행복도시 세종, 혁신교육으로 디자인하다
곽순일 외 지음 | 392쪽 | 값 18,000원

 라운드 스터디
이시이 데루마사 외 엮음 | 224쪽 | 값 15,000원

 나는 거꾸로 교실 거꾸로 교사
류광모·임정훈 지음 | 212쪽 | 값 13,000원

 미래교육을 디자인하는 학교교육과정
박승열 외 지음 | 348쪽 | 값 18,000원

 교실 속으로 간 이해중심 교육과정
온정덕 외 지음 | 224쪽 | 값 13,000원

 흥미진진한 아일랜드 전환학년 이야기
제리 제퍼스 지음 | 최상덕·김호원 옮김 | 508쪽 | 값 27,000원

 교실, 평화를 말하다
따돌림사회연구모임 초등우정팀 지음 | 268쪽 | 값 15,000원

 폭력 교실에 맞서는 용기
따돌림사회연구모임 학급운영팀 지음 | 272쪽 | 값 15,000원

 학교자율운영 2.0
김용 지음 | 240쪽 | 값 15,000원

 그래도 혁신학교
박은혜 외 지음 | 248쪽 | 값 15,000원

 학교자치를 부탁해
유우석 외 지음 | 252쪽 | 값 15,000원

 학교는 어떤 공동체인가?
성열관 외 지음 | 228쪽 | 값 15,000원

국제이해교육 페다고지
강순원 외 지음 | 256쪽 | 값 15,000원

교사 전쟁
다나 골드스타인 지음 | 유성상 외 옮김 | 468쪽 | 값 23,000원

미래교육, 어떻게 만들어갈 것인가?
송기상·김성천 지음 | 300쪽 | 값 16,000원

인공지능 시대의 사회학적 상상력
홍승표 지음 | 260쪽 | 값 15,000원

선생님, 페미니즘이 뭐예요?
염경미 지음 | 280쪽 | 값 15,000원

▶ 교과서 밖에서 만나는 역사 교실
상식이 통하는 살아 있는 역사를 만나다

전봉준과 동학농민혁명
조광환 지음 | 336쪽 | 값 15,000원

교과서 밖에서 배우는 역사 공부
정은교 지음 | 292쪽 | 값 14,000원

남도의 기억을 걷다
노성태 지음 | 344쪽 | 값 14,000원

팔만대장경도 모르면 빨래판이다
전병철 지음 | 360쪽 | 값 16,000원

응답하라 한국사 1·2
김은석 지음 | 356쪽·368쪽 | 각권 값 15,000원

빨래판도 잘 보면 팔만대장경이다
전병철 지음 | 360쪽 | 값 16,000원

즐거운 국사수업 32강
김남선 지음 | 280쪽 | 값 11,000원

영화는 역사다
강성률 지음 | 288쪽 | 값 13,000원

즐거운 세계사 수업
김은석 지음 | 328쪽 | 값 13,000원

친일 영화의 해부학
강성률 지음 | 264쪽 | 값 15,000원

강화도의 기억을 걷다
최보길 지음 | 276쪽 | 값 14,000원

한국 고대사의 비밀
김은석 지음 | 304쪽 | 값 13,000원

광주의 기억을 걷다
노성태 지음 | 348쪽 | 값 15,000원

조선족 근현대 교육사
정미량 지음 | 320쪽 | 값 15,000원

**선생님도 궁금해하는
한국사의 비밀 20가지**
김은석 지음 | 312쪽 | 값 15,000원

다시 읽는 조선근대 교육의 사상과 운동
윤건차 지음 | 이명실·심성보 옮김 | 516쪽 | 값 25,000원

걸림돌
키르스텐 세룹-빌펠트 지음 | 문봉애 옮김
248쪽 | 값 13,000원

음악과 함께 떠나는 세계의 혁명 이야기
조광환 지음 | 292쪽 | 값 15,000원

역사수업을 부탁해
열 사람의 한 걸음 지음 | 388쪽 | 값 18,000원

논쟁으로 보는 일본 근대 교육의 역사
이명실 지음 | 324쪽 | 값 17,000원

진실과 거짓, 인물 한국사
하성환 지음 | 400쪽 | 값 18,000원

다시, 독립의 기억을 걷다
노성태 지음 | 320쪽 | 값 16,000원

우리 역사에서 사라진 근현대 인물 한국사
하성환 지음 | 296쪽 | 값 18,000원

한국사 리뷰
김은석 지음 | 244쪽 | 값 15,000원

꼬물꼬물 거꾸로 역사수업
역모자들 지음 | 436쪽 | 값 23,000원

▶ 더불어 사는 정의로운 세상을 여는 인문사회과학
사람의 존엄과 평등의 가치를 배운다

밥상혁명
강양구·강이현 지음 | 298쪽 | 값 13,800원

좌우지간 인권이다
안경환 지음 | 288쪽 | 값 13,000원

도덕 교과서 무엇이 문제인가?
김대용 지음 | 272쪽 | 값 14,000원

민주시민교육
심성보 지음 | 544쪽 | 값 25,000원

자율주의와 진보교육
조엘 스프링 지음 | 심성보 옮김 320쪽 | 값 15,000원

민주시민을 위한 도덕교육
심성보 지음 | 500쪽 | 값 25,000원
2015 세종도서 학술부문

민주화 이후의 공동체 교육
심성보 지음 | 392쪽 | 값 15,000원
2009 문화체육관광부 우수학술도서

교과서 밖에서 배우는 인문학 공부
정은교 지음 | 280쪽 | 값 13,000원

갈등을 넘어 협력 사회로
이창언·오수길·유문종·신윤관 지음 | 280쪽 | 값 15,000원

오래된 미래교육
정재걸 지음 | 392쪽 | 값 18,000원

동양사상과 마음교육
정재걸 외 지음 | 356쪽 | 값 16,000원
2015 세종도서 학술부문

대한민국 의료혁명
전국보건의료산업노동조합 엮음 | 548쪽 | 값 25,000원

교과서 밖에서 배우는 철학 공부
정은교 지음 | 280쪽 | 값 14,000원

교과서 밖에서 배우는 고전 공부
정은교 지음 | 288쪽 | 값 14,000원

교과서 밖에서 배우는 사회 공부
정은교 지음 | 304쪽 | 값 15,000원

전체 안의 전체 사고 속의 사고
김우창의 인문학을 읽다
현광일 지음 | 320쪽 | 값 15,000원

교과서 밖에서 배우는 윤리 공부
정은교 지음 | 292쪽 | 값 15,000원

카스트로, 종교를 말하다
피델 카스트로·프레이 베토 대담 | 조세종 옮김
420쪽 | 값 21,000원

한글 혁명
김슬옹 지음 | 388쪽 | 값 18,000원

일제강점기 한국철학
이태우 지음 | 448쪽 | 값 25,000원

우리 안의 미래교육
정재걸 지음 | 484쪽 | 값 25,000원

한국 교육 제4의 길을 찾다
이길상 지음 | 400쪽 | 값 21,000원

비판적 실천을 위한 교육학
이윤미 외 지음 | 448쪽 | 값 23,000원

왜 그는 한국으로 돌아왔는가?
황선준 지음 | 364쪽 | 값 17,000원

▶ 남북이 하나 되는 두물머리 평화교육
분단 극복을 위한 치열한 배움과 실천을 만나다

10년 후 통일
정동영·지승호 지음 | 328쪽 | 값 15,000원

선생님, 통일이 뭐예요?
정경호 지음 | 252쪽 | 값 13,000원

분단시대의 통일교육
성래운 지음 | 428쪽 | 값 18,000원

김창환 교수의 DMZ 지리 이야기
김창환 지음 | 264쪽 | 값 15,000원

한반도 평화교육 어떻게 할 것인가
이기범 외 지음 | 252쪽 | 값 15,000원

▶ 평화샘 프로젝트 매뉴얼 시리즈
학교폭력에 대한 근본적인 예방과 대책을 찾는다

 학교폭력 어떻게 만들어지는가
문재현 외 지음 | 300쪽 | 값 14,000원

 아이들을 살리는 동네
문재현·신동명·김수동 지음 | 204쪽 | 값 10,000원

 학교폭력, 멈춰!
문재현 외 지음 | 348쪽 | 값 15,000원

 평화! 행복한 학교의 시작
문재현 외 지음 | 252쪽 | 값 12,000원

 왕따, 이렇게 해결할 수 있다
문재현 외 지음 | 236쪽 | 값 12,000원

 마을에 배움의 길이 있다
문재현 지음 | 208쪽 | 값 10,000원

 젊은 부모를 위한 백만 년의 육아 슬기
문재현 지음 | 248쪽 | 값 13,000원

 별자리, 인류의 이야기 주머니
문재현·문한뫼 지음 | 444쪽 | 값 20,000원

 우리는 마을에 산다
유양우·신동명·김수동·문재현 지음 | 312쪽 | 값 15,000원

 동생아, 우리 뭐 하고 놀까?
문재현 외 지음 | 280쪽 | 값 15,000원

▶ 창의적인 협력 수업을 지향하는 삶이 있는 국어 교실
우리말 글을 배우며 세상을 배운다

 중학교 국어 수업 어떻게 할 것인가?
김미경 지음 | 340쪽 | 값 15,000원

 토론의 숲에서 나를 만나다
명혜정 엮음 | 312쪽 | 값 15,000원

  토닥토닥 토론해요
명혜정·이명선·조선미 엮음 | 288쪽 | 값 15,000원

 인문학의 숲을 거니는 토론 수업
순천국어교사모임 엮음 | 308쪽 | 값 15,000원

 어린이와 시
오인태 지음 | 192쪽 | 값 12,000원

 수업, 슬로리딩과 함께
박경숙 외 지음 | 268쪽 | 값 15,000원

 언어던
정은균 지음 | 268쪽 | 값 15,000원

▶ 출간 예정